Comparison of Modernization Paths
between China and the West in a World
that is Undergoing Profound Changes

世界大变局下
中西现代化道路比较

宋朝龙 著

图书在版编目（CIP）数据

世界大变局下中西现代化道路的比较／宋朝龙著.—北京：中央编译出版社，2022.8
ISBN 978-7-5117-4203-2

Ⅰ.①世… Ⅱ.①宋… Ⅲ.①现代化建设-对比研究-中国、西方国家 Ⅳ.①D52

中国版本图书馆 CIP 数据核字（2022）第 107071 号

世界大变局下中西现代化道路的比较

责任编辑	杜永明
责任印制	刘　慧
出版发行	中央编译出版社
地　　址	北京市海淀区北四环西路 69 号（100080）
电　　话	（010）55627391（总编室）　（010）55627313（编辑室） （010）55627320（发行部）　（010）55627377（新技术部）
经　　销	全国新华书店
印　　刷	佳兴达印刷（天津）有限公司
开　　本	880 毫米 × 1230 毫米　1/32
字　　数	368 千字
印　　张	11.5
版　　次	2022 年 8 月第 1 版
印　　次	2022 年 8 月第 1 次印刷
定　　价	89.00 元

新浪微博：@中央编译出版社　　微　　信：中央编译出版社(ID: cctphome)
淘宝店铺：中央编译出版社直销店(http://shop108367160.taobao.com)
　　　　　(010)55627331

本社常年法律顾问：北京市吴栾赵阎律师事务所律师　闫军　梁勤
凡有印装质量问题，本社负责调换，电话：（010）55626985

前　言

2008年美国金融危机以来，世界进入百年未有之大变局。国外左翼学者对世界大变局下西方资本主义和社会主义的关系，对两种现代化道路的比较，研究成果丰硕。本书是作者近四年来对国外左翼学者相关研究的评析。本文所评析的学者，有相当一部分是参加世界马克思主义大会的学者。通过北京大学组织的世界马克思主义大会的平台，作者对诸多国外学者的相关思考有了近距离的观察。此外，本书所评析的外国学者还有一部分是作者自身的访谈，或者是对相关学者论文的评析。

本文评析的问题，主要是围绕着如下五个问题展开的：金融资本引领全球化的限度、新自由主义意识形态和政策体系的危机、马克思主义的理论解释力和实践能力、落后国家尤其是中国道路探索的世界意义、全球化转向与21世纪马克思主义的复兴。

第一，金融资本引领全球化的限度。本书作者是在金融资本悖论逻辑的框架下来揭示当代资本主义危机的原因、诊断金融资本引领全球化的限度。所谓金融资本的悖论逻辑是指，当金融资本的生产性积累不可避免地遇到危机时，金融资本试图以非生产性积累的扩张来解决生产性积累的困境，结果饮鸩止渴，造成越发严重的金融、经济、社会、政治危机。所谓金融资本的生产性积累，是指金融资本作为职能资本的集中表现，是推动生产革命、流通革命、信用革命的引擎；所谓金融资本的非生产积累是指金融资本通过价格的垄断操作、证券投机、信用欺诈、地产投机、国债和主权信用操弄等一系列手段而实现的圈钱机制。当金融资本的生产性积累因资本主义生产方式的基本矛盾而陷入困境时，金融资本试图以非生产性积累的扩张来解决生产性积累的危机，结果不但不能解决反而加深和扩大了危机，这就是金融资本的悖论逻辑。金融资本的悖论逻辑所造成的经济危机又必然向社会危机、政治危机、国际关系危机转化。在过去五六百年的世界历史中，每当世界体系的核心国家处于上升期，自由贸易和国际合作就成为主流；每当核心国家处于下降期，就会出现矛盾激化、积累中心转移、保护主义不断上升、国际矛盾尖锐化等。从荷兰到英国再到美国，积累中心和霸权更替都经过了相当大的社会动荡，甚至伴随着世界大战。从20世纪70年代起，资本主义就已经进入到第二波的衰退中。资本主义现在所处的危机，不是资本主义内的局部性危机，而是资本主义自身的危机。当下的资本主义制度，已经意味着资本主义体系进入了一个非常的长期衰退之中。未来二三十年，乃至 21 世纪的上半个世纪，我们这个世界是一个大动荡大改组的时代。现在美国在全球挑起矛盾的政策，就是美国霸权下降期的表现。特朗普政权是衰败中的美国垄断资本主义的表现。这次资本主义自身的危机，其真正的答案是人类如何跨越资本主义、如何走出资本主义的系统性危机。本书对金融资本的悖论逻辑及其所引起的结构性危机、对金融资本引领全球化的限度做了讨论。

第二，新自由主义意识形态和政策体系的危机。新自由主义是金融资本的政策体系和意识形态；自 20 世纪七八十年代以来，新自由主义逐步成为占主导地位的社会思潮和制度理念。新自由主义从抽象的个人出发，把人理解为脱离生产关系的经济人、理性人、公民、自由意志的主体等；它使人脱离生产关系，而进入一个由孤立个体组成的契约社会；它把自由意志之间的契约关系设定为唯一合法的社会关系，而契约关系背后的生产关系，是这种形式主义制度形式理解不了、掌握不了也对付不了的。金融资本积累机制是在契约论的基础上、是在不违背契约原则的基础上发生的，因而新自由主义的意识形态和政策体系是没有办法诊断和医治金融资本积累所造成的经济、社会和政治危机的。新自由主义政策放任了金融资本的非生产性积累，导致金融贵族的寄生集团势力剧增、产业资本成本增加、制造业转移海外、产业空心化和工人失业，导致了中产阶级的衰落，使边缘国家陷入债务危机，导致了新民粹主义兴起和全球化逆转。在金融资本积累所导致经济、社会、政治、世界体系的危机面前，新自由主义打造的中产阶级支配社会的神话、新自由主义"最小国家"观念、新自由主义关于"人权高于主权"、关于"历史终结论"的观念纷纷破产。本书围绕着新自由主义的实质、围绕着新自由主义意识形态和政策体系的危机做了研讨。

第三，马克思主义理论解释能力和实践能力。马克思主义理论提供了理解资本主义的概念工具，提供了分析资本主义运行机制的基本逻辑，提供了分析资本主义危机的方法论。本书对《资本论》的逻辑及其揭示价值进行了深入讨论，从《资本论》的逻辑出发，对当代资本主义的危机进行了讨论和分析，从唯物史观的角度对新自由主义的意识形态和政策体系进行了解析和批判，从科学社会主义的角度对解决资本主义基本矛盾的制度替代问题进行了阐发和研讨。学者们还对马克思主义的文本解读、马克思主义的发展史、东西方马克思主义的分野和交汇、马克思主义的策略思想和主张、马克思主义在当代遇到的挑战、马克思主义普遍原理的当代化，对马克思主义理论的实践能力、现实化的调教和道路等问题进行了深入讨论和交流。

第四，落后国家尤其是中国社会主义道路探索的世界意义。本书认为，中国道路在方法论层次上强调辩证唯物主义和历史唯物主义而不同于新自由主义的原子论和经验主义世界观；中国道路在核心价值观上强调人的全面发展而不同于新自由主义的抽象人性论；中国道路在经济制度上强调既充分利用市场的积极职能又限制、克服其消极职能；中国道路在政治制度上强调既发挥人民民主，又保证充分的国家能力来调节社会发展中的各种矛盾；中国道路在全球化新阶段的顶层设计上，集中表现为提出并践行了人类命运共同体的理念。中国道路的探索包含着从东方大国自身的发展逻辑、边缘国家反对中心国家压迫的革命逻辑、落后国家现代化转向的制度建构逻辑、共产主义运动与社会主义实现形式的探索逻辑、人类命运反思的探索逻辑。中国道路是在这五个逻辑轨道上经过艰辛探索取得的，这五个逻辑轨道是世界历史的内在逻辑轨道，中国的命运在一定意义上和全球化时代多数发展中国家的命运是休戚相关的，也为处于西方核心文明区的人们反思西方文明提供了参照，因而中国道路也必然具有世界意义。本书对落后国家尤其是中国社会主义探索的世界意义进行了确认和讨论。

第五，全球化转向与 21 世纪马克思主义的复兴。金融资本全球化的系统性危机以及新自由主义意识形态和政策体系的失效，意味着全球化正在发生转向，新的时代呼唤着马克思主义的复兴。而马克思主义自《共产党宣言》发表 170 多年来，历经马克思主义从西方到东方、从理论到现实、从一国到多国、从挫折到重新崛起，已经变得更有解释能力和实践能力。21 世纪马克思主义具有对金融资本的扬弃能力、具有带领落后国家实现现代化的能力、具有引领全球化新阶段的能力、具有替代新自由主义重塑人类文明的能力。21 世纪马克思主义也面临着艰巨的任务。国际金融资本的统治体系和社会主义之间的经济、政治、文化博弈是长期的，中国的马克思主义是21世纪马克思主义复兴的中坚力量，而中国的马克思主义要引领21世纪马克思主义的复兴，关键又在于巩固和完善中国共产党的领导，在于把党建成使命型和自我革新型的政党。本书对全球化转向与21世纪马克思主义复兴的必然性、途径和前景从不同角度进行了讨论。

本书的这些讨论，实际上在当代资本主义危机和全球化转向的基础上，勾画了一幅人类命运共同体的马克思主义方案。

目　录

第一篇　金融资本积累与西方的危机

第一章　西方金融资本主义下的寄生阶级、债务通缩与大萧条
　　——兼评迈克尔·赫德森的金融资本主义批判
　　理论 / 3
　一、寄生阶级从古代到金融资本主义时代的发展 / 4
　二、金融资本主义下寄生阶级的积累所导致的债务通缩
　　危机 / 10
　三、量化宽松政策下债务通缩危机向新版大萧条的演化 / 15
　四、赫德森金融资本主义批判理论评析 / 21
　五、小结 / 30

第二章　英国左翼学者眼中的世界变局
　　——以牛津、剑桥等大学的六教授为例 / 31
　一、新自由主义全球化的危机 / 33
　二、民粹主义的崛起 / 36
　三、对社会主义历史实践的评价 / 45

四、小结 / 50

第三章 英美右翼民粹主义崛起背景下左翼运动的分化、转向和挑战
——兼评牛津大学乔纳森·沃尔夫教授的西方时局观 / 52

一、新自由主义秩序下的金融资本积累危机 / 53

二、右翼保守主义从新自由主义向新民粹主义转化 / 59

三、英美左翼运动的分化和转向 / 66

四、英美左翼运动面临的挑战 / 72

五、小结 / 79

第四章 英美右翼民粹主义崛起与左翼运动的转向
——访英国著名马克思主义学者戴维·麦克莱伦教授 / 81

一、新自由主义因放纵金融资本积累而导致社会的深度危机 / 81

二、英美国家民粹主义的崛起及其困局 / 89

三、市场社会主义对英美国家的理论和实践价值 / 96

四、小结 / 109

第五章 新冠疫情下英美右翼民粹主义的困局与左翼运动的挑战
——访英国马克思主义哲学家塞耶斯教授 / 111

一、新冠疫情的自然属性和社会属性 / 111

二、英美右翼民粹主义的困局 / 116

三、左翼运动复兴的契机和挑战 / 121

第二篇　马克思主义和社会主义

第六章　金融资本全球化的限度与 21 世纪马克思主义的复兴
　　——第二届世界马克思主义大会专题评述 / 131
　　一、金融资本引领全球化的限度 / 132
　　二、新自由主义意识形态和政策体系的危机 / 137
　　三、21 世纪马克思主义的复兴 / 142
　　四、小结 / 148

第七章　国外马克思主义学者对 21 世纪世界社会主义前景的展望
　　——第二届世界马克思主义大会专题评析 / 150
　　一、金融资本的积累危机与 21 世纪世界社会主义复兴的土壤 / 151
　　二、资本主义中心国家的文化批判和社会变革运动 / 156
　　三、第三世界国家对社会主义的探索 / 162
　　四、中国在 21 世纪世界社会主义发展前景中的地位 / 170
　　五、小结 / 175

第八章　西方新民粹主义崛起背景下再论东方社会主义探索的世界意义
　　——对话英国牛津大学苏联问题专家大卫·普里斯兰 / 177
　　一、英美新自由主义秩序的危机 / 178
　　二、英美新民粹主义的崛起 / 185

三、东方社会主义道路探索的世界意义 / 194

四、小结 / 202

第三篇　中国式现代化道路及其意义

第九章　中国模式的70年成就及其世界意义
　　——17位国外左翼学者的视角 / 205

一、中国模式的70年成就 / 206

二、中国模式的本质属性和特点 / 210

三、西方世界发生变局的原因 / 214

四、中国在全球化秩序中的作用及挑战 / 218

五、结语 / 224

第十章　世界历史视野下中国道路的制度潜能和意义
　　——北京大学第二届世界马克思主义大会专题评述 / 226

一、中国道路的世界历史背景 / 227

二、中国道路的制度潜能 / 233

三、中国道路的世界历史意义 / 238

四、小结 / 244

第十一章　世界经济变局下中国道路的制度价值
　　——国外左翼学者对中国的认知、评价和建议 / 245

一、世界经济的变局 / 246

二、中国道路的成就与制度属性 / 251

三、中国道路进一步发展的空间 / 257

四、中国道路所承载的历史意义 / 261

五、结语 / 266

第十二章　全球化转向时代社会主义市场经济对新自由主义的制度竞争力
——第二届世界马克思主义大会"经济学"专题评析 / 267

一、金融资本的悖论逻辑与全球化转向 / 268

二、金融资本悖论逻辑下新自由主义制度的无效性 / 274

三、社会主义市场经济克服金融资本悖论逻辑的制度能力 / 280

四、结论 / 286

第四篇　中国道路与人类命运共同体

第十三章　人类命运共同体构建的价值观基础
——第二届世界马克思主义大会哲学专题评述 / 291

一、关于传统文化中的伦理性价值观 / 291

二、关于共产主义的价值观 / 298

三、关于构建人类命运共同体的价值观基础 / 300

第十四章 《共产党宣言》的空间逻辑与人类命运共同体的构建
　　——第二届世界马克思主义大会纪念《共产党宣言》专题述评 / 303
　一、《共产党宣言》的空间传播 / 304
　二、《共产党宣言》中资本积累的空间逻辑 / 308
　三、《共产党宣言》中共产主义的空间逻辑 / 311
　四、《共产党宣言》的空间逻辑与人类命运共同体的构建 / 316
　五、结语 / 321

第十五章 晚期金融资本帝国的现代性危机与社会主义对全球现代性的重塑
　　——第三届世界马克思主义大会外国学者对当下全球变局的观察评析 / 324
　一、晚期金融资本帝国的现代性危机 / 325
　二、金融资本帝国的危机只有社会主义才能终结 / 332
　三、后发国家社会主义现代化道路的制度逻辑 / 338
　四、社会主义对全球现代性的重塑 / 344

第一篇　金融资本积累与西方的危机

第一章　西方金融资本主义下的寄生阶级、债务通缩与大萧条

——兼评迈克尔·赫德森①的金融资本主义批判理论

金融资本生成于产业资本、商业资本和银行资本的垄断融合。金融资本支配了生产、流通和信用，通过生产革命、流通革命、信用革命来积累，这推动了价值革命和劳动的社会化，可以看作是金融资本的生产性积累。另一方面，金融资本又通过垄断利润、金融投机、地产寻租等途径而建立一套寄生性的积累机制。金融资本的寄生性积累造就了现代社会的新寄生阶级，即新的金融贵族。当代西方金融资本主义下的新寄生阶级

---

① 迈克尔·赫德森（Michael Hudson），密苏里大学堪萨斯分校的有杰出贡献的教授，深受古典政治经济学和马克思主义政治经济学的影响。代表作品《超级帝国主义——美国金融霸权的来源和基础》（《金融帝国》，中央编译出版社2008年版）、《全球分裂》《贸易、发展和外债》等。20世纪90年代，俄罗斯和一些东欧国家跌入美国新自由主义的金融战略陷阱后，他多次访问这些国家，提出了自己的财政金融政策建议。2010年赫德森给《国外理论动态》编辑部寄去论文《从马克思到高盛：虚拟资本的幻想和产业的金融化》，发表在《国外理论动态》2010年第9期和第10期上。2015年赫德森参加了在北京大学召开的第一届世界马克思主义大会。2018年，赫德森又参加了第二届世界马克思主义大会。

和古代社会、近代早期西方社会以及第一、第二次工业革命时代的寄生阶级之间既有一致性，又有重大的差异性。20世纪下半叶以来，随着金融资本对生产关系的全面支配，金融资本主义下的新寄生阶级也具有越来越强的自主性，越来越难以从外部撼动。但与此同时，金融资本内部的危机却越来越深重了。金融资本主义下新寄生阶级的积累，导致债务膨胀和产业萎缩相互加强的危机，即债务通缩危机；这样的危机被认为是导致1929年大萧条的原因。新自由主义以"量化宽松"的政策来避免1929年那样的断崖式大萧条，却导致了更加难以解决的新版大萧条。

一、寄生阶级从古代到金融资本主义时代的发展

私有制包含着生产性积累和寄生性积累两个方面。一定形式的私有制当其生产性的一面占主导地位时，它主要表现出推动社会历史进步的一面，而当这种所有权关系的寄生性积累日益膨胀并达到一定临界点时，其阻碍社会历史进步的性质就表现为主要的一面。

第一，古代社会中商业资本和高利贷资本的寄生性。阶级社会是从原始公社解体的基础上发展起来的。战争推动了原始社会的解体。从战争中发展起奴隶制、农奴制等新的社会形式。但是，如马克思所说，原始公社的生命力比闪族社会、希腊社会、罗马社会以及其他社会的生命力要强大得多："日耳曼人在所有被征服的地区引入的新公社，由于继承了古代原型

的特征,在整个中世纪时期,成了人民自由和人民生活的唯一中心。"① 在亚洲中央集权的古代社会,例如,在中国,国家是最大的地主,"主权就是在全国范围内集中的土地所有权"。② 在郡县制度的中央集权之下,国家统一了文字、度量衡,逐步放松对人丁的控制,赋税向财产税转化,税收从按人丁征税转变为按户资、按田产征税。大河灌溉系统得到治理,促进了生产的发展、推动了民族的形成,帝国表现出其生产性积累的一面,但同时,在推动生产发展的基础上,古代帝国的寄生性也日益发展:官场中各等级靠在农民身上吮血吸髓过活,各种名义的税赋越来越高,这被明清之际思想家黄宗羲称为"积累莫返之害"。关于古代国家所具有的寄生性积累和生产性积累的二重性,马克思从国家的双重职能上进行了论述。马克思指出:"在亚洲,从远古的时候起一般说来就只有三个政府部门:财政部门,或者说,对内进行掠夺的部门;战争部门,或者说,对外进行掠夺的部门;最后是公共工程部门。"③ 从古代社会的缝隙中发展起商业资本,在商业资本对货币财富集中的基础上,又发展起高利贷资本。高利贷剥削小农,像寄生虫一样吸在小生产者身上,使之精疲力竭、虚弱不堪,使其再生产在每况愈下的条件下进行。高利贷资本"不是发展生产力,而是使生产力萎缩"④。

第二,近代重商主义时期金融资本的寄生性。近代世界历

---

① 《马克思恩格斯全集》第19卷,人民出版社1963年版,第433页。
② 《马克思恩格斯文集》第7卷,人民出版社2009年版,第894页。
③ 《马克思恩格斯文集》第2卷,人民出版社2009年版,第679页。
④ 《马克思恩格斯文集》第7卷,人民出版社2009年版,第674页。

史的重要要素之一，是金融资本在西欧的兴起。蒙古帝国使欧亚大陆的贸易联系更加紧密，意大利北部的城市国家成为欧亚大陆贸易链条的终端，控制着从黑海、红海到地中海的贸易路线。在威尼斯、佛罗伦萨、热那亚、米兰等，大商人、大船主通过造船、造奢侈品、垄断贸易、设立银行、支配地产、经营国债等活动，得到教廷、教皇、大公贵族、西欧的国王等势力的支持。商业、产业、信用、地产、国债等货币资本活动的几个领域融合到一起，产生了最初的金融资本。佛罗伦萨的统治者美迪奇家族本身就是大金融资本家。金融资本把国家暴力变成资本扩张的工具。当奥斯曼土耳其帝国崛起时，意大利北部的商业金融资本失去了与东方母体贸易的联系，便强烈要求开辟到东方去的新航线，由此触发了大航海时代的商业革命。与印度洋、中国南海上没有政权保护的商人不同，与国家暴力相结合的西方商业金融资本很快把这些东方商人打败，把印度洋的贸易、南海的贸易、东亚的贸易掌握在自己手中，在此过程中，欧洲商业金融资本发现并开发了新大陆，获得了移民基地，建立了三角贸易。荷兰在东方建立了香料生产基地，大英帝国把印度变成了完全的殖民地。在这个时代，从货币经营业和信用中发展起来的银行资本，是与高利贷资本相对立的，是商业资本家为摆脱高利贷资本的剥削而建立起来的新的信用制度。银行发行股票，组织商业信用公司，为商业资本提供低成本的长期信贷从而排除掉过去的那种高利贷。重商主义时期的商业金融资本改造了官僚和军队，改变了宫廷的国际政策，改造了封建特权、官僚监护的制度，它把土地贵族描绘成缺乏活动能力的、只顾贪图享受的寄生阶级加以批判。

第三，第一次工业革命时期金融资本的寄生性。商业金融资本推动了世界市场、国际贸易、殖民主义、国债制度，推动了工场手工业的发展，为工业革命准备了早期的世界市场。工业革命使土地所有权的统治变得更加不能忍受了。古典政治经济学对土地所有权的寄生性质进行了批判，认为私人土地所有权只是阻碍产业资本自由发展的累赘。在李嘉图看来，随着资本主义的发展，地租越来越高，导致利润率下降。按照这个趋势发展下去，资本投资将逐渐停止，资本主义经济将走向末日。马克思继承并发挥了古典政治经济学对土地私有权的批判，指出："土地所有者妨碍国民年收入的增长，阻碍资本的积累……引起普遍的衰退，并且像高利贷一样剥削现代文明的一切利益，而没有对现代文明作丝毫贡献。"① 工业革命之后，圣西门主义者从产业资本的角度进一步批判了高利贷资本，并把银行家描述为工业的组织者。马克思也把经营信用的银行和高利贷资本对立起来，但是马克思又深刻地揭示了银行资本自身的寄生性趋势。马克思指出，股份公司、信用制度"在一定部门中造成了垄断……一种新的金融贵族，一种新的寄生虫。"② 马克思揭示了银行资本转化为新的高利贷资本的趋势："高利贷本身不仅依然存在，而且在资本主义生产发达的国家，还摆脱了一切旧的立法对它的限制。对于那些不是或不能在资本主义生产方式的意义上进行借贷的个人、阶

---

① 《马克思恩格斯文集》第 1 卷，人民出版社 2009 年版，第 176 页。
② 《马克思恩格斯文集》第 7 卷，人民出版社 2009 年版，第 497 页。

级或情况来说，生息资本都保持高利贷资本的形式。例如，在下列场合：或者出于个人的需要去到当铺进行借贷；或者把钱借给那些享乐的富人，供他们挥霍浪费；或者借给那些非资本主义的生产者，如小农民、手工业者等等，即自己仍然占有生产条件的直接生产者；最后，借给那种经营规模很小，接近于自食其力的生产者的资本主义生产者。"①

第四，第二次工业革命时期金融资本的寄生性。19世纪下半叶发生的第二次工业革命推动了劳动的社会化，推动了产业资本、商业资本、银行资本的垄断融合，推动了新型金融资本的产生。金融资本支配了生产、流通、信用，支配森林、地产、矿山、铁路，支配财政税收，支配资本输出。希法亭用"高利贷资本—银行资本—金融资本"的三段论来概括金融资本的历史地位，把金融资本看作是在银行资本的基础上发展到新形式的高利贷资本。列宁着重指出了金融资本的寄生性和腐朽性。以"剪息票"为生，根本不参与任何企业经营、终日游手好闲的食利者阶层大大地增长起来。金融资本的资本输出使资本输出国变成食利国、高利贷国、债权国。利息、股息、发行证券、进行投机等方面的收入在整个国民经济中的相对意义愈来愈大了。金融资本的寄生性和旧军事官僚帝国、旧殖民主义的寄生性相结合。垄断地占有广大、富饶或地理位置优越的殖民地，给靠剥削几个海外国家和殖民地的劳动为生的整个国家打上了寄生性的烙印。瓜分中国的前景，使霍布森作出了这样一种经济上的估计：西方国家将产生极少数"从远东取

---

① 《马克思恩格斯文集》第7卷，人民出版社2009年版，第678—679页。

得股息和年金的富豪贵族,连同一批人数稍多的家臣和商人,为数更多的家仆以及从事运输和易腐坏产品最后加工的工人。主要的骨干工业部门就会消失,而大批的食品和半成品会作为贡品由亚非两洲源源而来"①。舒尔采·格弗尼茨认为:"欧洲将把体力劳动,起初把农业劳动和矿业劳动,然后把比较笨重的工业劳动,推给有色人种去干,自己则安然地当食利者。"②在英国,愈来愈多的土地不再用于农业生产,而成了专供富人运动作乐的场所。英国食利者的人数约有 100 万。食利者人数增加的同时,生产工人占人口总数的比例却在下降。英国工人在人口总数中所占的百分比 1851 年为 23%、1901 年为 15%。帝国主义在工人中间也分化出一些特权阶层,使他们脱离广大的无产阶级群众。③

第五,第三次工业革命以来金融资本的寄生性与寄生阶级自主性的增强。在两次世界大战后,旧殖民帝国解体了,但殖民帝国的根基即金融资本在西方主要国家保存了下来,并获得了新的发展。旧殖民主义体系瓦解之后,金融资本基于军事官僚帝国和旧殖民主义的寄生性积累被削弱了,但是,金融资本基于自身经济统治能力的寄生性积累却增强了。20 世纪 80 年代以来,在新科技革命的基础上,金融资本支配了全球化,支配了产业链、商业链和信用链的核心环节,支配了后发国家核心资源、核心产业、商业组织、银行和信用体系、国家财政,

---

① 转引自《列宁专题文集·论资本主义》,人民出版社 2009 年版,第 189 页。
② 转引自《列宁专题文集·论资本主义》,人民出版社 2009 年版,第 191 页。
③ 《列宁专题文集·论资本主义》,人民出版社 2009 年版,第 191 页。

借助垄断价格、地产寻租、金融投机、支配国债、控制货币发行等建立了一套剥夺性、投机性、寄生性的积累机制。金融资本的寄生性积累越来越系统化、自主化，造成的社会危机也越来越不容易从外部加以克服。但是，金融资本内部自我否定的逻辑却表现出来了。金融资本这种自我否定逻辑的集中表现就是金融资本寄生性积累所导致的债务膨胀和生产萎缩相互加强的危机，即债务通缩危机。

二、金融资本主义下寄生阶级的积累所导致的债务通缩危机

随着资本主义生产关系的演化，金融资本的统治也越来越系统化、自主化，越来越难从外部撼动。但同时，金融资本内部自否定的逻辑却越来越剧烈、越来越表面化了。金融资本通过专利权、定价权、地产寻租、股票投机、国债投机、汇率投机、货币发行等手段进行寄生性积累，金融资本的寄生性积累导致对社会生产者阶级的过度剥夺，导致劳动力过剩和资本过剩矛盾的加剧，导致债务膨胀和产业萎缩相互强化的危机，也即所谓的债务通缩危机。债务通缩危机不像西方经济学所认为的那样，不仅仅是流通领域的危机，而是金融资本所支配的生产关系的危机。

第一，财富索取权证书的积累。金融资本支配着房地产、通信、交通、矿业和林业、城市设施等领域。资本的集中和垄断，使社会财富日益向少数寡头手里集中。"自 20 世纪 50 年

代至70年代，由低到高排列，美国90%的人口每增加1美元收入，0.01%的最高收入阶层就增加162美元；而在1990年至2002年期间，总计由1.4万个家庭构成的0.01%的最高收入阶层，在这90%人口每增加1美元收入之时增加的收入高达18000美元。"① "以1982年美元价值衡量，美国非农业工人的实际工资从1972年的最高每小时8.99美元下降到2006年的8.24美元。"② 金融资本通过垄断利润来积累，垄断利润进一步被资本化、证券化。股票、债券等成为金融资本对社会财富的索取权，这些索取权证书也就是被称作虚拟资本的资本。金融资本的积累，表现为索取权证书的积累，表现为索取权证书的价格膨胀。对汇率、利息率、股票和债券价格、信用违约掉期以及各种相关的衍生品的投机，是金融资本积累的重要途径。地产收益经过证券化之后，可以带来高出地租收入自身十几倍、几十倍的收益。赫德森指出，美国和英国大约80%的银行贷款现在采取房地产抵押贷款的形式。房地产成为银行贷款的最主要的市场。

第二，财富索取权证书的价格膨胀。社会财富所有权证书的价格膨胀，主要为银行及其债券持有者带来了财富。"右翼政府主政冰岛的17年中，冰岛全面采纳了新自由主义政策导致经济全面金融投机化。这一时期冰岛银行与金融业总资产超常规增长，银行业资产从2000年末占国内GDP的96%增长到

---

① 陈弘：《当前金融危机与当代资本主义停滞趋势》，载《国外理论动态》，2009年第7期，第8—16页。
② 陈弘：《当前金融危机与当代资本主义停滞趋势》，载《国外理论动态》，2009年第7期，第8—16页。

2006年占GDP总额的9倍。"① 在艾伦·格林斯潘担任美联储主席期间连续多次降低利息，来维持和刺激资产的市场价格上涨。为了刺激房地产的价格膨胀，金融机构以更低的首付、更长的分期付款年限、更宽松的信贷条件审批为购房者提供贷款。银行为了抬高土地价格、为分割地租而创造信贷。2000年，美国房地产价值在国民收入中的比例保持在250%左右。美联储注入大量信贷，2007年，房地产价格前所未有地飙升至国民收入的325%。银行投放信贷，以工薪阶层的未来收入为抵押，来维持金融资本所有权证书的虚拟价值。自由主义经济学把债务膨胀所支撑的资产增值看作是真实财富的创造过程。通过推高资产价格，来吸引工薪阶层借更多的款额来购置房地产等资产，这被称作"财富效应"。中产阶级被描述为越来越富有，这只是因为中产阶级中的其他成员用更高的价格来购买房屋，只是因为工薪阶级以每一代人越来越高的价格把房子卖给新一代购房者，而金融资本在推高资产价格的过程中，从经济总体中获取越来越多的份额。

第三，财富索取权证书价格膨胀背后的债务膨胀。所谓的"财富效应"，实际上是以新债还旧债，是靠以未来收入为抵押的债务关系来维持的繁荣，它没有提高工薪阶层的地位，只是使他们把自己的未来也抵押给了金融资本。债务飙升成为过去40年来资本主义经济的最突出特征。房地产、金融利益集团以债务为杠杆的信贷使资产价格膨胀，在资产价格膨胀的背

---

① 陈弘：《当前金融危机与当代资本主义停滞趋势》，载《国外理论动态》，2009年第7期，第8—16页。

后是居民、中小企业、地方政府、联邦政府或中央政府债务负担的增加。"将所有债务合并计算,全美债务总额在 GDP 中的比率从 1959 年的 151% 令人震惊地上升到了 2007 年的 373%。"① 美国工薪阶层曾被树立为中产阶级的典范,但是中产阶级在房贷、学贷、车贷等方面,已经债台高筑,陷入债务奴役之中。债务负担使工薪阶层的家庭经济状况恶化,购房者不得不用一生的收入来偿债。"一个典型的美国蓝领工人的工资收入的大约 40% 用在住房上。……另外大约 15% 被用于支付其他的债务,如学生贷款——这是从事中产阶级的职业所必需的教育,汽车贷款……信用卡债务,个人贷款以及零售信贷等。……表面上用于支付社会保障和医疗的 FICA 支票……占去了 11%,而由劳动者承担的收入和销售税又扣去 10%—15%。这样只剩下大约 1/3 的工资收入可用于食品、衣服、交通、健康医疗以及其他在今天金融化的经济中所需要的基本开支了。"②

第四,债务膨胀下的产业萎缩。金融资本的寄生性积累使消费下降、投资不振、经济萎缩、失业上升。在金融资本的主导下,产业投资发生如下几个方向的变化:第一,发达国家制造业向产业链高端、向高附加值环节、向研发环节转移,这些环节所能吸收的劳动力是有限的。第二,金融资本的寄生性积累是通过剥夺中小产业资本、剥夺消费者来实现的。金融资本

---

① 陈弘:《当前金融危机与当代资本主义停滞趋势》,载《国外理论动态》,2009 年第 7 期,第 8—16 页。
② 迈克尔·赫德森、曹浩瀚:《从马克思到高盛:虚拟资本的幻想和产业的金融化(下)》,载《国外理论动态》,2010 年第 10 期,第 39—48、90 页。

把债务成本、垄断价格转移加入生活和经营成本中，增加了住宅、办公楼和工厂的成本，抬升住房、医疗保险的价格，增加了民众基本需求品的价格，缩小了商品和服务的国内市场，限制中小资本的生产投资。第三，大量的低端制造业向第三世界国家、向劳动力成本比较低廉的国家转移。美国经济已经去工业化，它的中西部已经变成了铁锈地带。第四，因制造业空心化，大量工人的就业依赖于服务业，依赖于寄生者阶级的各种各样的非生产性消费。第五，金融资本的投机性迫使所支配的产业迅速提供垄断利润，以便到金融市场上加以资本化，这使投资具有短期化的趋势。因此，美国的基础设施、港口、铁路等是相当陈旧的。

第五，债务膨胀和产业萎缩相互加强的危机，即债务通缩危机。金融资本主义寄生阶层的积累不但造成债务膨胀，不但造成社会生产的萎缩，而且还造成了债务膨胀和生产萎缩相互强化的趋势，即债务通缩危机。当工薪阶层的收入不足以偿付债务时，偿付链条断裂，资产会发生全面而迅速的贬值。随着房地产泡沫破裂，工薪阶层丧失抵押品赎回权，工薪阶层被进一步剥夺。债务的增加使工薪阶层的消费能力以及中小工商业资本的投资能力进一步下降。债务膨胀加速了产业萎缩，而产业萎缩又恶化了工薪阶层的偿债能力，这就是金融资本寄生性积累所导致的债务通缩危机，即债务增加和产业萎缩互相强化的危机。债务通缩模型本来是经济学家费雪提出来的用于解释1929—1933年大萧条的。该模型认为：企业在某个时点处于"过度负债"的状态，债务清偿引致资产廉价出售，引致存款货币的收缩以及货币流通速度的下降，引起企业资产净值的更大下降，加速了企业的破产和利润的下降。陷入营运亏损的企业去减少产出、交易和雇佣劳动。企业的亏损、破产和失业，引发悲观情绪和信心丧失，这些反过来又导致货币的窖藏行为和存款货币流通速度的更进一步下降。出现一般价格水平下降，或者说导致货币的购买力升值，在货币升值的速度超过名义债务偿还速度的情形下，债务清偿不但不能彻底地清偿债务，反而使得尚未偿还的名义债务的真实规模加大，这样，经济萧条只会继续恶化。这就是"债务通货紧缩"的逻辑。费雪的债务通缩理论主要是从流通和货币的角度来说的，这一模型可以用马克思主义政治经济学加以改进和拓展。从马克思主义政治经济学来看，债务通缩机制是与金融资本的寄生性积累相联系的，通缩也不是一个货币现象，通缩是与民众消费不足、产业资本的萎缩相联系的。

三、量化宽松政策下债务通缩危机向新版大萧条的演化

金融资本不仅支配了社会生产的各个方面，也支配着公共权力。国家在形式上表现为公共权力，但实质上是金融资本的工具。在新自由主义意识形态、制度理念和政策体系下，金融资本对公共权力进行了一次次的剥夺，终于把公共权力变成负债累累、完全从属于金融资本意志的公共权力外壳。面对债务通缩危机，公共权力在新自由主义政策理念的支配下，在金融

资本的意志支配下，在国家已经被剥夺掉各种积极手段的情况下，只能以发行纸币、量化宽松的方式来反通缩，这种反通缩的政策避免了危机的某种表现形式，但是却以新的形式加剧了危机。

第一，新自由主义对公共权力的剥夺。20世纪80年代，在撒切尔夫人和里根的领导下，英国和美国走上了新自由主义道路。后来布莱尔领导的新工党和克林顿领导的新民主党，也深受新自由主义的影响，积极践行新自由主义理念。新自由主义把金融资本的自由看作是社会自由的条件，新自由主义从金融资本的意志出发，对国家进行剥夺，把国家的实体性职能剥夺干净。在新自由主义理念下，金融资本对国家的剥夺包括公共部门私有化、放松管制、削减国家得自富人的累进税、把养老金的征收和管理权从公共权力手中转移到金融资本手中等等。新自由主义推行了大规模的私有化，剥夺了公共权力对基础设施、自然性垄断资源的所有权。新自由主义还剥夺公共权力对金融资本的监管权力。新自由主义制定有利于食利者的税收制度，允许大资本对建筑物过度折旧，为房地产减税。美国从1954、1972、1979到1981年税法，关于折旧处理的规定，对房地产投资者越来越有利。房地产税的降低，优惠了地产商、大资本，剥夺了国家的财政收入。国家还削减对矿产、燃料征收的资源税，将财政负担从大资本身上转移到劳动者身上。为了给房地产减税，金融资本动员起大众保护私有权、反对对商业和出租的房地产加税。但是工薪阶层的所谓所有权，实际上使他们陷入了金融资本债务奴役之中，就像马克思所分析的法国大革命后的法国小农那样：小农紧紧抱住自己的小土地所有权，但这种所有权使他们落入高利贷的罗网，成为他们贫困的根源。最后，金融资本还剥夺了公共权力对养老基金的支配和管理权，把养老基金金融化。20世纪50年代以后，养老基金实行强制储蓄，工人攒下来的钱被转交给金融资本来支配。公司的破产、金融机构的破产和政府的财产破产，都使工人的养老金储备陷入极大的冒险之中，有可能被一扫而空。

第二，新自由主义量化宽松的反通缩政策。新自由主义经济学是从庸俗经济学发展过来的，二者都是金融资本的意识形态，都是对古典政治经济学传统的背离，都否定资本主义生产关系中的深刻矛盾。新自由主义认为，维持国家对金融资本的信用，就是维持社会正常运行的条件，拯救金融贵族就是拯救社会。自由主义对1929年大萧条的经验总结，主要是从流通和货币的角度来展开的。自由主义从1929年大萧条中引申出来的结论就是量化宽松政策，就是政府发挥好"最后贷款人"的职能，就是政府在危机的一定阶段向美联储借钱购买垃圾债券、释放流动性。弗里德曼认为，货币紧缩是大萧条产生的原因，美联储20世纪20年代末的信用紧缩导致了大萧条。美联储主席伯南克宣称："无论理由看起来如何充分，面对经济泡沫，联邦储备委员会的最佳选择是恪守最后贷款人的职责。"美联储以印发货币的方式来拯救金融危机，将贬值的金融资产国有化，维持金融资本的信用。20世纪70年代，布雷顿森林体系解体之后，美元与黄金脱钩，美元发行不受黄金的限制，这为美国发行纸币提供了极为便利的条件。2008年美国金融危机以来美联储不断推行量化宽松政策。2008年美国财政部为美国国际集团的所有赌博的损失买单，随后联邦储备委员会又以票面价格买进大量的垃圾抵押贷款证券组合。2008年9月，财政部长保尔森请求国会批准7000亿美元拨款救市。2020年年初美国金融系统遭遇重创，股市十天熔断四次，面对这样的情况，美国政府采取了无限量量化宽松政策。自美国2008年金融危机以来，美国已经数次使用量化宽松政策救助金融市场，量化宽松的规模也一次次突破人们的想象。

第三，量化宽松政策下债务通缩危机向新版大萧条的演化。金融资本的寄生性积累在一定程度上避免了1929—1933年那样的断崖式的旧版大萧条，但是却使危机积累起来，使危机更直接地转化为阶级危机和国际关系危机。凯恩斯曾指出，在流动性陷阱之中增加流动性只会助长货币囤积，而并不会刺激经济复苏。在金融资本寄生性积累所导致的债务通缩面前，开足马力印钱，并不能增加工薪阶层的收入，不能推动制造业的发展，而只是使货币流向金融资本、食利者手中，使他们对社会财富的索取权不贬值。超发的货币所发挥的职能不是执行社会再生产的流通手段的职能，而是维持资产价格、剥夺工薪阶层的职能。量化宽松政策，会直接扩大国债的规模，国家在国债的压力下，会进一步把公共部门私有化，把公共资产出让给金融家。滥发货币，滥用美元世界货币地位，加剧了国际经济的矛盾。国债的增加还推动了国家采用财政紧缩政策，政府削减福利支出，这使本已困难的工薪阶层更是雪上加霜。总之，量化宽松会把金融资本积累的危机在更大的规模和范围上积聚、加剧起来，使工薪阶层的处境进一步恶化，使金融资本寄生阶层的相对优势得到加强。

第四，新版大萧条使金融资本主义越过新自由主义，去寻求更加保守的统治形式。金融资本的寄生性积累所导致的社会分裂程度已经超越美国自由主义政治所能容纳的程度。自由主义有两个承诺，第一，人人享有的人权，第二，社会的富足，个人免于匮乏的自由。但是，在金融资本寄生性积累的剥夺作用下，工薪阶层已经陷入匮乏之中。面对民众的不满，金融资本主义走向右翼民粹主义。右翼民粹主义服务于大财团，但又要蛊惑底层民众，于是只能通过转嫁危机、加剧国际紧张局势、执行对外强硬政策来凝聚国内共识。强化身份政治，加强族群主义，强调文明的冲突，这是右翼民粹主义的重要特征。自由主义向波拿巴主义、极权主义、法西斯主义转化，这是金融资本积累所造成的社会分裂的结果。马克思曾指出，法国大资产阶级"由于感觉到自己软弱无力，他们才不得不……力图返回到那些不大完备、不大发达、因而危险也较少的阶级统治的形式上去"[①]。新自由主义把极权主义的出现归结为社会主义，归结为对大资本的国有化和监管。但实际上，正是因为缺乏对大金融资本的国有化和监管，才导致了深刻的社会分裂，才导致了右翼民粹主义的泛滥和崛起。右翼民粹主义是金融资本帝国的反动形式，也是金融资本帝国在自身之内的自我否定的形式。

[①]《马克思恩格斯全集》第8卷，人民出版社1961年版，第151页。

第五，新版大萧条把金融资本主义自身本质性的矛盾表面化，凸显了金融资本主义自身的历史限度。金融资本主义在深刻危机的推动下向右翼民粹主义的逆动，将使社会主义再度走上世界历史舞台的中央。秉持右翼民粹主义的大资产阶级"把它从前当作'自由主义'颂扬的东西指责为'社会主义'"①。资产阶级"了解到，一切所谓的市民自由和进步机关，都侵犯它的阶级统治，并且既威胁它的社会基础，又威胁它的政治上层，因此这些东西就成了'社会主义的'了"②。右翼民粹主义是金融资本主义的最后一道防线，它使金融资本主义的内在矛盾激烈化、表面化。右翼民粹主义使金融资本进入自我反噬的阶段，并再度把社会主义的批判逻辑呼唤到历史的前台。右翼民粹主义把任何改良主义的政策都称作社会主义、共产主义，在右翼民粹主义看来，甚至美国民主党的自由主义政策都成了共产主义的政策。右翼民粹主义之所以害怕社会主义，是因为社会主义把批判的矛头指向了金融资本、指向了金融资本所依据的社会生产关系。对寄生性生产关系的改造，是从古典政治经济学到马克思主义政治经济学的一贯主张。重农学派主张"全部赋税都转到地租上，换句话说，土地所有权部分地被没收了——而这正是法国革命制定的法律打算实施的办法，也是李嘉图学派的充分发展的现代政治经济学的最终结论"③。李嘉图学派主张将土地国有化，将养活工人

---

① 《马克思恩格斯全集》第8卷，人民出版社1961年版，第166页。
② 《马克思恩格斯全集》第8卷，人民出版社1961年版，第165页。
③ 《马克思恩格斯全集》第26卷（I），人民出版社1972年版，第26页。

的成本降到最低。针对金融贵族和土地贵族的统治，马克思和恩格斯提出了如下的革命措施：土地的国有化、银行的国有化、垄断企业的国有化；剥夺地产，地租用于国家支出；征收高额累进税；废除继承权；通过国家银行，把信贷集中在国家手里；国家掌握一切运输工具，把运输业集中在国家手里；按照计划增加国家工厂和生产工具，开垦荒地、改良土壤；成立产业军，实行普遍劳动义务制；促使农业和工业结合起来，促使城乡对立逐步消灭；对所有儿童实行公共的、免费的教育。马克思的这些主张，在社会主义市场经济体系中得到了最近似的实践。社会主义市场经济在公有制取代金融贵族的寄生性生产关系的条件下，通过利用公共的生产资料，不仅可以建立有利于劳动者的社会主义经济基础，又能解放中小产业、商业资本。以公有制主导的市场经济取代金融寡头主导的市场经济，推动工业化，推动创新，推动科学技术与社会化大生产的结合，推动社会化大生产与人民幸福生活的结合而不至于造成对人民的剥夺。从金融资本的矛盾扬弃中，所能引申出来的制度，恰恰正是公有制为主导的社会主义市场经济制度。公有制为主导的市场经济制度是与金融资本主导的市场经济制度正相对立的经济制度，是对金融资本主义的制度替代。

四、赫德森金融资本主义批判理论评析

赫德森把对寄生性金融资本的批判作为政治经济学批判的主题，从金融资本寄生性积累的角度揭示了当下西方社会危机

的根源，把金融资本寄生性积累放到从古典政治经济学到马克思主义政治经济学的传统中来批判，把克服金融资本的寄生性积累作为现代社会自由的条件。但是，赫德森的金融资本主义批判理论也存在着一定的、原则性的缺陷，这是需要通过严肃的学术批评来加以辨析的。

第一，赫德森把对金融资本主义下新寄生阶级的批判设定为政治经济学批判的主题。赫德森把寄生性的金融资本作为支配性的经济关系来批判。赫德森把金融资本理解为生息资本、高利贷资本、土地所有权。赫德森强调金融资本的高利贷性质和复利的性质。金融资本主义已经变成生息索取权，已经变成高利贷者的资本，它自动地以一种"纯粹数学"的方式增长，以几何级数的增长速度榨取着复利。赫德森认为，金融索取权独立于实物生产，是与实物生产无涉的"零和"转移支付，是没有中间实物内容的 M—M′ 的金融收费；金融资本让整个经济充斥着寄生性的信用；房地产、金融利益集团和垄断者通过制造不断扩大的债务楔子来剥削经济。赫德森把金融资本主义看作是债务奴役和新封建主义，看作是向封建主义的倒退，是向封建寄生阶级特权的倒退。金融资本主义的现实是前资本主义寄生阶级的死灰复燃。西方银行业和金融部门正在将整个经济拖入债务奴役和新封建主义之中。房地产的举足轻重地位反映出美国资本主义的封建主义残余。①

---

① 引自赫德森在第一届世界马克思主义大会上的发言及其为大会提交的论文：Michael Hudson: The West's Failed Finance-Capitalist Road: Trying to "Create Wealth" through Debt[《马克思主义与人类命运共同体：第二届世界马克思主义大会论文集》(下册)，人民出版社 2019 年版]。

第二，赫德森从金融资本寄生性积累的角度揭示了西方经济、社会和政治危机的根源。赫德森揭示了金融资本寄生性积累与社会利益的对立。赫德森认为，工业因受金融的盘剥而无力投资。在美国模式中，战略产业、银行、公共权力，成为金融资本、金融寡头的囊中之物。金融、保险和房地产（FIRE）部门结盟，银行和债券持有者与地主、自然资源所有者和垄断者联手，共同压制工业资本主义。住房和写字楼价格增长以及债务呈指数级的增长，给经济带来负担。寻租性私有化、两极分化、经济紧缩和债务奴役制，给经济运行戴上了沉重的枷锁，最终以金融崩溃结束其扩张。根据美国新自由主义制度理念进行改革的俄罗斯，完全放弃了社会主义的制度根基，以休克疗法进行了完全的私有化，造成了新的寡头势力。1991年苏联解体后，新自由主义被解放了手脚，此后俄罗斯寄生阶层回归。苏联解体后的休克疗法改革，导致了俄罗斯金融寡头的再生，俄罗斯的这些寡头，他们不是花钱来建工厂，而是把这个钱用来买工厂和控制工厂，然后把这些工厂又变成了房地产项目，住房对劳动阶级来说越来越昂贵。金融资本的寄生性积累劫持了工业资本主义，是西方经济社会危机的根本原因。

第三，赫德森对金融资本寄生性积累纳入从古典经济学到马克思主义政治经济学的传统中来批判，并着重批判了新自由主义服务于金融资本寄生性积累的意识形态属性。赫德森把对金融资本寄生性的批判与从古典政治经济学到马克思主义政治经济学的历史贯通起来。赫德森指出，金融资本更像马克思所描述过的高利贷资本。马克思期待工业资本主义彻底摆脱欧洲封建主义的残余——最初由军事力量所强加的地租，以及高利贷资本。赫德森认为，马克思相信工业资本会运用它对政府日益上升的支配能力，使土地、银行业和金融系统国有化；马克思相信金融资本将从属于工业资本发展的需要，马克思认为工业资本主义的最大成就是使生息资本从属于产业资本，生息资本将像地租一样退出历史舞台；马克思相信，产业资本的历史使命是将社会从高利贷的货币借贷中拯救出来，是将信用转向为生产性投资融资而扭转银行业古老的寄生趋势；马克思与圣西门一样，相信银行家的计划会为用社会主义方式组织社会铺平道路；马克思曾经期待，对生产的计划将转到政府手中，而不是转到金融部门或者其他类似的寄生部门手中；社会主义的想法是彻底消除工业资本主义中的封建主义残余；银行业和金融资本将会转变为同工业资本主义的需要相一致，从而协助其向社会主义演进。赫德森认为，庸俗经济学的反对不仅是针对马克思主义的，而且也是针对19世纪的古典政治经济学的。庸俗经济学是寄生阶级的意识形态，它试图消除社会主义者的古典价值理论和地租理论的影响，新自由主义声称每个人的收入和财富都代表了他们从对生产的贡献中所取得的回报，把地租重新定义为对地主经营的报酬，利息被描述为对贷款的生产性"服务"的回报。"效用"理论认为，商品价格是消费者根据商品所提供的效用而对商品的支付；这种价格实际上是根据循环论证的逻辑确定的：一个商品的价格等于消费者支付的价格。生产者被假设是为了"满足消费者的需求"而进行投资和商品生产，经济的驱动力好像是消费者，而非资本家、土地所有者或金融家。新自由主义的经济学,认为由债务杠杆所推动的地产和金融资产的价格膨胀,是创造财富的途径。美国和欧洲的商学院传授剥夺资产的技巧,传授如何用金融工程取代工业工程,好像金融化的技术会以快于创造债务负担的速度来创造财富似的。① 为了捍卫这场反经济革命,今天的国民收入和产品账户(NIPA)和国内生产总值(GDP)的衡量方法在当今世界各国的国民经济统计中都得到了遵循。在该统计系统下,地产和银行被描绘成财富创造的领导者,而不仅仅是债务和寄生者收入的创造者。这种教育所传授的不是知识,而是无知和对良好政策的歪曲。迈克尔·赫德森还提醒中国学者注意分辨西方经济学教育中的意识形态性,提醒中国注意防范西方寄生阶级的意识形态即由英美商学院所传授的经济学理念。

第四,赫德森对金融资本主义寄生性积累的批判,越过了资本主义自身内部的改良主义的局限,而引入了社会主义的批判尺度。赫德森认为,与哈耶克的反政府的"自由企业"的警告相反,"滑向"极权主义并不是因为社会主义改革限制了寄生阶级对经济租金和利息的提取,而是恰恰相反:社会未能控制住寄生阶级攫取财富的行为,这就培植了一个世袭性的独裁权力。赫德森认为,应将计划从美国的华尔街、不列颠的伦敦金融城、巴黎的交易所、东京以及世界上其他的金融中心的手中转移到国家和政府的手中。政府应以税收形式征收寄生收

---

① Michael Hudson: The West's Failed Finance–Capitalist Road: Trying to "Create Wealth" through Debt[《马克思主义与人类命运共同体:第二届世界马克思主义大会论文集》(下册),人民出版社 2019 年版]。

入，收回那些本应作为税收而实际上免费馈赠给了银行家的收入。应以土地税的形式把地租从银行手里转移到政府手里，通过税收政策征收走地产溢价，避免金融资本把地产做成金融产品去投机。政府应该投资于公用事业，铁路、公路、航空、电力等部门，降低生活成本，降低经商成本。政府取代地主成为土地和自然资源的所有者，并以此为基础创造货币和信用来建设基础设施，这样可以降低产业负担、增加竞争力。政府作为首席银行家和信用创造者的一个主要优势是，当债务超过支付能力时，政府可以减记债务，将债务注销到可以偿付的水平，以免偿还债务造成金融末日的危险，从而拯救整个经济体。应建立一个覆盖全部人口的单一保险机构式的全国公共卫生体系代替漏洞百出的医疗保险制度、大幅度削减支持帝国统治的大规模军费开支、向低收入者进行转移支付、使全球环境得到更好的保护。赫德森认为，自己的这些主张和古典政治经济学、马克思主义政治经济学是一致的。古典政治经济学家希望把工业资本主义从寄生阶层的压力下，从封建主义残余、土地所有权、高利贷资本中解放出来。亚当·斯密、约·斯·穆勒和几乎所有19世纪古典经济学家都建议：消除私人对土地租金的掌控，并将土地租金价值的上升部分变成税收。李嘉图社会主义政策的基础是由公共权力按公共利益来征收土地的地租以及由不断上涨的地价所带来的"不劳而获的收益"。赫德森认为，金融资本主义的历史终极命运是被社会主义替代。对自然资源以及其他垄断性资源的租金收入进行公有化，为了占人口大多数的工薪阶层的利益来管理经济，要实现这些要求，就需要进行革命,因为反动利益将发起斗争来终止对土地、垄断企业和银行的国有化的运动,以防止社会超越"资产阶级的社会主义"的范围。① 赫德森认为,中国能够取得如此大的成功,因为中国有着非常强大的工业资本。中国的国有银行是使中国企业免于将其所有权转让给外资、掠夺者或趁火打劫者的先决条件。赫德森认为,中国应坚持社会主义制度,避免西方那样的新寄生阶级之疾,以便在公平的、高效的低成本经济中实现提升生活水平的目标。赫德森认为,最紧要的政策是降低住房成本,把地产价格的上涨部分转化为税收来实现,上涨的地租由政府征收,而不是将其作为规模日益扩大的按揭贷款的利息送给银行,避免银行从经济体中抽取越来越多的利息和按揭摊还款。

第五,赫德森对金融资本主义的批判,还存在着一定的、原则性的缺陷,也即,赫德森的金融资本批判理论在其主要的理论环节上表现出辩证法的缺失,表现出不同形式的折中主义。赫德森的金融资本批判理论因缺乏辩证逻辑而有折中主义的缺点。赫德森对金融资本寄生性的根源、克服路径以及金融资本批判史的看法,都存在着一定的、原则上的片面性。他把金融资本与工业资本直接对立起来、把马克思主义政治经济学和古典政治经济学混同起来、把科学社会主义和改良主义混同起来。赫德森只是把金融资本看作是资本主义生产关系的一个

---

① Michael Hudson:The West's Failed Finance-Capitalist Road:Trying to "Create Wealth" through Debt[《马克思主义与人类命运共同体:第二届世界马克思主义大会论文集》(下册),人民出版社 2019 年版]。

不正常的部分，而始终没能把金融资本作为支配资本主义生产关系的总体、主体，没能从金融资本这一主体自身的内在矛盾上来揭示金融资本的危机。赫德森对金融资本的批判和否定没有深入到金融资本自我否定的逻辑中。赫德森把金融资本和工业资本直接对立起来，没有揭示产业资本的内在矛盾及其向金融资本的转化，没有从资本主义生产关系的运动中揭示金融资本的产生机制，而直接把金融资本描述为食利资本、高利贷资本。实际上，食利资本、高利贷资本并不能揭示出金融资本内在的矛盾、内在的悖论、内在的自我否定规律。赫德森没有揭示出金融资本在加速资本集中过程当中的作用，没有充分展示金融资本对推动劳动社会化的积极作用，没有充分揭示出金融资本对生产、流通、信用的革命性变革。赫德森直接以工业资本否定金融资本，而没有揭示出金融资本正是在对产业资本支配的基础上建立自己的寄生性积累体系的。赫德森对金融资本被扬弃、被替代、被克服的条件，理解得也比较简单，好像不首先变革资产阶级的国家制度，好像不改变生产关系而单纯通过税收制度就能实现对金融资本的改造。赫德森对马克思社会主义思想的评价，也存在着原则性的错误。赫德森认为，马克思是站在工业资本的基础上批判寄生性资本的，认为马克思把克服寄生资本的希望放在工业资本的壮大上。实际上，马克思并不认为产业资本自身能够克服寄生性的私有制关系，而是恰恰相反，马克思论述了资本自身重新走向寄生性的趋势。马克思从产业资本的再生产中揭示了银行资本的职能，阐释了银行资本对产业资本的形式上的支配地位以及这种形式上的支配地位向实质上的统治地位的发展趋势,揭示了银行资本的寄生化趋势,揭示了银行资本和土地贵族的结合等等。马克思还在一系列的政论文章中,着重揭示了工业资本家面对土地贵族和金融贵族的软弱性、妥协性。马克思不可能像赫德森所设想的那样,把对土地贵族和金融贵族的改造的希望放在工业资本上。随着资本主义的发展,马克思越来越不可能具有这样的思想,不可能依靠工业资本来消除金融资本。马克思真正的思想,是以社会主义公有制取代金融资本所支配的生产资料私有制。在对马克思进行误解的基础上,赫德森还具有把科学社会主义和改良主义混同起来的思想倾向。赫德森认为,社会主义的理念是一百年前社会民主党和工党创建的基础,北欧国家的社会民主党的举措,例如税收的改革,对工人工作场所的环境和条件的优化,对人民的保护等体现了社会主义的原则;社会主义就是对垄断企业进行管制,依据实际成本来定价。在这些评价中,可以看到,赫德森把改良主义和科学社会主义的原则进行了混同。赫德森的折中主义还表现在他对中国道路的评价上。他认为,中国道路有点儿类似欧美资本主义在第一次世界大战前几十年似乎要走的发展道路①,其目的是尽可能地让社会获得所创造的价值,是把信贷引导到生产性用途上,是提供价格低廉的基本需求品,是使工业更具竞争力。赫德森把中国道路描述为使工业资本主义从寄生阶级中解放出来的道路,是使工

---

① Michael Hudson: *The West's Failed Finance-Capitalist Road: Trying to "Create Wealth" through Debt*[《马克思主义与人类命运共同体:第二届世界马克思主义大会论文集》(下册),人民出版社 2019 年版]。

业资本主义在更轻的负担中发展的道路，这样说固然没错，但是这样的说法就抽掉了中国模式中公有制的主体地位、抽掉了公有制所依赖的政治制度，等等。当然，赫德森在另外一些有关的论述中也指出了中国道路的社会主义制度根基，但是当他认为中国道路是美国进步主义时代某些改良主义方案的实现形式时，他就是离开了中国道路的制度基础来谈中国了。

五、小结

金融资本是资本主义生产关系的集中表现。随着金融资本对生产关系的全面支配，金融资本的寄生性积累也越来越系统化、自主化，造成的社会危机也越来越不容易从外部加以克服，但同时，金融资本内部自我否定的逻辑却表现得越来越强烈、越来越表面化。金融资本寄生性积累导致债务通缩危机，即债务膨胀和产业萎缩相互加强的危机。新自由主义以量化宽松的政策反通缩，这在一定程度上避免了旧版大萧条，却导致了更难以解决的新版大萧条。赫德森把对寄生性的金融资本批判作为当代政治经济学批判的主题，把对金融资本的批判纳入从古典政治经济学到马克思主义政治经济学的传统中，从金融资本寄生性积累的角度揭示了当下西方社会危机的根源，从消除金融资本寄生性积累的角度规定当代社会民主运动的任务，虽然赫德森的金融资本批判理论还因缺乏辩证逻辑而有一定的缺点，但是其基本的理论方向值得肯定。

第二章 英国左翼学者眼中的世界变局

——以牛津、剑桥等大学的六教授为例

新自由主义秩序放纵了金融资本的投机性、剥夺性积累机制,导致了西方社会的体系性危机。在此背景下,民粹主义发展起来了。民粹主义是民众运动为极端右翼政治势力所左右的表现,是左翼政党对民众运动领导乏力的表现,民粹主义强化了社会分裂,其解决危机的方式只会加剧危机。民粹主义的崛起及其破坏作用更显示了21世纪马克思主义复兴的现实迫切性。那么,针对这些问题,英国左翼学者如何看待?为此,我们以剑桥大学社会学系荣休教授大卫·莱恩(David Lane)①、

---

① 大卫·莱恩,剑桥大学伊曼纽尔学院名誉研究员、剑桥大学社会学系荣休教授。主要研究领域为国家社会主义、后共产主义社会的转型、苏联和东欧的政治、全球化和公民社会等。曾多次在苏联、中国、东欧、中欧和日本的大学及研究机构进行学术访问。2018年5月初,莱恩参加了第二届世界马克思主义大会。莱恩代表性的学术著作有:《国家社会主义的资本主义转型》(*The Capitalist Transformation of State Socialism*,2014)、《后苏联空间的精英和身份》(*Elites and Identities in Post-Soviet Space*,2011)、《反思"颜色革命"》(*Rethinking the "Coloured Revolutions"*,2010)。代表性的学术论文有:"Social class as a factor in the transformation of state socialism" "From state socialism to capitalism: The role of class and the world system" 和 "Revolution class and globalization in the transition from state socialism" 等。

牛津大学布拉瓦尼克政府学院教授乔纳森·沃尔夫（Jonathan Wolff）①、牛津大学圣艾德蒙学院教授戴维·普利斯兰（David Priestland）②、前英国肯特大学政治学教授兼现任伦敦大学歌德史密斯学院政治学客座教授戴维·麦克莱伦（David McLellan）③、坎特伯雷基督教会大学政治与国际关系系系主任大卫·贝茨（David Bates）④以及英国肯特大学荣休哲学教授肖恩·塞耶斯（Sean Sayers）⑤等英国著名左翼学者的观点为例，

---

① 乔纳森·沃尔夫，牛津大学布拉瓦尼克政府学院教授。师从科恩教授，对西方世界的观察体现了英国马克思主义的视角，研究方向为社会正义、贫困和公共安全等。著有 Ethics and Public Policy: A Philosophical Inquiry (Routledge 2011)、The Human Right to Health (Norton 2012)、An Introduction to Moral Philosophy (Norton 2018)，代表作为 Why Read Marx Today（《当今为什么还要研读马克思》）。
② 大卫·普里斯兰教授，牛津大学现代史教授，曾在苏联解体前留学莫斯科，主要研究领域为共产主义史、社会主义史、苏联史、全球化和新自由主义等。代表性著作有《红旗：共产主义与现代世界的形成》《商人、军人、文人：新权力史》等。普里斯兰教授的《红旗——共产主义与现代世界的形成》一书，将比较方法与广泛的叙事结构相结合，入围朗文2010年最佳历史书奖。
③ 戴维·麦克莱伦，英语世界公认的著名马克思学者。英国肯特大学政治学教授，伦敦大学歌德史密斯学院（Goldsmith' College）政治学客座教授。主要著作有：《青年黑格尔派与马克思》（1969）、《马克思主义以前的马克思》（1970）《马克思思想导论》（1971）、《马克思传》（1972）、《马克思的思想与生平》（1973）、《马克思以后的马克思主义》（1979）。
④ 大卫·贝茨，坎特伯雷基督教会大学政治与国际关系系系主任。研究领域为当代激进政治思想、马克思主义、社会运动等。代表作有《理论与实践中的"占有"》《"制造政治事件"——"知识交换"下的政治教育》。
⑤ 肖恩·塞耶斯，英国肯特大学荣休哲学教授。为《激进哲学》和《马克思与哲学社会》的创始人之一，《马克思与哲学评论》的创始人兼主编。研究领域涉及社会哲学、伦理学、知识理论、形而上学和逻辑学等。代表性著作有《马克思与异化》《马克思主义与人性》《黑格尔、马克思与辩证法》等。

来分析英国左翼学者眼中的世界变局。①

一、新自由主义全球化的危机

新自由主义秩序放纵了金融资本的投机性、寄生性积累机制，导致了中产阶级的危机、主权债务危机、福利社会的危机等，并最后顺次叠加为资本主义的体系性危机。那么，对这些问题，英国左翼学者的看法是什么呢？

第一，新自由主义秩序放纵了金融资本的投机性、剥夺性积累。普利斯兰教授强调，自由放任的市场经济体制依赖于私人银行和私人投资机构。二战后初期，在布雷顿森林体系下，国家对银行业和金融资本有着较好的管制，可以较好地调节经济发展。20世纪70年代新自由主义全球化以来，全球金融体系、国际银行日益脱离国家的管制。这种系统的不稳定性埋下了重大危机的隐患。沃尔夫教授说，新自由主义意味着更少的市场监管，减少福利，减少规则约束。西方国家社会问题的根源是富裕阶层的自私自利和国家对富人的偏袒。美国和西欧面临的问题之一是资本的转移。这样的情况已经持续很长时间了。富人为了避税，将资产移到国外，国家面临财政危机。如果政治家同时承诺减税和增加公共开支，那就只能靠贷款来实

---

① 2019年8月11—20日，北京大学马克思主义学院宋朝龙副院长一行九人，访问了六位英国学者，本文所用资料都是来自与这些教授进行交流和对话的第一手资料。本次学术访问团成员还包括姚苏薇、汪越、李文宇、张蓝天、马迪亚、庄若璇、汪亚宁、李建伟等。

现；而贷款无疑会导致新的更大的麻烦。莱恩教授认为，全球化的显著特征是国家边界的缺失和淡化，欧盟内部资本和劳动力的自由流动，或许可视为全球化的理想状态；但全球化也导致国际资本不受单个国家管制，肆意追逐利益；在全球化背景下，国与国之间实际缺乏管控分歧、协调利益的民主程序，事实上处在无序状态。

第二，中产阶级的危机。普利斯兰教授指出，西方国家的社会问题，如债务社会、社会收入不平等等，其根源不在于全球化，而在于金融资本的积累机制。自由市场经济体系造成了严重的不平等，美国的普通工人目前负债累累。西方自由市场经济面临的一个很大的问题是如何控制金融资本。沃尔夫教授强调，除债务外，当前欧美社会还有许多更大的问题，比如工业的崩溃。许多传统行业正在消失，这导致了严重的社会问题，例如，在美国，大城市陷入了严重的经济萧条，自杀、毒品和医疗问题十分严重。莱恩教授认为，工业衰落是资本追求更低生产成本造成的；全球化是产业转移的结果，而不是原因。全球化的负面效应根源于资本的主导作用。在美国，金融化和产业空心化导致中产阶级没落、失业率飙升。

第三，主权债务危机。普利斯兰教授指出，不同政府由于不同的原因而负债：美国的整个模式一直依赖债务，重要的原因是美国的帝国主义模式需要用债务支持战争；英国政府负债的主要原因是金融危机，政府不得不通过债务拯救经济。麦克莱伦教授提到，英国政府声称要促进自由市场，但导致的结果是英国一半的公共事业由外国企业，特别是外国国有企业控制。比如，麦克莱伦教授自己家的电力，就由一家法国国有企业供应；英国正在兴建的一个核电项目，是法国国有企业和中国国有企业合办的；而另一家德国国有企业，在英国铁路市场中有相当大的份额。英国并不是没有成功的国有企业，但在新自由主义的政策之下，这些国有企业进行了大规模的私有化，这也是导致国家贫弱、陷入债务深渊的原因之一。

第四，福利社会的危机。普利斯兰教授指出，美国的普通工人目前负债累累，享有的社会保障也非常糟糕。沃尔夫教授指出，福利国家的再分配因财政枯竭而变得更加困难。在很大程度上，制度决定了初次分配是否公平。但是，初次分配的公平是很难实现的，大多数情况下要依靠再分配政策。因此，对富人征税势在必行。然而，遗产继承和国家对有产者的袒护却使贫富差距日益扩大。即使是传统的高福利北欧国家，再分配对社会公平的促进作用也有所下降。他指出，对福利体系无以为继的担忧，使得人们倾向于买房防老，通过房租来获取养老金；但这样就抬高了房屋价格，让年轻人更难买房。在某种意义上，不平等还撕裂了社会。

第五，资本主义的体系性危机。这次西方资本主义危机的持续性传递，并没有使凯恩斯主义复兴，凯恩斯主义没有成为替代新自由主义的方案。凯恩斯主义的方案是使国家负债、增加公共开支来刺激需求。但是，这些危机是国家已经严重负债下所爆发的，国家已经无力承受更大的债务负担，因而凯恩斯主义也就难以复兴。麦克莱伦教授认为，凯恩斯主义在政治上难以推行。就英国来说，作为凯恩斯主义倡导者的工党，首先自身在脱欧问题上就存在分歧，其本身在运作和组织方面也存在着一定的问题。另外，或许现在的脱欧问题吸引了政党和民众的太多精力，使得他们难以抽身去考虑严肃的经济问题。最后是因为凯恩斯主义涉及增税，而人民是讨厌提高税收的。普利斯兰教授指出，在20世纪90年代，尽管当时仍然存在各种分歧，但是人们仍普遍认为资本主义系统正在发挥作用，所以尚能达成普遍共识。但是，目前资本主义社会的系统崩溃了，出现了两极分化的现象，人们在努力寻找建立新的共识。

二、民粹主义的崛起

自2008年金融危机以来，民粹主义成为西方社会和政治生活中令人瞩目的现象，成为各种社会问题的集中表现。民粹主义是底层民众的愤怒。但是，民粹主义是民众运动为极端右翼政治势力所左右的表现，是左翼政党对民众运动领导乏力的表现，民粹主义强化了社会分裂，其解决危机的方式只会加剧危机。英国左翼学者对上述这些问题，也有着基本的共识。

第一，民粹主义是底层民众的愤怒。莱恩教授认为，因新自由主义而陷入衰退的地区，如美国堪萨斯和新奥尔良的人民或许不会觉得新自由主义给他们带来了什么好处，因为他们失去了工作机会，生活和福利水平一落千丈。特朗普承诺为这些民众夺回工作，为此不惜使美国成为世界经济中的孤岛。在西欧发达国家,以英国的苏格兰为例,曾经发达的工业如造船业,迁往成本更低的国家和地区。传统政党无法再作为人民的代言人,为他们争取利益。人民诉诸民粹主义以反抗资本主导的全球化的形式,谋求体系性变革来改善自己的处境。塞耶斯教授认为,民粹主义是针对在过去二三十年中,新自由主义在西方社会所造成的问题的反弹。特朗普的支持者正是那些来自贫穷落后的农村地区的人们,以及来自煤矿关停、工厂倒闭的老工业区的人。麦克莱伦教授指出,资本为了维持自身的利润,越来越多地向贫困人口施加压力。因而,贫困人口自然会产生一种对社会和统治阶级的愤怒情绪,通过投票反对现有的统治阶级精英。这样的情况在世界范围的资本主义国家都是很普遍的:在英国他们通过投票脱欧来抗议,在德国和意大利他们则把票投给右翼民粹主义政党。贝茨认为,支持脱欧的经济民族主义者把脱欧视作一次激进的经济结构调整;特朗普扬言退出世界贸易组织、带头反对全球化,二者的观点其实十分类似。普利斯兰教授指出:民粹主义之所以得到很多的支持,一方面,其中包含很多底层工人的声音,他们希望改善国家的经济状况、改善自身的生活条件;另一方面,民粹主义得到了民族主义者的支持,他们反对移民,希望削减移民数量。

第二,民粹主义运动的方向为右翼政治势力所左右。塞耶斯教授认为,民粹主义在本质上是右翼的。当今英国、欧洲和美国的民粹主义属于明显的右翼运动,虽然科尔宾的工党似乎代表一种左翼的民粹主义,但民粹主义事实上并非左翼,它表现出更多的右翼的特征。民粹主义表面上寻找既非左翼又非右翼的中间道路，反对统治者和上层阶级，这在实际上是否符合事实是值得商榷的。或许新左派和民粹主义对现有统治和上层阶级都存在一定的批判，但那只是它们的部分相同之处。普利斯兰教授指出，目前的民粹主义几乎都是右翼的运动。右翼更加相信传统的秩序与等级。他们认为，这是组织事物的正确方式。判断是否是右翼的问题关键在于，是否赞同基于等级制度的市场，例如，富人就应该统治这个地方，凡事都应该根据市场；是否认为等级制度是其他方面的基础，例如，像民族主义那样，主张一个民族就应该优于另一个民族。目前一些新自由主义者是主张世界主义、反对种族主义的，他们喜欢移民，因为移民意味着廉价劳动力；而另外一些新自由主义者赞成民族主义，这主要是因为其经济地位发生了改变。麦克莱伦教授提出，约翰逊领导下的英国政府是一个非常右翼的政府。它在积极促成脱欧，但是很多民众和政客都对这个政府没有好感。美国的特朗普政府和英国的约翰逊政府对内倾向于新自由主义，高举自由市场的大旗，而对外他们却筑起高墙。民粹主义排斥移民，移民问题本来不是英国民粹主义最重要的因素，但是一些右翼确实极力渲染移民问题，因为他们认为这个问题可以最大程度地煽动人民的情绪，从而赢取更多的选票。如果在过去五十年中没有移民，英国将会是一个更加贫困的国家。移民问题牵扯到太多的东西，所以一般无法向普通民众解释清楚。莱恩教授对民粹主义进行了分类。其中一派，以西班牙民粹运动为例，"左"的色彩较浓：他们要求更有效的政府集权、调控市场和产业，以实现再工业化和保障就业。苏格兰国家党也持有类似观点，他们声称将在苏格兰独立后提供免费教育和更优质的公共服务。另一派则带有更浓厚的右翼底色，诉诸传统的社会结构如宗教和家庭。民粹运动可能带有某些社会主义性质的主张和诉求。在民粹主义如何看待移民的问题上，一方面，是老生常谈的说法——移民以接受更低薪酬为代价抢走了当地人的工作岗位；而另一方面，这也与国家的移民政策有关。例如，欧盟内部的人员和劳动力是自由流动的，但对外却有严格的移民政策；英国则宁可接受来自英联邦国家的移民，也不愿欧盟成员国的民众自由进出。移民政策反映了富裕国家民众对来自相对贫穷国家和地区的移民的长期警惕和排斥。沃尔夫教授认为，就英国的中产阶级而言，城市群体和农村群体有很大差异。城市中产阶级更像是左翼，而农村中产阶级则是右翼。左翼中产阶级是居住在伦敦、曼彻斯特和大学城的人；右翼中产阶级通常住在农村里。英国留在欧盟的开支被误导性的宣传有意识地夸大了，目的是煽动民众。沃尔夫教授曾写作《当今为什么还要研读马克思》一书。他提到，在写作那本书时，西方国家政府似乎还代表全体人民执政；而在今天，这些政府为富人办事是明摆着的事情。正如当前我们所见的，特朗普正在想方设法削减富人应当缴纳的税负；他为穷人发声，实际却无所作为。民粹主义向选民作出承诺，投其所好以换得选票。民粹主义和自由主义，这两者不是一个概念，但它们可能会合流。特朗普政府就是一个例子。英国约翰逊首相本人目前还没有经过大选的检验，这次的选举只是一个保守党内部的选择，而保守党在英国并不占多数。但约翰逊推出一项政策,要建立更多的监狱来解决移民带来的犯罪率问题。然而,并没有证据证明移民的犯罪率更高;约翰逊有可能只是想在选民当中产生一种恐慌。因此,约翰逊大概率也是一位民粹主义政治家。贝茨教授指出,尽管目前新自由主义出现了危机,但这并不意味着英国政府和西方民众会抛弃它。政府仍然在践行新自由主义的政策;相当一部分民众,特别是农村居民,对新自由主义还抱有信任。

第三,民粹主义是左翼政党对民众运动领导乏力的表现。左翼发生了分化,一部分人去支持民粹主义。沃尔夫教授认为,在过去,左翼多指马克思主义的工人运动。自20世纪五六十年代的社会运动以来,左翼日渐成为中产阶级的代名词;但近年来,原本的左翼逐渐投入右翼的怀抱,反对移民、反对平等,政治倾向发生了改变。麦克莱伦教授指出,现在英国的意识形态处在一个不稳定的和变化流动的阶段。过去,从意识形态的角度来看,英国的政治是很简单的,两大政党分为左派和右派。但是最近,由于英国脱欧,这种简单划分在很大程度上被瓦解了。政党内部对于脱欧产生了较大的分歧,在支持脱欧和反对脱欧之间形成了断层,从而打破了以往较为稳定的政党结构和意识形态样态,例如,英国工党自身在脱欧问题上就是分裂的。塞耶斯教授认为,从马克思主义理论和实践经验来看,社会主义显然有着更好的能从根本上解决现实问题的方案。在20世纪30年代,西方的各个国家都有很强的共产主义运动浪潮,当时,以苏联为中心,各国都有比较强的共产党;

但结果社会主义运动仍然被法西斯主义摧毁。当今的共产主义和其他左翼运动力量比当时更为弱小,所以民粹主义受到的挑战比在30年代也要小得多。法兰克福学派,如弗洛姆的《逃避自由》一书或许提供了部分解释。现实中确实仍存在着工人阶级,但在政治上如何把他们组织和动员在一起是一个大问题。二战后欧洲和美国左派力量的强大,在很大程度上是西方政府因战争不得不动员工人阶级。工人地位短暂的改善是战争时期政府和工人阶级所做的一种交易。但此后新自由主义兴起,很大程度上冲击了工人运动和工会组织。因此,工人们需要重新组织起来并确认自己的力量。在早期大工业的情况下形成的是工业工人阶级,每个工人都有相似的经历,这使得工会更容易组织。现代工人阶级主要是产业工人阶级;同时,和过去相比,自动化技术的推广使得在大型工厂中工作的工人数量变得更少了;更雪上加霜的是,在后工业化时代,人们相对来说愈加分散,而且工作形式日趋多样化,如白领工作者或自由职业者的纷纷出现;最后,特别是随着电子计算机等信息技术的普及,人们可以在家里工作。因此,他们的工作时间更灵活、组织更分散、共同经历也更少。另外,工人阶级本身无国界,然而,实际上金融资本也是无国界的。虽然世界联系得越来越紧密,从理论上说工人阶级的共同利益应该是可以使他们联系在一起的,但伴随着资本家阶级的全球流动,工人阶级却缺乏能使他们在国际上联系起来的机制。这一切都使工人自身组织起来变得更加困难。普利斯兰教授认为,社会主义是关于平等的,而平等是需要摆脱等级层次结构的,这个层次结构可能是经济上的，也可能是种族上的，例如为什么西方白人比其他人种更优越，拥有更多的权力；也可以是性别上的，例如男性为什么比女性拥有更多资源。社会主义之前与文化左派不能相容的一个重要因素是，正统的马克思主义者认为，经济是一切的根本，文化、性别、种族上的问题不是优先考虑的事项，而目前新一代的年轻人在性别平等、种族平等等方面比上一代更具文化自由度。因此，传统的左右翼更关心是否支持经济中更多的市场因素；而目前西方社会民粹主义最主要的关注点与其说是经济问题，不如说是身份问题。在1968年前后，新左派试图将西方文化左翼和经济左翼联合起来；但70年代之后，经济左派和文化左派的分裂加大。90年代起，英国左派整体上变得更加强调文化上的自由平等，也更关心环境问题。现在的英国左派试图将经济与文化两者结合起来，正如目前工党领袖科尔宾所做的那样。目前，左翼人士内部存在经济左派与文化左派的辩论与分歧。但是，越来越多的人试图将两者联合起来。这十分困难，因为很多经济左翼人士并不关心环境，并不喜欢移民，并不喜欢性别平等。莱恩教授认为，群众运动的发展取决于诸多因素。当今欧洲民粹主义方兴未艾，但共产党和社会党的影响力却微乎其微，所获选票几乎在选举人口的3%-5%的水平上徘徊。

第四，民粹主义强化了社会分裂。普利斯兰教授认为，美国的特朗普与英国的脱欧问题正在不断撕裂人们的共识，拉大左右翼人群的分歧。如果现在英国再次举行全民公投，那么将有55%左右的人反对脱欧，因为很多人在当时并没有意识到问题的严重性与复杂性。麦克莱伦教授认为，新自由主义是社会经济的意识形态，用于领导市场、服务于金融资本的发展；而民粹主义其实不能算作严格意义上的意识形态，因为它不能构成一个完整的、连贯的体系，它是作为对金融资本所导致的社会后果的抗议而出现的。沃尔夫教授对脱欧导致的意见分歧作了强调。在应对脱欧方面，英国人本应团结一致，而且现在还很难看到英国人在未来能取得什么进展。现在的讨论只是停留在互相攻击的层面，这是非常糟糕的。塞耶斯教授表达了对脱欧可能使英国工人阶级状况恶化的忧虑。他认为，英国工人实际上属于英国加入欧盟以来的获益者，因为欧洲的劳动立法往往比英国的劳动立法更有利于工人阶级。这是他支持英国留在欧盟的一个重要原因。欧盟有很多关于健康安全、工人权益、限制工时等各个方面的法律法规，这实际上在很多方面都有助于英国工人改善自身处境。脱欧对英国劳动者来说是危险的，因为这意味着试图通过放松管制来提高竞争力，对英国工人改善工作条件非常有害。劳工立法非常重要，而欧盟在这方面走在了英国前面。

第五，民粹主义解决危机的方式会加剧危机。普利斯兰教授认为，脱欧对英国的大学教育会产生非常糟糕的影响。英国目前其实非常依赖移民；英国的经济也受益于欧洲大陆，如英国的贸易、银行、计算机等行业都依赖于欧洲大陆，而这些行业都是英国经济的重要组成部分。因此，英国在脱欧之后，整个经济将长期遭受损失，将会处于一个漫长的下滑期。英国经济下滑的严重性在一定程度上取决于脱欧协议。特雷莎·梅所提出的脱欧协议是很糟糕的，因为这个协议并没有很好解决银行业、服务业、教育业等问题；但是无协议脱欧无疑是最为致命的。麦克莱伦教授担忧民粹主义的不断壮大，可能引向半法西斯主义和种族主义的社会。民粹主义不是应对现在社会问题的正确答案，因此应该与其进行斗争。现在的脱欧问题吸引了政党和民众的太多精力，使得他们难以抽出身来，更不用说考虑严肃的经济问题。贝茨教授也提到，就英国国内的政治分野而言，政治右翼的经济民族主义者有所抬头，希望趁乱攫取更多权力和好处。这些经济民族主义者把脱欧视作一次激进的经济结构调整；特朗普扬言退出世界贸易组织、带头反对全球化，二者的观点其实十分类似。坎特伯雷当地的大学中，一部分员工其实是欧盟公民；他们可能不得不在英国正式脱欧后被要求离开英国，但他们出生在英国的孩子却是英国人。曾有人预言脱欧的第二天，英国经济就会崩溃。尽管这并没有发生，但是英国目前处于一种近乎假死的状态。政客们不知道如何处理脱欧问题，这让人十分担心却又于事无补。对各种形式的经济民族主义的思考，离不开全球化这个框架。人们找不到工作，引发了对体制的信仰危机，人们不觉得自己投票还有什么用；一种认为政治精英与民众脱节的想法开始传播。这种情况下，大规模的经济结构调整事实上希望渺茫。目前，英国国内在脱欧协议这个问题上意见纷纭，约翰逊的首相之位甚至很有可能因此而失去。沃尔夫教授直截了当地说，英国脱欧是一场灾难。首先，这里有一个基本事实：当英国参与欧盟时，作为回报，英国能得到巨大的利益；当英国离开时，这将变成一个严峻的问题。英国留在欧盟的开支被误导性的宣传人为地夸大了，目的是煽动民众。英国的低端服务业其实非常仰仗移民以提供劳动力。人们排斥的不是来自欧洲的移民而是来自中东等战乱地区的，脱欧对此可能无济于事。

三、对社会主义历史实践的评价

英国左翼学者对苏联模式、中国社会主义市场经济以及马克思主义对21世纪的意义的看法，也值得我们借鉴。

第一，对苏联模式的反思与评价。沃尔夫教授认为，在苏联模式中，党员利益被优先考虑，所面临的挑战是如何避免公权私用。普利斯兰教授指出，在20世纪20年代，苏联拥有一个更加市场化的经济系统，这个系统是计划和市场相混合的，与20世纪80年代的中国模式相近。这种相对自由、允许简单交换的模式，对于农民以及手工业者来说是很好的。但是，20世纪20年代末到30年代初的经济危机，使商品价格出现了严重的问题，自由经济体系处于危机之中。因此，苏联最初的"市场体系"很难维持和发展下去，从而采取了指令性更强的计划经济体制。斯大林从农村获取了大量资源，将其投入到工业发展中，对苏联的饥荒负有责任。在经济上，斯大林模式作为一个广泛的指令性经济系统，重视发展重工业，建造战争机器与金属工业，而忽视了人们的生活改善，因此带来了很多负面影响。苏联模式的产生也与当时较多的国际冲突有关。在苏联建立之初，面临着德国等非常激进的"邻居"和敌人，斯大林模式非常有效地将整个国家组织起来，在一定时期具有很大的意义。但是，要重视斯大林模式存在的问题。在苏联的计划经济体制下，国家控制一切，真正的市场并不存在。如何创造或者引入市场机制成为实际的难题。当苏联试图改变发展模式时，既得利益者为了继续拥有资源，会拒绝为消费者生产消费品。在20世纪90年代，苏联解体之后，东欧国家尤其是俄罗斯的经济出现了严重的衰退。人们仍然记得90年代是一个非常困难、非常糟糕的时期。前社会主义国家的人们，在某种程度上看到了自由市场经济在极端混乱下的场景。工人可能会更加怀念苏联时期，尽管当时的生活难以说是丰富多彩的，但至少是稳定的；而在苏联时期，知识分子可以阅读的内容存在很多限制，他们可能就不会那么怀念苏联。因此，不同年龄、地位、立场的人们，对过去的认识也不尽相同。塞耶斯教授指出，产生于20世纪五六十年代的英国新左派，背景是对斯大林式共产主义道路的批判，带有强烈的左翼特征，目标是重振左翼力量，复兴马克思主义并使之对当时的政治更有意义。莱恩教授则以苏联为例，说明社会主义社会和共产主义社会要处理好"按需分配"这个问题。他认为，除了满足人民的基本需要，人民在享受方面的需要也应纳入考虑。苏联时期，人民享有免费医疗和充分的就业，基本需要得到了保障；但是计划经济体制未能满足苏联人民的享受需要，例如热带水果的供应就存在短缺，不能实现人民相应的预期。这或许影响了人们对苏联的态度和评价。资本主义为了资本增殖的需要，会创造虚假的需求，以诱导消费；但是，除物质层面外，人还有精神层次的追求，例如追求和谐的人际关系和交往关系——而这些都是货币买不来的。苏联模式的计划经济体制是国家社会主义的典型代表，其特征是政府主导的产品分配。

第二，中国社会主义市场经济开创了一条现代化的新道路。普利斯兰教授认为，发展中国家很难在没有强大国家体制的情况下使用市场经济体系；同时，完全的市场经济体制也会导致效率低下。因此，人们常常想把市场与国家结合起来。20世纪70年代，美国不断鼓励中国进行国际贸易，以此作为对抗苏联的一部分。当时中国的目标是发展经济，选择以某种方式向全球市场开放是完全合理可行的。中国道路在经济发展方面的突出表现，以及在帮助人们摆脱贫困上的巨大贡献，是非常重要的成就。改革开放成功将国家机器与市场经济融合起来，例如中国保留着大量的国有企业，同时发展了混合所有制经济、私营经济以及各种乡镇企业。中国关于改革开放的决定是理性的。通过实行混合所有制经济、将经济发展与政治进步相联系等方式，成功地鼓励行政官员支持经济改革，因而改革开放取得极大成功；而戈尔巴乔夫在试图改革经济时，激进地摧毁了原来体系下的权力制度，使改革最终走向失败。中国推动的改革开放，在20世纪80年代，与列宁的新经济政策相近；在90年代，这一发展模式更加关注外国投资、发展大型公司、减少国有企业，逐渐发展成为更具特色的中国道路。中国的模式是国家组织与经济发展激励机制相结合的混合体。从逐步改革的角度来看，这是非常积极的。普利斯兰教授也不否认中国模式存在的问题，如腐败和环境污染。普利斯兰教授还表示，目前学界对于中国模式该如何发展存在争论，部分学者认为，中国模式需要更加自由化；而新左派学者认为，中国的经济发展模式在自由主义方面走得太远，例如以汪晖为代表的学者。但无论如何，马克思主义与中国的国家组织紧密联系在一起。普利斯兰教授认为，社会主义和儒家思想之间存在相似性，例如，两者都存在社会团结的因素，但是，不应当忽视二者的根本性区别。儒家思想在一定程度上也是与现代性相抵触的，但现代性却是社会主义的重要方面。如传统的儒家思想相信等级制度，尤其是社会家庭等级制度；而马克思反对等级制度。麦克莱伦教授说自己接触和观察过中国的很多行业，例如银行业是由中国政府控制，而不是被私人所掌握。虽然一些特定的消费品的领域完全由市场决定，但是中国的市场监管也起着很重要的作用。贝茨教授对新古典主义经济学在中国流行的程度感到惊讶。新古典主义并不是像很多人以为的那样，只是关于鼓励消费购物和提倡经济自由化的学说。塞耶斯教授回顾了1974年第一次造访中国时候的经历，指出中国从一个典型的自给自足的农业国发展成为一个现代化国家，中国的工业生产已和世界市场高度关联；中国积极参与了全球化进程，如提出"一带一路"倡议。在此基础上，塞耶斯还强调，并非只有中国从全球化过程受益，西方国家也从中国获得了物美价廉的商品。

第三，马克思主义对21世纪的意义。马克思主义的生命力在于为解决当代现实问题提出方案。麦克莱伦教授肯定马克思主义的当代生命力,认为西方正在出现对马克思主义有利的改变,越来越多的人对马克思主义感兴趣。在苏联解体的时候很多人以为新自由主义胜利了。2008年金融危机后,马克思主义有复兴的趋势,很多困扰西方人的问题其实都可以在马克思那里找到一定的答案。民粹主义并不是针对金融资本或新自由主义所带来的问题的正确解决方案。随着资本主义变得越来越不理性和混乱,马克思的观点将呈现出其时代价值。人们对马克思的态度越来越严肃;与三十年前相比,目前关于马克思的研究著作是更有见地和智慧的。在马克思看来,思想是随着生产力和生产关系的变化而不断发展的,所有的政治思想都是社会和经济环境的产物,没有适用于一切社会的政治学说。马克思在其著作中有着出色的政治分析,如《路易·波拿巴的雾月十八日》。麦克莱伦教授还强调,鉴于日益严峻的生态环境形势,有必要重新审视"发展"的概念。"发展"伴随着生产力的膨胀,而资本主义没有这种"发展"就不能延续。正是资本主义生产方式的不可持续性决定了其最终失败的命运。也正因此,共产主义社会必须是一个环境友好型社会。莱恩教授认为,当代研究马克思主义的关键,是避免对马克思和恩格斯的一些具体论断作教条式的理解;一切理论都应当随时代而发展。普利斯兰教授指出,马克思主义非常强调"资本"的概念,认为资本是导致剥削和不平等的根源。在2008年经济危机之后,西方政府采取的量化宽松等政策,以及其他应对方式,并没有解决阶级之间的不平等问题,反而扩大了金融危机之后的贫富差距。因此，不平等现象驱使西方的知识分子重新思考经济问题，寻找解决经济问题的方法。贝茨教授则提到，他观察到自2008年金融危机以来，马克思对资本的阐释引起了越来越多人的兴趣和关注。对他个人而言，传统西方经济学的局限性暴露了出来。沃尔夫教授认为，马克思有意不告诉我们未来社会的具体图景，马克思说自己不描绘未来愿景的乌托邦，而将自己视作一位关注历史变迁的科学家。莱恩教授强调，有无市场不是社会主义与资本主义的根本区别，而在于生产是为了满足人们的真正需要还是为了实现利润。社会主义应以人民为中心组织生产，满足人民的教育和医疗等基本需要。社会主义并不一定是非市场的和排斥私有产权的。塞耶斯教授认为，全球化实际上是"双赢"；当然，这个过程不会是一帆风顺的，资本主义制度和狭隘的民族主义可能成为人类走向联合的最大障碍。尽管如此，全球化趋势在根本上仍是不可逆转的。当前的所谓逆全球化，在更长远的意义上而言是一种经济上的特定现象。

四、小结

自2008年美国金融危机以来，西方社会发生了深刻的变化，可谓百年未有之大变局。特朗普总统领导下的美国政府退出一系列国际组织，约翰逊政府促使英国脱离欧盟，曾经积极推动全球化的两个新自由主义国家带头掀起了逆全球化潮流，全球政治气候为之一变。那么，逆全球化浪潮愈演愈烈的原因何在呢？就在于：新自由主义秩序放纵了金融资本的投机性、剥夺性、寄生性积累。西方社会，从形式上来看是自由社会，而实质上却是金融资本全面支配的社会。金融资本除通过生产、流通和信用的革命来积累以外，还借助自身的垄断地位，通过定价权、金融投机、地产寻租、支配国债、控制货币发行权、制造和利用危机、操纵国家公共政策等各种手段来从事投机性、寄生性和剥夺性的积累，这导致了西方社会制造业的空心化、中产阶级的衰落、主权债务剧增、福利政策难以为继、资本主义陷入体系性危机的困境。在此背景下，民众被激发起来了，他们走上街头或者利用选票表达自己的愤怒。但是，相当一部分民众并没能把造成自身困境的原因归结于金融资本的统治，而是归罪于其他族群或国家。民众的不自觉被右翼民族主义势力加以利用；民众运动和右翼民族主义势力相结合，产生了当下西方强劲的民粹主义潮流。民粹主义作为底层民众广泛参与的运动，是极右翼政治势力所左右的运动，也是左翼政党对民众运动领导乏力的表现；民粹主义强化了社会分裂，其解决危机的方式只会加剧危机。民粹主义的崛起及其破坏作用更显示了21世纪马克思主义复兴的现实迫切性，在这样的时代，应该去反思和总结苏联模式的经验，研究中国社会主义市场经济模式的本质属性和特点，发掘马克思主义对21世纪全球发展的时代意义。上述这些基本的观点，贯穿在英国左翼学者的思想意识之中，折射出英国学者对全球大变局的认知。

第三章　英美右翼民粹主义崛起背景下左翼运动的分化、转向和挑战

——兼评牛津大学乔纳森·沃尔夫教授的西方时局观

英美曾是新自由主义全球化的发动者，但今天美国带头反全球化，英国则陷于脱欧运动，世界正处于历史性的变局之中。自撒切尔夫人和里根总统以来，英美国家带头推行新自由主义，推行私有化、市场化、全球化，结果不是导致了经济的普遍均衡发展，而是导致了金融资本的全球寄生性积累，中心国家制造业和工薪阶层也深受其害，中产阶级、工薪阶层再度贫困化，所谓橄榄型社会再度分化为金字塔型的社会。面对日益激进的民众运动，右翼保守主义势力发生分化，一部分右翼保守主义者从新自由主义中分立出来，向新民粹主义转化。右翼新民粹主义诱导民众，把自身困境的原因归咎于移民、归咎于其他国家，以转嫁危机的方式来解决危机，掀起了逆全球化的潮流，这就是美国挑起贸易战、英国脱欧的基本原因。右翼民粹主义的崛起也激发了左翼运动的分化和转向：文化左翼向经济左翼的转化、"第三条道路"向社会民主主义复归、马克

思主义在一部分知识分子和青年中再度复兴。但同时,西方左翼运动的复兴还处于起步阶段,还面临一系列的困难和挑战。2019年8月笔者在英国伦敦拜访了《当今为什么还要研读马克思》一书作者、牛津大学的乔纳森·沃尔夫教授,就西方政治变局做了交流,本文也借讨论英美右翼民粹主义崛起背景下左翼运动的分化、转向和挑战的机会,对沃尔夫教授的西方时局观做一些评介。

一、新自由主义秩序下的金融资本积累危机

英美曾是新自由主义旗帜下推动全球化的先锋,但是在新自由主义的秩序下,金融资本的寄生性积累造成了西方寄生阶层的膨胀,产业竞争力的衰退,社会贫富分化日益加重,橄榄型社会分裂为金字塔社会,福利体系遭遇危机,国家治理能力被削弱,衰弱的政府无力解决深刻的社会矛盾。

第一,金融资本积累支配着西方社会的运动和演化。真正支配资本主义社会的是金融资本。金融资本是在资本集中的基础上产生的。资本集中造成了垄断,造成了产业资本、商业资本和银行资本的垄断。金融资本是从产业资本、商业资本、银行资本的垄断融合中产生的资本形态,是体现资本主义生产"生产总体"的资本形态。金融资本的积累包含生产性积累和非生产性积累两个方面。金融资本的生产性积累是指金融资本通过生产革命、流通革命和信用革命来积累,而金融资本的非生产性积累是指金融资本通过专利权、定价权、金融地产、证

券投机、国债投机、支配货币发行权等手段来积累。① 沃尔夫教授指出："资本集中理论是马克思理论的一部分，资本会通过榨取很多人来实现资本越来越多的积累……今天的大公司正在学习没有资本或用很少的资本怎么赚钱。"②

第二，金融资本积累导致中心国家的制造业衰退。金融资本通过专利权、定价权、不动产垄断等实现的非生产性积累、寄生性积累导致社会中寄生者阶层增多，导致制造业成本增加、竞争力下降。金融资本对全球范围内进行劳动力寻租，寻找廉价劳动力的投资场所，致使中心国家的制造业空心化。沃尔夫教授指出："美国社会工业的崩溃问题，是一个很大的问题。在美国的大部分地区，都存在这个问题。许多煤矿等传统产业正在消失，这导致了严重的社会问题。大城市现在正处于经济大萧条时期。美国以前有剥削全世界的特权，但是现在处于被抛出局的境况，这是特朗普发动贸易战的原因。中国现在是一个和美国同等规模上的主要竞争对手。美国在相当大一部分的经济领域中是无法和中国在制造业中竞争的。美国商界人士如果在某个领域做得很好，他们会担心中国制造商进入这一领域，因为中国制造商可能会以他们所能生产的一半价格生产商品。日本可以和美国在高端产品上竞争，而中国的成本则低得多。中国正在做的是以 90% 的质量和 60% 的价格生产商品。

---

① 宋朝龙：《金融资本的悖论逻辑与新民粹主义乌托邦的崛起》，载《江苏大学学报》（社会科学版），2019 年第 6 期，第 1—7 页。
② 杨旎：《马克思研究的当代价值——访英国哲学家乔纳森·沃尔夫教授》，载《新视野》，2017 年第 6 期，第 122—128 页。

美国在竞争中失败，美国人因此失业。"①

第三，金融资本积累导致橄榄型社会分裂为金字塔社会。二战之后，随着西方社会的战后重建以及社会民主主义政策的实施，西方出现了一个发达的中产阶级，西方社会被誉为中产阶级主导的橄榄型社会。沃尔夫教授认为："中产阶级群体曾经有过比较体面的生活。很多人会有在大学受教育的经历，很多人有房、有车、有养老金。尽管他们可能不认为自己是富人、经济上不那么从容、不常到国外度假，但他们经常有自己的专业性的工作。在英国中产阶级的多数人持有一个自由的生活态度。年轻人可能喜欢到咖啡馆和图书馆，可能去听音乐会，去吃中餐或印度餐或印尼菜。中产阶级管理着媒体，从事着大学教授这样的工作。中产阶级既不同于穷人，也不同于富人。但是，西方社会贫富分化在加大。"② 英美社会的贫富分化是在金融资本获得极大成功、获得极大社会支配能力之下所导致的贫富分化，这种贫富分化不是基于金融资本的生产性革命，而是直接基于金融资本的非生产性、剥夺性的积累。金融资本通过专利权、定价权、金融地产、资产政权化、制造通货膨胀对市民社会进行大面积的剥夺，造成了中产阶级和工薪阶层的大面积失业，深陷贫困和债务危机之中。中产阶级和工薪阶层的贫困，限制了有支付能力的需求规模，导致了生产过剩、资本过剩；为了解决过剩危机，金融资本通过刺激信用消费来解决积累危机。信用关系本来是解决贫困造成的有效需求

---

① 引自笔者于 2019 年 8 月 15 日于伦敦对沃尔夫教授的对话，根据录音整理。
② 引自笔者于 2019 年 8 月 15 日于伦敦对沃尔夫教授的对话，根据录音整理。

不足问题的,但资本主义的信用关系却加剧了贫困。沃尔夫教授指出:"贫富分化的原因是多样的。人们越有钱,提供信用或利用信用来经营的能力就越大;人们越没有钱,越容易陷入债务困境,提供信贷的有钱人将收取息金,这样不平等将自然而然地扩大起来。"① 金融资本为工薪阶层、消费者、大学生提供信用,造成了社会依赖透支信用来消费的倾向。中产阶级中的相当一部分没有存款,依赖信用卡透支未来收入。然而,一旦危机爆发,信用链条破裂,债务关系的冰山就会浮现出来,中产阶级和工薪阶层因不能如期还贷而深陷债务陷阱。古希腊的债务关系曾造成了债务奴隶制,当代的金融资本的统治也通过债务关系支配着形式上自由的市民社会。在美国,工薪阶层、中等工商业主都成为金融资本的债务人。

第四,金融资本积累冲击着国家的福利体系。在英美等西方国家,金融资本主导着国家政策,国家常常要靠牺牲公共利益来为金融资本的投机性危机埋单。沃尔夫教授指出:"在2008年经济衰退以前,欧洲和北美……主要经历了资本主义的进步和繁荣,对资本体系怀有信心。随后体系崩塌,主流的说法是银行的贪婪最终导致了体系的终结。更令人愤慨的是祸端的始作俑者银行却幸免于难……许多大老板和大银行们被公共财政拯救了。……资本主义实际上是在从普通人那里攫取金钱和资源给那些制造祸端的富人。"② 在金融资本利益的左右

---

① 引自笔者于2019年8月15日于伦敦对沃尔夫教授的对话,根据录音整理。
② 杨旎:《马克思研究的当代价值——访英国哲学家乔纳森·沃尔夫教授》,载《新视野》,2017年第6期,第122—128页。

下,国家继续执行着对大资本减税、减少金融管制的政策,另一方面又要削减社会福利。沃尔夫教授描述了西方福利国家的困境:"很多人按照政府鼓励,把钱投入养老金计划。但现在,政府让人们的境况变得糟糕,人们不再相信政府也就不足为奇了。丹麦和挪威人的福利制度没有以前那么强大了。从某种程度上说,这是一个悲剧。英国正面临着养老金危机,因为人们的寿命在延长,而他们的退休年龄只是稍微提高了一点点,所以人生中不再有所贡献的时间比例在提高。退休时将领取日益缩小的退休金金额,人们将如何生存?有些人在退休时会有钱可以继承,有些人则无钱可以继承,退休时陷入困境。富裕家庭的人不会有事儿,高管们会在工作生活中为自己积累一笔资金,而贫困的家庭则无从积累也无所继承,他们的前景将非常糟糕。年轻时受益于这一制度的人们现在正掌握权力,他们拒绝为他们从中受益的这个福利系统买单,他们曾享受过免费的大学、廉价的住房。但现在他们说:在我们从中受益之后,我们负担不起年轻一代人的大学教育。税收必须降低。这是一种自私,是团结的缺乏,是代际之间团结的崩溃。当人们预感到福利制度行将崩溃时,他们会采取更多措施保护自己,而这些保护措施又导致福利制度的更大解体:人们担心未来的养老金,于是就去多购置一套房产,然后把它租出去。这在英国很普遍,我的朋友中,就有这样做的,因为他们没有养老金,他们退休时就买了一套房子,用收入还清了抵押贷款,这样做的结果是抬高了房价,使年轻人更难买房。所以它只是加速了人们试图保护自己的所有步伐,而这导致福利制度的更大解体，因为人们都变得更加个人主义了。"①

第五，金融资本积累削弱着国家的治理能力。如马克思所说，"现代的国家政权不过是管理整个资产阶级的共同事务的委员会罢了。"② 金融是以债权人的身份牢牢支配着国家权力的。西方政府一贯是靠借钱来筹集资金，公共权力深陷债务陷阱，国家日益贫困，治理能力下降。金融资本的统治下，在自由主义制度理念和政策体系下，国家表面上是社会的守夜人，实际上只是金融资本的守夜人。金融资本并不忠于国家，而只是使国家忠实于自己。救助金融资本、维持金融资本的信用被认为是国家的首要责任。在金融资本的支配下，国家优先救助金融资本，使国家背上沉重的债务包袱。金融资本解除国家对自身的监管、逃避对国家的责任。金融资本可以利用世界市场，成功逃避对国家纳税的义务。沃尔夫教授指出："美国和西欧政府面临的问题之一是资本的转移。富有的资本家将资产、将公司总部迁移到税率低的地区。对于一个高税收国家来说，如果周围邻国的税收水平比较低，那么它将处于一个十分困难的处境中。很多美国公司一度将总部设在税率比较低的爱尔兰。我们经常可以看到，一些公司因为税率问题而离开英国。因而，各国之间存在税率竞争，争相降低税率。各国受制于其他国家的竞争性税率，这使国家的再分配更加困难。实现社会公平，需要富人对国家的归属感以及对社会正义的认同意识，并且乐意纳税。但事实正好相反，像比尔·盖茨这样最富

---

① 引自笔者于2019年8月15日于伦敦对沃尔夫教授的对话，根据录音整理。
② 参见《马克思恩格斯选集》第1卷，人民出版社1995年版。

有的人，他们想尽办法逃税，他们投入大量的资金到慈善事业，因为这样可以免税。他们希望能够掌控这部分资金，因此并不打算将其交给政府，这样的现象是很不乐观的。"①

二、右翼保守主义从新自由主义向新民粹主义转化

在金融资本积累所造成的深刻危机面前，右翼保守主义从新自由主义向新民粹主义转化。右翼民粹主义对民众不满情绪加以利用，把民众的不满对外引向他国，把矛盾输入到国际体系中，而对内却延续了对工薪阶层的强硬政策，右翼民粹主义的冒险政策将把国际社会引向以邻为壑的囚徒困境。美国总统特朗普和英国首相约翰逊是右翼民粹主义的代表。

第一，新自由主义的危机与右翼新民粹主义的崛起。英美新自由主义因放纵金融资本积累而自我否定。在一系列危机下，民众情绪被激发起来，各种批判和反抗运动也活跃起来。面对深刻的社会撕裂和民众的反抗，右翼保守主义难以继续以新自由主义的完整面目呈现，而逐步向新民粹主义转化。沃尔夫教授指出："自由主义和民粹主义不是一回事，它们却可以实际上结合在一起。新自由主义主张减少对市场的监管，将国有资产出售，私有化，削减福利服务。新自由主义的主要思想是利润最大化。民粹主义则向普通人作出承诺，这些承诺从长

---

① 引自笔者于 2019 年 8 月 15 日于伦敦对沃尔夫教授的对话，根据录音整理。

远来看可能是无法实现的。民粹主义仅仅是为了选票而对普通人许下谎言。"① 马克思发表在《莱茵报》《新莱茵报》《纽约每日论坛报》上的一系列政论文章之中，我们可以看到马克思对金融贵族和土地贵族如何实际上支配西欧的政治经济过程的分析，可以看到抽象的共和主义如何不能理解金融资本和土地贵族的实际统治、如何加强了它们的统治，从而造成了纯粹共和派的危机。这些分析对我们理解新自由主义时代金融资本的统治如何造成了新自由主义向民粹主义的转化，都具有重大的现实意义。

第二，右翼民粹主义对民众不满情绪的利用。英美新自由主义秩序下，中产阶级衰落正冲击和改变着西方的社会格局。中产阶级的衰落对新自由主义秩序自身的影响最为显著，因为中产阶级曾经是新自由主义意识形态得以传播的最为重要的阶级基础。中产阶级在移民、种族问题上反对平等，这是中产阶级面对债务压力、失业压力时的一种自发反应，而右翼民粹主义利用了这种自发反应。右翼保守主义以民粹主义的口号和意识形态，蛊惑民众，与民众运动结成了表面的、暂时的联合。从其主要的参与人员来说，民粹主义的参与主体包含大量的中低层民众，包括大量的、在金融资本积累关系中地位受到损害的中产阶级、中低收入的工薪阶层以及失业工人，这是民粹主义的基本参与主体。但是，民粹主义之所以成为民粹主义，却不在于这些参与人员的来源，而在于这些参与人员被右翼保守主义政治势力引向了错误的方向。国内有学者认为

---

① 引自笔者于 2019 年 8 月 15 日于伦敦对沃尔夫教授的对话，根据录音整理。

"populism",应翻译为"平民主义",不应翻译为"民粹主义"。但是,如果翻译成平民主义,那就只看到民粹主义中的民众,而没有看到民众运动与右翼保守主义政治势力结合这一更根本的问题。新自由主义把任何民众运动,把任何民主运动、社会民主主义运动、社会主义运动都叫作民粹主义。在民粹主义的内涵和实质上,就像在一切问题上那样,马克思主义和自由主义都有不同的评价尺度。民粹主义固然是民众参与的运动,但民粹主义的实质却是右翼政治势力对民众的蛊惑。2019年8月11—20日,笔者先后访问了剑桥大学社会学系荣休教授大卫·莱恩、牛津大学布拉瓦尼克政府学院教授乔纳森·沃尔夫、牛津大学圣艾德蒙学院教授戴维·普利斯兰、前英国肯特大学政治学教授兼现任伦敦大学歌德史密斯学院政治学客座教授戴维·麦克莱伦、坎特伯雷基督教会大学政治与国际关系系系主任大卫·贝茨以及英国肯特大学荣休哲学教授肖恩·塞耶斯等英国著名左翼学者,他们对"populism"持批判态度,认为这一术语在当下的英美表明了运动的右翼性质,是被特朗普总统、约翰逊首相所左右的运动。例如,沃尔夫教授就认为:"特朗普是民粹主义,他这样的人就是操弄民意,把穷人中的成见引向右翼。"[1]

第三,右翼民粹主义操弄国民身份差异,对外转嫁矛盾。右翼民粹主义操弄民众运动,分裂民众的社会民主运动,使民众运动的一部分变成加强右翼势力自身的工具。右翼民粹主义试图以向外转嫁危机的方式来解决危机,试图在不触动国内金

---

[1] 引自笔者于2019年8月15日于伦敦对沃尔夫教授的对话,根据录音整理。

融寡头利益的情况下安抚日益不满的民众,把民众的注意力从金融资本的积累体系中移开,寻找替罪羊;把本应该针对金融资本的运动引向其他国家和族群。为达此目的,右翼民粹主义强调本国国民的身份认同以及本国国民身份和他国国民身份的差异,在意识形态上放弃了人权高于主权的普世主义人性论的装饰。右翼民粹主义首先抓住移民问题做文章。沃尔夫教授指出:"英国脱欧,目的在于排斥波兰、匈牙利和罗马尼亚等东欧国家的移民。"① 为了达到操弄国民身份的目的,右翼民粹主义故意宣传和强化了国际关系上的一些次要矛盾,把这些次要矛盾作为主要矛盾来宣传。例如,在英国脱欧运动中,右翼民粹主义势力利用国内财政赤字问题做文章,认为英国在同欧盟的关系上吃了亏。对此,沃尔夫教授指出:"很多人投票脱欧是因为他们担心国内的赤字,他们认为我们浪费了钱因而需要把这些钱收回来。实际上,在民粹主义浪潮下,民众被误导了。右翼民粹主义者强调英国每周向欧洲输送3.5亿英镑,这听起来很多,但平均到个人来说每周只有5英镑。所以,一周3.5亿英镑并不算什么,如果从政府支出的角度来考虑的话,其实只是支出的一小部分。人们只强调英国对欧盟的贡献有多大,却故意不提英国从欧美获得了多大益处。另一个被宣扬的观点认为,移民会导致工资下降。人们说,工作岗位被移民抢走。但事实可能并非如此。英国是一个拥有6000多万人口的国家,现在英国具有有史以来最大的移民数量。西欧的出生率下降了,我们填补劳动力缺口的唯一途径就是移民,尤其是在

---

① 引自笔者于2019年8月15日于伦敦对沃尔夫教授的对话,根据录音整理。

低端技术上的劳动移民。削减移民,将使我们所有的问题变得更糟。民粹主义是短期的政策,让人们感觉到会更好,但从长期看,会导致灾难性的后果。如果你去伦敦的任何地方,任何咖啡馆、任何酒吧、任何酒店的大多数员工都来自东欧。那些反对移民的人,自己不会来从事这些基本的服务业的。"①

第四,右翼民粹主义对内延续了对工薪阶层不利的政策。右翼民粹主义炒作移民问题,是借移民问题掩盖金融资本的其他核心利益。例如,英国脱欧的真正动因,除了所谓移民问题之外,还有一个重要的事实,那就是欧盟对劳工权益的保护要比英国做得好,脱离欧盟,可以恢复资本对劳工的权力。沃尔夫教授指出:"可以将英国首相鲍里斯·约翰逊看作是民粹主义者。到目前为止。每一个迹象都表明约翰逊是一个民粹主义者。保罗·约翰逊宣扬的脱欧政策,无论说什么,都是为了制造民粹主义。他上周宣布了更多的监禁地点,而不谈论教育、卫生和大学,他只谈监狱、法律和秩序,这是一个民粹主义者。特别是因为没有证据表明把更多的人关进监狱会减少犯罪。真正重要的是让人们在不需要犯罪的地方生活,但这需要另一种不同性质的工作。英国脱欧是因为不愿接受欧盟经济方面法律的约束,它认为这些制度对英国本身而言是不受益的。"② 关于美国特朗普所鼓吹的民粹主义,沃尔夫教授指出:"在资本主义国家,统治阶级是资本家,资本家代表的是资本家的利益,不可能发挥缩小贫富差距的作用。位于统治地位的

---

① 引自笔者于 2019 年 8 月 15 日于伦敦对沃尔夫教授的对话,根据录音整理。
② 引自笔者于 2019 年 8 月 15 日于伦敦对沃尔夫教授的对话,根据录音整理。

人是不会忽略他周围的相似的人群的利益的。制定规则的人、掌握权力的人来自富裕阶层，他们往往会优先考虑政策对本阶层利益的影响，而并不怎么关心穷人。例如，美国的特朗普正在想方设法削减富人应当缴纳的税务，他们经常谈到穷人，但是却并没有为穷人做出实在的事情。对那些支持特朗普关于把就业带回美国的主张的人，情况反而会变得更糟。这一定程度也适合英国约翰逊政府的情况。"①

第五，右翼民粹主义把人类社会带入以邻为壑的囚徒困境。右翼民粹主义的政策解决不了金融积累所导致的经济社会危机。右翼保守主义向新民粹主义转化，把民众不满引向他国，把矛盾输入到国际体系中，美国发起贸易战、滥用国际信用货币的地位，滥发纸币，退出一系列国际组织，英国也发动脱欧运动，全球化的推动者反过来成为全球化的阻碍者。沃尔夫教授指出："特朗普号称为美国人和大学生提供更好的工作，提供法律和秩序，宣扬政府将会投资以带来就业和公平。特朗普在承诺增加公共支出的同时减免税收，这是矛盾的，怎样能同时实现呢？特朗普若果真增加公共投资，就必须让政府去借更多国债，而这将造成新的问题。美国离开 WTO 是因为特朗普相信，或假装相信，不公平贸易协定和世贸组织正在推动对美国的不公平贸易。特朗普发动的贸易战正在同时损害中美两个国家。特朗普陷入窘境，左右为难。他们必须支付更多的货币用于购买衣服和鞋等生活资料。世界经济处于紧密联系之中，中美互为第一贸易伙伴，美国对华商品加征关税，首先

---

① 引自笔者于 2019 年 8 月 15 日于伦敦对沃尔夫教授的对话，根据录音整理。

损害的是美国消费者的利益。如果停止从中国的进口,美国消费者将不再能消费廉价的商品,他们的处境会更加困难。"① 沃尔夫教授进一步指出:"支持脱欧和反对脱欧之间的党争变得越来越激烈。英国现在处在这样一个时刻:左右两派的分歧要大得多,而且已经有很长一段时间了。当讨论开始进入无意义的循环时,分歧就变成一件令人痛苦的事情。人们也许想听别人的论点,但现在他们只是停留在互相攻击的层面,这是辩论的一个非常糟糕的部分,而且很难看到未来能取得什么进展。英国脱欧不能解决问题。脱欧,这是一场灾难。在欧盟中,我们遵守我们之前的承诺,作为回报,我们会有巨大的好处;离开欧盟,我们会有麻烦的。人们担心国内的赤字,但英国脱欧只会让事情变得更糟。如果离开欧盟,我们会有一系列的问题。所以,我很沮丧。有很多人强烈支持留在欧洲。现在酿成了悲剧。人们并没有进行适当的竞选,没有真正讨论脱离欧盟所能带来的好处。人们只谈论欧盟留下的问题多么可怕,这在政治上是个糟糕的争论。"② 金融资本的各种局部性缓解危机的办法都会造成新的危机,解决危机的手段都把金融资本积累引向更大的危机。而越是危机深重,右翼民粹主义越是走向新的冒险,越来越走向极端的民族主义和种族主义,越向法西斯主义的方向趋近。

---

① 引自笔者于 2019 年 8 月 15 日于伦敦对沃尔夫教授的对话,根据录音整理。
② 引自笔者于 2019 年 8 月 15 日于伦敦对沃尔夫教授的对话,根据录音整理。

三、英美左翼运动的分化和转向

英美右翼民粹主义崛起的同时,左翼运动也在发生分化和转向。西方中产阶级政治态度的分化,推动了左翼运动的转向,文化左翼向经济左翼的转化,"第三条道路"向社会民主主义复归,马克思主义在一部分知识分子和青年中再度复兴;西方左翼运动的当务之急是把民众运动从右翼民粹主义中解放出来。

第一,西方中产阶级政治态度的分化。沃尔夫教授认为:"中产阶级中的城市群体和乡村群体有很大差异。乡村中产阶级则是右翼,而城市中产阶级更像是左翼。右翼中产阶级通常住在乡村,左翼中产阶级是居住在伦敦、曼彻斯特和大学城的人。"① 对沃尔夫教授的这一观点,我们也可以放到金融资本积累之下来分析。城市中产阶级之所以趋向于左翼,是因为城市中产阶级更容易感受到金融资本积累之苦。在金融资本支配下,西方社会中产阶级主要分化为两个部分,第一部分是与金融资本自身直接相联系的部分,包括金融部门所支配的产业、商业、银行、地产、证券交易等领域的白领、中层管理者以及金融资本家集团的消费性支出所支撑的服务业中的中产阶级,中产阶级的这一部分和金融资本结合比较紧密。中产阶级的另一部分是金融资本所间接支配的社会其他经济成分中的中等收

---

① 引自笔者于2019年8月15日于伦敦对沃尔夫教授的对话,根据录音整理。

入阶层、中小业主等,这一部分中产阶级受金融资本的剥夺性积累以及制造业空心化的影响比较大,处于就业压力、债务关系、经营条件恶化等各种危机之中。中下阶层的民众发生分裂,一部分民众转而支持右翼政治势力,而另一部分民众可能转向左翼民主社会主义。

第二,西方文化左翼向经济左翼的转化。二战之后,西方资本主义进入一个相对比较长的稳定发展时期,西方左翼运动也发生分化。文化批判运动成为一支重要的力量,其所针对的矛头就是现实生活中还存在的身份不平等。沃尔夫教授指出:"20世纪60年代的英国,同性恋在英国是非法的,有可能进监狱。已婚妇女没有丈夫的允许不能签信用协议。那时候的招聘广告中会有两种不同的报酬率,一种是男性的,一种是女性的,女性做同样的工作得到的报酬更少。今天我们有了更多的性别平等、更多的种族平等,这更多的平等是中产阶级和工人阶级关心的。在20世纪六七十年代,年轻人和父辈那一代人遇到代沟问题,那时的年轻人有着不同的穿着,也持有不同的观点。那时候,男人通常都会穿西装打领带,而女人则总是穿得很正常。现在,代际之间的区别不那么清晰了。如果你环顾四周,我们谈论类似的音乐兴趣,看不出人们的穿着方式有多大的不同,不管他们年龄多大。每个人都穿着牛仔裤,穿着同样的衣服。现在的儿子会借父亲的衣服,而六七十年代不会发生这种情况。"[1] 但是,身份上的平等,并不能阻止金融资本积累所造成的经济分化。老年人和青年人虽然在身份上越来越

---

[1] 引自笔者于2019年8月15日于伦敦对沃尔夫教授的对话,根据录音整理。

平等，但是青年一代更感受到金融资本积累所造成的经济不平等，因而，西方社会也发生了青年一代向左翼转化的趋势。沃尔夫教授继续说道："生活方式上、文化上的一致化，不意味着政治观点上的一致化。虽然老年人制定规则，但年轻人属于未来。年轻人是左翼分子，老年人更倾向右翼。支持约翰逊的大多数是50岁以上的男性白人，约翰逊对这一部分人有吸引力。"① 西方城市中的中产阶级、年轻一代在金融资本积累所造成的危机面前，越来越关注分配正义、就业机会、福利保障等经济议题。

第三，"第三条道路"向社会民主主义复归。自20世纪80年代新自由主义主导全球化进程以来，英国工党也逐步放弃其纲领中的传统社会民主主义内容，而提出了走在新自由主义和社会民主主义之间的第三条道路。英国社会学家吉登斯对此提供了论证，1997年布莱尔以此为竞选口号，赢得英国大选。克林顿、施罗德和其他人都用不同的方式应用了第三条道路。布莱尔甚至认为，第三条道路的提出取消了左右之争，因而在布莱尔和克林顿领导下，人们看到了英国工党与保守党、美国民主党和共和党的趋同化。但是，吉登斯本人在2015年接受采访时，认为第三条道路已死，左右之分再度清晰化。② 沃尔夫教授指出："英国政治演变中发生了很多社会变化。两个政党之间的区别比以前扩大了。过去人们很难区分两个政党

---

① 引自笔者于2019年8月15日于伦敦对沃尔夫教授的对话，根据录音整理。
② 吉登斯：第三条道路之死，载澎湃网：https://www.thepaper.cn/newsDetail_forward_1319990。

之间的区别。因为在英国，左翼的工党政府支持商业，所谓第三条道路其实并不存在。工党和保守党的区别在于，工党提出了有利于穷人的政策，但所说的内容，实际上并没有太多。只改变税收而不做大的变革，这是保守党所做的事情。现在，杰里米·科尔宾成为工党的领袖。他让人更多地想起撒切尔夫人之前的英国状况，他希望工业重新国有化，他想更多地反私有化。这是一个大的步骤，上届工党政府并没有这么做。他还有其他更为传统的社会主义政策，比如建造住房、提高农民工资，所有这些都是非常坚实的社会主义政策。以前的工党政府和工党领导人不敢说出这些政策，因为他们认为这样做会失去选票。但我们不知道工党能否采取积极行动。在美国也是如此。也许20年前在美国还不能说'社会主义'这个词。没有人会说他们是社会主义者，他们会说他们是自由主义者，而不是社会主义者。但是现在你看到左翼有人说他们是社会主义者，年轻人说他们是社会主义者。年轻人支持桑德斯，也许是因为他答应免费读大学。支持桑德斯，也支持科尔宾，转向社会主义，这是不平凡的转变。"①

第四，马克思主义的再度复兴。自柏林墙倒塌之后，马克思主义在西方遭到了普遍的质疑。柏林墙的倒塌被认为是马克思主义经济学和政治学失败的象征。沃尔夫教授指出："……共产主义的失败并不意味着西方自由民主的资本主义一切都好。正是马克思，而且首要的是马克思，仍在为我们提供批判

---

① 引自笔者于2019年8月15日于伦敦对沃尔夫教授的对话，根据录音整理。

现存社会的最锐利的武器。"① 沃尔夫教授说："这些年来，没变的是我讲授的马克思主义课程一直都很受学生欢迎，选课人数都非常多；变的是课堂上学生对马克思的态度发生了两次转折。……20世纪80年代教马克思的时候，课堂上通常会有一些学生将自己视为马克思主义者，面对一些批评观点，他们会替马克思辩护。直到柏林墙倒塌，课堂发生了第一次转折，很少有学生愿意再热烈地为马克思辩护了，但是仍有很多学生学习马克思。……随着2008年经济衰退，特别是西方国家掀起'占领运动'后，课堂又发生了转折，越来越多的学生再一次与马克思产生共鸣，尤其是赞同马克思所指出的资本主义将只会增加不平等性，而非像资本主义维护者所希望和声称的让每个人都富裕起来。……在这一时间点上，复兴马克思主义思想的时机成熟了。许多人开始批判资本主义。……更多的人再次相信了马克思主义。"② 沃尔夫教授继续说："当人们去阅读马克思对资本主义的批判时，会发现现在的情况和马克思那个时代仍然非常相似。马克思认为，资产阶级政府只是保护资产阶级共同利益的执行委员会。当我20年前写作的时候我就引用了这一点。更微妙的是，在政府看来，政府似乎是代表每个人的。自2016年以来，尤其是在美国，很明显，政府代表的是最富有的人的利益。因此，特朗普好像是在特意表明马克思对

---

① 杨旎：《马克思研究的当代价值——访英国哲学家乔纳森·沃尔夫教授》，载《新视野》，2017年第6期，第122—128页。
② 杨旎：《马克思研究的当代价值——访英国哲学家乔纳森·沃尔夫教授》，载《新视野》，2017年第6期，第122—128页。

资产阶级政府的评价是真实的，好像在特意表明马克思的评价在今天比100年前更真实。马克思的著作充满了洞察力，说出了很多真实的东西；马克思是一个伟大的资本主义批评家。"①在英国脱欧以及民粹主义浪潮把社会引向迷途和未知之境的情况下，向马克思主义追问和寻求，重新发掘马克思的批判和建设价值，开始结合着西方的社会问题来试图从马克思那里找答案，这是左翼知识分子中的一种新的迹象。

第五，左翼运动的当务之急是把民众运动从右翼民粹主义中解放出来。左翼民主运动对民众的领导乏力，是民众运动被右翼民粹主义政治势力蛊惑和裹挟的一个重要原因。民粹主义是左翼政治不发展的表现，是民主社会主义或马克思主义的发展尚不充分、还无力把民众从右翼保守主义的蛊惑中解脱出来的一种表现。只有左翼政治发展了，只有左翼政治运动在理论、纲领和组织能力上提升了，才有可能把民众运动从民粹主义的错误形式下解放出来。西方左翼运动的当务之急是把民众运动从右翼民粹主义中解放出来。要把民众从右翼民粹主义中解放出来，就要提供一种能够解决民众需求的政治经济纲领，要把民众不同方面的需求、不同方面的运动结合起来，既要有坚强的领导能力，又要有广泛的统一战线，而提供这样一种政治、经济纲领，正是马克思主义一直以来所努力的方向。在马克思主义看来，西方一系列政治、经济问题的根源是金融资本积累，应该用社会联合所有制取代金融寡头的私人垄断所有制，从生产关系出发解决分配正义、社会平等的问题。应该把

---

① 引自笔者于2019年8月15日于伦敦对沃尔夫教授的对话，根据录音整理。

民众的经济需求提升为政治纲领，把民众运动自觉地组织起来，这样才能真正克服右翼民粹主义对民众的蛊惑。在金融资本积累危机和右翼新民粹主义的压力下，左翼运动将寻求与马克思主义越来越密切的结合。

四、英美左翼运动面临的挑战

金融资本积累危机和右翼民粹主义为西方左翼运动的发展提供了契机，但西方左翼运动也面临着诸多的困难和挑战：西方资本主义经济政治制度的强大惯性本身对西方左翼运动就是一个制约，社会民主主义自身的局限致使其改造社会的动力不足，西方左翼对资本主义主要矛盾和症结认识模糊，对替代金融资本主义的制度模式没有形成共识和理论自觉，马克思主义与左翼运动的结合度还比较低。

第一，西方左翼运动面对着西方资本主义经济政治制度的强大惯性。沃尔夫认为："第二次世界大战之后英国选举出了一个社会主义政府，政府增加公共服务的提供，比如健康和教育，交通运输、汽车制造、邮局、能源等行业的国有化等；而这些政策一般需要高税收做支撑。其他欧洲国家也开始在不同程度上走上了这条路。但困难之处是，这样难以在世界经济之林保持竞争力，难以与具备更高生产率的美国、日本和现如今的中国相比。所以在过去几十年里，许多欧洲国家的社会民主政策已经逆转,特别是英国。"① 沃尔夫教授进一步分析:"现在不少左翼和中产阶级加入了右翼,因为他们反对平等、反对移民。种族主义在某种程度上是中产阶级维护自身利益的观念之一。因此,左翼越来越认同为中产阶级,而中产阶级则支持那些利用国家为自身谋利益的阶层。传统工人转到右翼去了。"② 不仅中产阶级的态度暧昧对左翼运动是一个障碍,而且金融资本的强大势力,也使左翼运动难以短时间内达到目标。沃尔夫教授指出:"科尔宾现在很不受欢迎。原因有很多,一是右翼认为他是对右翼利益的威胁,所以媒体批评他;左派的人很担心他,因为他似乎不是一个好领导。许多人同意他的政策,但他们不相信他是一个能赢得选举并执行政策的人。写下政策是一回事,把这些政策变为现实则是另一回事。人们不相信他有相应的个人经验来实现这些政策。桑德斯宣布免费大学时,很多人对此感兴趣,但他是否能把它兑现出来,这是另一回事。他没有说出大学将如何获得资金,他没有说出整个政策是什么。如果想拥有免费大学,那么你需要找到另一种资助大学的方式:一种方法是让大学更加私有化和商业化;另一种方法是增加税收,他可能准备这样做,尽管他还没说。我们不知道免费大学将如何得到资金。"③

第二,社会民主主义自身的局限致使其改造社会的动力不足。英美国家的社会主义只是一个初步的动向,虽然是一个很

---

① 杨旎:《马克思研究的当代价值——访英国哲学家乔纳森·沃尔夫教授》,载《新视野》,2017 年第 6 期,第 122—128 页。
② 引自笔者于 2019 年 8 月 15 日于伦敦对沃尔夫教授的对话,根据录音整理。
③ 引自笔者于 2019 年 8 月 15 日于伦敦对沃尔夫教授的对话,根据录音整理。

好的动向。民主社会主义在美国刚刚有了政治上的代表人物，刚刚有了理念中的、辩论中的主张。社会主义从观念、口号到政策纲领、现实实践还有很长的距离，还需要更基本的社会动力来推动。因此，沃尔夫指出："马克思在《共产党宣言》中阐述了共产主义初级形式的条件。……《共产党宣言》列出了在最先进的国家几乎都采取的十条措施，与此相对照，其中一些欧洲福利国家已经达成了，并且其中一些措施我们已经认为是理所当然的，比如对儿童的公共免费教育、征收累进所得税、交通运输国有化等。并且对马克思没有提及的健康和住房等一些方面我们也走得更远。但是我想民主社会主义存在的一个困境就是，我们已经取得了诸多福利国家的成就，这是社会主义的一部分愿景，但是社会主义其余部分很大程度被抛下了。人们拥有了免费的医疗、儿童教育、居所和工作，于是不太可能想要参加革命，因为人们怕失去现有的一切。因此，很多右翼说民主社会主义阻挡了共产主义之路。"①

第三，西方左翼对资本主义的症结尚有认识模糊之处。西方左翼知识分子的很多观念还是从二次分配、分配正义、福利国家等角度出发的。沃尔夫分析道："实现分配正义，最佳选择是政策和制度并行。如果是二选一，从理想的角度来说，那应该是选择好的制度。以英国为例，英国有很多税收，有很多再分配，对穷人有很多福利。有的人得到好的服务，有的人得

---

① 杨旎：《马克思研究的当代价值——访英国哲学家乔纳森·沃尔夫教授》，载《新视野》，2017年第6期，第122—128页。

到住房补贴。但如果人们生活在一个富足的社会制度下,这将比人们生活在多数人贫困因而需要征税和再分配调节的制度下更好。如果有一个不需要福利和住房补贴的社会,人们也许会认为这是一个更好的社会。因而,理想的情况是我们能够设计一个好制度。但是这很困难,因为你必须从你所处的现实出发。制度变革很难,政策变革更容易。如果你等着制度变革,你可能什么都做不成。所以你推动改变政策,这样你有可能也在推动制度变革。"[1] 沃尔夫教授所强调的还是从分配的角度寻求一些局部改良,这些政策在新自由主义的上升时期,金融资本还可以在一定程度上对这些要求作出让步。但是,自金融资本的积累走向下行轨道以来,面对危机,金融资本首先绑架国家施行救助金融资本的政策。金融资本所采取的货币政策、量化宽松政策、削减福利政策、对大资本减税的政策等进一步恶化了中产阶级和工薪阶层的分配条件,都表明左翼的传统主张已经失去了现实意义。右翼民粹主义的崛起表明保守主义势力已经看到民众运动危及了金融资本的根基,因而不惜放弃新自由主义的普世主义人性论色彩,挑动族群与族群、国家与国家的矛盾。在右翼民粹主义的挑战之下,左翼运动如果想向前推进,如果想把民众从右翼民粹主义中解放出来、争取过来,则必须启发民众看清问题的实质,即看清金融资本的统治才是导致市民社会再度陷入贫困的根源。

第四,西方左翼对替代金融资本主义的制度模式缺乏理论

---

[1] 引自笔者于 2019 年 8 月 15 日于伦敦对沃尔夫教授的对话,根据录音整理。

自觉。确实，马克思曾从人类的彻底解放来规定共产主义高级阶段，曾从消灭阶级和剥削的角度来规定共产主义第一阶段，但马克思对现实资本主义的批判是以消灭当时西方的金融贵族和土地贵族的联合执政为出发点的，从这个基础上才能争取社会主义的进一步发展。马克思主义是从对金融贵族和土地贵族的批判中引申出民主主义革命和社会主义革命的现实起点，并通过一系列的曲折探索，发现了替代金融资本的现实社会主义道路，即公有制为主导的社会主义市场经济道路。西方相当一部分左翼学者不但对当代资本主义的症结在于金融资本这一点认识不清，而且对替代金融资本的道路也认识不清。这从他们对社会主义的抽象讨论当中，我们可以看到。在相当一部分学者的观念当中，社会主义仍然是与市场经济抽象对立的计划经济。沃尔夫说："对未来，一些马克思主义者提供了一个不可思议的愿景，认为我们可以战胜资本主义无政府状态体系。他们将资本主义视为一个无政府状态、无计划性的体系，由于这种无政府状态……他们一直倡导的解决办法是计划一切，安排物品满足人们的需求。但是他们大大低估了要实现这种计划需要什么。如果我们要发展社会主义的形式，决不能依靠计划经济。"① 沃尔夫认为："我们目前还面临四方面的挑战，即：人类的天生利己性、协作的困难性、资源的有限性和阶级分类的多样性。……众所周知的是，市场是个信息交易的奇妙场所，

---

① 杨旎：《马克思研究的当代价值——访英国哲学家乔纳森·沃尔夫教授》，载《新视野》，2017年第6期，第122—128页。

价格的变动是产品短缺或过剩的信号。更重要的是资本市场给人们回应这种信号以寻求自身利益最大化的激励。而计划经济拿掉了市场和利润动机,就等于同时拿掉了信号机制和激励机制。……我认为现在仍不可能在大范围内推行共产主义,因为市场对分配物资至关重要。根据哈耶克(F.A.Hayek)提到的20世纪二三十年代的教训,我们知道,计划经济在理论上很好,但我们需要市场来传播必要的信息,让人们能够感知市场信息并作出相应行动。……也许有人会说有一天当我们变得足够富有就不再需要市场了,但这对我来说只是个幻想。"[1] 可见,西方一些马克思主义左翼、右翼学者还是把资本主义作为一般的市场经济而不是作为金融资本主导的市场经济来批判。他们对社会主义讨论得也很抽象,把社会主义当作与一般市场相对立的一般计划经济。他们认为,如果没有计划,就不可能克服市场的一个矛盾;但是另外一方面,在他们的观念当中,他们又认为,计划是不可能实现的,市场是不可替代的。这样一来,在他们的观念当中,社会主义就成为一个没有现实性的乌托邦。而一旦把社会主义作为乌托邦,他们对现实制度的斗争就失去了方向,他们自己在意识上就陷入自我分裂的状态。

第五,马克思主义和左翼运动的结合还存在一些困难和障碍。西方左翼对马克思主义的认知存在各种偏差,这在一定程度上妨碍了马克思主义与左翼运动的结合。在德国古典哲学的

---

[1] 杨旎:《马克思研究的当代价值——访英国哲学家乔纳森·沃尔夫教授》,载《新视野》,2017年第6期,第122—128页。

辩证法中、在德国古典哲学对人类自由的辩证理解中，就蕴含着一种对形式自由主义哲学的批判。辩证法对于人类自由是要求内容与形式相统一的自由哲学。马克思在历史唯物主义的基础之上使辩证法变得更科学，并在辩证法的指导之下，对形式自由背后的资本及金融资本的积累规律作了科学的探讨。国际共产主义运动的一系列正反经验，逐步探索出了一条能够扬弃金融资本内外统治的社会主义道路，这就是由列宁在金融资本的帝国主义链条的薄弱环节所开辟的现实社会主义道路。经过列宁的新经济政策以及中国改革开放的探索，在吸收斯大林模式经验教训的基础上，这条现实的社会主义道路逐步在公有制为主导的社会主义市场经济这一制度形式上确定下来。这条道路是取代金融资本和金融帝国统治的现实道路，是当代马克思主义的形态，不仅对中国具有现实意义，对反抗金融帝国统治的各地人民都有重要价值。但是我们在英美马克思主义的相当一部分学者那里看到，他们对马克思主义的理解还是比较抽象的。他们对马克思主义和德国古典哲学的整体关系、对马克思主义对形式自由哲学的批判、对形式自由背后金融资本积累规律的系统揭示、对马克思主义通过科学社会主义的曲折探索所取得的成果认识不足。例如，沃尔夫就从其抽象的与市场经济相对立的计划经济的尺度出发，否定了中国公有制为主体的社会主义市场经济的社会主义性质："从外界的角度看，尽管在政治上中国有许多与前共产主义国家的相似之处，但仍不容易鉴别出能够足以将中国称为社会主义的经济条件。如果回头看苏联，它有极强的国家能力，并尝试了计划经济。苏联的马克思主义者称国家需要暂时拥有强国家能力，直到经济足够强劲。现在中国的情况似乎是拥有强国家能力但没有计划经济。"① 西方左翼在思想观念层次上的分裂，自然会反映到实践上、组织上，这在一定程度上也阻碍了马克思主义与左翼运动的结合。

五、小结

这章讨论了英美右翼民粹主义崛起背景下左翼运动的分化、转向与挑战。英美曾是新自由主义全球化的发动者，新自由主义放纵了金融资本积累。金融资本积累导致中心国家工业体系的衰变，橄榄型社会分裂为金字塔型社会，金融资本积累冲击着福利体系、削弱着国家的治理能力。在严重的结构性危机面前，右翼保守主义从新自由主义向右翼民粹主义转化。右翼民粹主义把民众的不满情绪引向其他国家，而对内却延续了对工薪阶层的不利政策。英美右翼民粹主义崛起的同时，左翼运动也在发生分化和转向：文化左翼向经济左翼的转化，"第三条道路"向社会民主主义复归，马克思主义在一部分知识分子和青年中再度复兴。西方左翼运动的当务之急是把民众运动从右翼民粹主义中解放出来。西方左翼运动在发展的同时，

---

① 杨旎：《马克思研究的当代价值——访英国哲学家乔纳森·沃尔夫教授》，载《新视野》，2017 年第 6 期，第 122—128 页。

也面临着诸多的挑战：西方资本主义经济政治制度的强大惯性对西方左翼运动本身是一个制约，社会民主主义自身的局限致使其改造社会的动力不足，西方左翼对资本主义主要矛盾和症结认识模糊，对替代金融资本主义的制度模式没有形成广泛的共识和理论自觉，对马克思主义的认知存在各种偏差，这些情况都在不同程度上阻碍了左翼运动的深入发展。左翼运动的乏力是造成民众运动受右翼民粹主义支配的重要原因。

第四章 英美右翼民粹主义崛起与左翼运动的转向

——访英国著名马克思主义学者戴维·麦克莱伦教授

20多年前,"为了公共利益而以强有力的方式控制和调节市场"的市场社会主义曾在英国得到热烈的讨论,在当下经济全球化出现变局、新自由主义面临危机并向民粹主义转化的大背景下,再论市场社会主义,就具有了更深刻的理论内涵和更直接的实践价值。2019年8月18日,笔者在英国坎特伯雷的戴维·麦克莱伦家中,拜访了这位英语世界著名的马克思主义研究者,围绕着新自由主义因放纵金融资本而自我否定的必然性、民粹主义的崛起及其困局、市场社会主义对英美国家的理论和实践价值等核心议题进行了交流。

一、新自由主义因放纵金融资本积累而导致社会的深度危机

新自由主义解除了国家对金融资本的外在束缚,放纵了金融资本的积累,加深了社会对立,加剧了国际关系的对立。

1. 新自由主义不是解放了社会，而是放纵了金融资本的剥夺性积累

麦克莱伦："新自由主义在英国的兴起，可以追溯到20世纪80年代的玛格丽特·撒切尔夫人时期。新自由主义青睐于私有化和自由放任的市场。在新自由主义政策的指导下，英国的水、铁路、电力、天然气等国有公司都成为私有化的对象，成为可以出售的东西。新自由主义和社会主义是对立的。苏联的解体更加强了这种对立。苏联解体之后，在盎格鲁·撒克逊人的世界里，人们以为，马克思主义的意识形态终结了，新自由主义获得了最终的胜利。"新自由主义的兴起与金融资本要求解除国家管制、获得全球积累空间有关，新自由主义对国有企业私有化、对经济体制的自由放任主张、对苏联的和平演变、对马克思主义的意识形态消解，无不服从于这一目的。新自由主义的理论模型是小私有者的自由竞争模型，而实际上，新自由主义所支持和放纵的，是金融寡头的自由活动，是金融资本的剥夺性积累。对金融资本，西方经济学一般把它理解为虚拟资本。在马克思主义政治经济学的逻辑下，金融资本不仅仅指虚拟资本。根据马克思主义政治经济学的逻辑，金融资本是从产业资本、商业资本和银行资本的垄断融合中产生的大货币垄断资本，是从各种具体的职能资本形式中产生出来的资本的总形式，是作为总体的资本，是支配经济政治生活以及国际关系的真实主体。金融资本既是天使，又是魔鬼。说金融资本是天使，是因为金融资本通过价值革命，通过生产、流通、信用的革命来积累，因而金融资本积累中也就包含着生产、流通

和信用技术的不断变革，包含着推动劳动社会化、经济全球化和人类历史进步的一面。说金融资本是魔鬼，是因为金融资本具有寄生性和腐朽性的一面，即金融资本通过垄断专利权、定价权，通过金融投机、地租投机、国债投机，通过支配货币发行权、支配国家公共政策、支配战争机器等途径而建立一套发达的、寄生性的、剥夺性的积累体系。第二次世界大战之后，欧美地区或者采纳了凯恩斯主义的某些主张，或者施行了具有社会民主主义性质的政策，这些都对金融资本的投机性、寄生性积累作了不同程度的限制。到了 20 世纪 70 年代末，随着滞胀危机的到来，新自由主义兴起。新自由主义把矛头对准凯恩斯主义、社会民主主义以及当时的社会主义国家，就理论形式看，新自由主义更抽象、更形式化，其政策主张在私有化、自由放任等方面也更彻底。新自由主义把基于小私有者的自由所有权、自由竞争、自我均衡的假想模型运用于垄断资本主义时代，推行完全的私有化和自由放任的市场机制，解除了国家对金融资本积累的桎梏，使金融资本获得了完全自由的行动条件。我们应该联系其与金融资本的关系，来分析新自由主义的实质。

2. 新自由主义下的金融资本积累加深了社会对立

麦克莱伦：2008 年的金融危机，是西方世界的一场深重危机，人们都在追问这场危机是如何发生的。西方人因离经济混乱的旋涡太近反而看不清。在西方，资本主义为了高额利润、为了自救，把越来越重的负担加在贫困者身上。资本主义的发展使越来越多的人处于愈益困难的境地，他们发觉自己被抛在了后面。他们讨厌那些享有特权的人，讨厌那些只关注自己的福利而忽视了其他人福利的特权阶层。

笔者：确实，美国金融危机不是商业周期中的一般性危机，而是资本主义生产关系的内在危机，是金融资本积累方式所导致的深度社会危机。金融资本的积累加剧了社会对立，这是因为金融资本的寄生性积累体系越来越膨胀，寄生者阶层的势力越来越大，寄生者的人数越来越多。金融资本的这种寄生性积累是建立在科学技术革命、社会劳动的组织化程度提高等基础之上的。金融资本的寄生性积累在科学技术快速进步、社会再生产的革命、劳动生产率的提高比较快的时候，容易被掩盖起来。但是，金融资本的寄生性积累也会反过来腐蚀自身的根基，在金融资本寄生性积累的支配之下，制造业成本增加，经济空心化，产业工人失业，中产阶级衰落，债务负担沉重，社会对立加深。金融资本的寄生性积累还建立在社会契约自由、形式自由的基础之上，这也使金融资本的寄生性积累变得非常隐蔽，当资本主义处在上升期的时候，这种契约自由和形式自由好像就是自由的普遍形式，而当危机发生时，人们才发现这种自由背后掩盖着的债务、破产和失业等问题。

3. 新自由主义下的金融资本积累加剧了国际关系的紧张

麦克莱伦：20世纪90年代以及21世纪的第一个10年，人人都在夸赞经济全球化，都说经济全球化是未来的趋势，它将带来利润。事实上，经济全球化并没有给美英这两个国家带来如他们所预期的那种经济好处。如果去看看美国的汽车工业，就能发现经济全球化对它的影响。美国汽车业在竞争中败给了日本汽车业。在英国，人们看到了中国的崛起，看到中国在经济、军事上变得越来越强大。大多数英国人对美国的强大还相当满意，因为美国人说英语，美国和英国有同样的制度，在美国有英国人的朋友，美国所发生的事情，英国人可以知道、可以了解。当美国的力量趋于衰落，中国开始崛起，英国人会认为：这是另一个世界舞台上的大国，我们不了解那里的事情，我们不熟悉那里的人。虽然英国人不把中国当作敌人，但是也不能说这种可能性一点也没有。英国和美国在寻找另一种出路。美国政府和英国政府表示：经济全球化使我们衰落，特别是使我们的工业生产衰落，现在我们不希望经济全球化，这是经济全球化不再受到欢迎的一种表现。因此，贸易保护主义流行了起来。但是从长远来看，贸易保护主义是灾难性的。

笔者：是的，和30年前相比，经济全球化对英美国家的意义是完全不同了。英美国家不再像30年前那样拥抱经济全球化了。曾带头推动经济全球化的英美国家如今成为逆全球化的先锋，这还是应当从金融资本积累来加以说明。金融资本积累推动着经济全球化的发展，也造成了国际关系的紧张。正是金融资本积累自身在破坏着自己的积累条件。从撒切尔夫人和里根总统开始，一直到2008年金融危机，在长达几十年的时间里，在新技术革命和经济全球化的推动下，金融资本获得了长足的发展，获得了全球性的积累空间。但是，金融资本的全球性积累也给拉美、中东、东欧等地带来严重的社会危机和动荡。2008年以后，这种社会危机和动荡被传导回资本主义中心国家自身，于是英美这些一度积极推动经济全球化的国家开始带头反对经济全球化,并把导致本国危机的责任归咎于他国并指责他国,把他国作为替罪羊,这样就使国际关系日益紧张了起来。

4. 新自由主义下的金融资本积累使自身危机的解决手段越来越少

麦克莱伦: 这次西方的危机之后,凯恩斯主义没有复兴。凯恩斯主义的复兴在政治上已很难实现。作为英国的凯恩斯主义倡导者的政党即工党,实际上已经不再倡导凯恩斯主义了。工党本身的运作和组织工作都不是很好,所以工党现在不能说:"看,新自由主义在过去十年甚至更长的时间里没有为英国、没有为英国的大多数人带来好处,因而现在我们需要的是凯恩斯主义。"此外,凯恩斯主义取向的改革不受欢迎的另一个重要原因是,它涉及增税,而增税是不受欢迎的。英国的富人把钱藏在海外,逃避在英国纳税。实际纳税的只是小人物,而不是大人物。这样就产生了一个问题:如何为凯恩斯主义融资?有两个简单的方法,一个是增税,一个是借钱。约翰逊刚刚组建的这个政府,许下了各种各样的诺言:我们将把钱投入卫生服务,建造更多的房子,等等。因为他承诺不会增税,所以政府唯一能得到资金的方法就是借贷。

笔者: 确实,回到凯恩斯主义上来解决当下资本主义危机,已经不再可能。新自由主义本来就是在凯恩斯主义所造成的滞涨危机的基础上发展起来的。凯恩斯主义的办法是通过公共投资、国家负债来刺激需求,而新自由主义的实践已经使国家负债累累,已经破坏了凯恩斯主义的政策空间。新自由主义秩序下金融资本积累使自身所致危机的解决手段越来越少。自2008年美国金融危机以来，新自由主义的政策体系陷入危机，而凯恩斯主义却并没有作为补救措施兴起。金融资本积累遇到有效需求不足、生产过剩、资本过剩的危机，在这些危机面前，真正感受到压力的是中小资本；而金融资本却可以依赖自身的垄断地位系统地利用危机，增强金融资本的投机性、寄生性和剥夺性积累机制，使中小工商业者破产或者在更恶劣的经营条件下从事激烈竞争，使工人失业，使工薪阶层收入缩减。毫无疑问，这样的结果不会减轻反而会加剧生产过剩、资本过剩的危机。在危机面前，金融资本又试图通过刺激地产投机、证券投资、国债投机等来解决危机，这些解决危机的方式造成了中产阶级和工薪阶层更严重的贫困化，进而使金融资本的积累条件遭到更深的破坏。金融资本试图通过居民负债和国家负债，试图通过信用消费来扩大资本积累的努力，最终造成了大面积的社会负债、国家负债。在金融资本的各种努力之下，用尽各种手段也不能解决金融资本的积累危机，反而使解决危机的手段越来越少，这就是包含在金融资本自身中的悖论。

5. 新自由主义下的金融资本积累导致新自由主义的自我否定

麦克莱伦：目前英国政治遇到了新的断层线。过去，从意识形态的角度看，英国的政治格局是相当简单的。英国有两个主要的大党，一个是右翼保守党，另一个是理性而激进的左翼工党。最近，由于脱欧运动，这种格局在很大程度上已经解体了。人们之间的分歧不再表现为左右之争，而是表现为支持还是反对脱欧。这是政治上一条新的断层线，这条断层线只是在最近三年内才逐步形成的。约翰逊政府是非常右翼的政府。议会里的立法部门不喜欢约翰逊政府，司法部门也介入这个矛盾中来。英国右翼政党自身内部存在很大的鸿沟，有一些人坚决支持英国脱欧，也有一些人坚决反对脱欧。新自由主义发生了分裂。美国右翼政党也发生了分裂，一部分政治力量从传统的新自由主义中脱离出来，与民粹主义相结合，提出了"美国优先"的口号，反对移民，发动贸易保护主义，不断提高关税。

笔者：是的，西方正在发生着政治生态和意识形态的断裂，旧的传统在萎缩，新的势力正从旧的底层中涌现出来。西方意识形态出现断层线，这实际上就是新自由主义在金融资本的积累危机之下遭遇到了自我否定的表现。金融资本破坏了新自由主义存在的根基，使新自由主义走向了自己的反面。新自由主义承诺在自身所建构的秩序之下，会有一个中产阶级主导的橄榄型社会。形成强大的中产阶级，这是新自由主义的承诺，是新自由主义得以自我确证的现实基础。因为有了强大的中产阶级，新自由主义才可以论证自身的形式自由是符合个人利益以及社会利益的。只有在中产阶级占人口大多数的社会中，新自由主义形式自由和实质自由之间的矛盾才不会凸显出来，而如果中产阶级分化，则新自由主义的形式自由的虚幻性将会清晰地呈现出来。金融资本积累所造成的金融寡头寄生化、制造业空心化以及与此相联系的中产阶级贫困化，破坏了形式自由借以获得支撑的实质自由条件，直接破坏了新自由主义得以自我确立的根基，推动了新自由主义的自我否定。在当下西方世界，新自由主义自我否定的最直接表现就是民粹主义的崛起。

二、英美国家民粹主义的崛起及其困局

民粹主义崛起的社会基础是民众对金融资本积累所导致的社会危机的愤怒，民粹主义表现为民众的非理性主义行为。民粹主义崛起的外因是右翼保守主义势力的蛊惑，而民粹主义崛起的内因则是左翼政党的领导乏力。民粹主义不但解决不了危机反而会造成更大的危机。

1. 民粹主义崛起的社会基础是民众对金融资本积累所致的生存危机的愤怒

麦克莱伦：民粹主义产生的根源何在？穷人对社会日益不平等的不满，是民粹主义产生的原因之一。人们对拥有巨额财富的精英们感到愤怒，这是一个强烈的、可以感知到的事实。在英国如此，在美国、法国也是如此。英国正在发生的民粹主义，是资本主义自身的产物，是资本主义深刻矛盾的表现。民众的生活水平在下降，没有人关心他们，他们很愤怒。民众显示愤怒的方式之一就是投票赞成英国脱欧，他们认为，如果英国脱欧，也许他们会变得更好。这种所谓的民粹主义，是大多数人或相当一部分人对金融资本主义所造成的社会后果的抗议。民粹主义并不是联合王国特有的。民粹主义在德国、意大

利，都能找到；在匈牙利、波兰，民粹主义表现更甚；在法国、西班牙也是一样。所以，民粹主义不只发生在英国。这股民粹主义浪潮，是人们的一种抗议。人们感觉到服务于金融资本利益的国家只是把他们抛在了身后，国家不在乎他们。因此，他们通过投票支持脱欧来表达自己的不满，表达对执政精英的愤怒和反感，而不管执政的是左派还是右派。

笔者：民粹主义兴起是英美国家政治变动的显著特征，考察民粹主义时，首先看到的现象就是民众活跃起来了。民粹主义首先涉及的是"民"。没有民众作为参与的主体，是谈不上民粹主义的。无论其处在什么历史阶段，具有怎样的历史内容，体现为什么样的具体形式，民粹主义总是有一个共性，那就是民粹主义的主要参与者是民众，尤其是社会的中下层民众。无论是在1848年法国革命中被路易·波拿巴所收买的底层无产者，还是俄国革命中试图在资本主义之外建立社会主义的俄国村社的农民，都是社会中下层民众的一部分。今天英美世界兴起的民粹主义，其基础也是社会中产阶级和失业者队伍中的一部分。金融资本的积累造成了大量的被抛出社会生产过程之外的失业者，造成了被严重剥夺、日益贫困的中产阶级，这些人在现存积累体系之下看不到希望，积蓄着愤怒和不满，这正是民粹主义得以产生的社会基础。

2. 民粹主义表现为民众的一种非理性主义的观念和行为

麦克莱伦：民粹主义与感觉有关，而与概念无关。如果从理性或者意识形态的严格意义上说，民粹主义并不是一种内在统一的意识形态。如果说意识形态是指一套连贯的、促进某种政治目的的概念体系的话，民粹主义不是严格意义上的意识形态，而只是一种模糊的被动反应。我们可以说新自由主义是连贯的，是一种关于特定金融资本的连贯的意识形态，而民粹主义则没有那么明确。民粹主义是一个非常模糊的词。在不同的国家，民粹主义有不同的表现。人们凭着感觉，认为自己之所以没有就业机会，那是因为被移民抢走了，认为这些社会问题都是移民导致的。实际上，这是完全不真实的。因为，如果近50年来，没有移民的移入，那么英国将会比其实际情况更贫穷，这是毫无疑问的。民粹主义产生的原因很多，移民问题只是其中之一。对英国来说，移民问题还不是导致英国产生民粹主义的最重要因素。在其他国家，也许移民问题是一个严重的问题，但在英国，虽然移民问题也很重要，但不是最重要的。移民问题相当复杂，大多数人无法对此有清楚的理解。移民交了多少税？移民都是谁？他们来自哪儿？诸如此类的问题，没人去试图解释清楚。法国的"黄马甲"运动肯定是民粹主义运动。如果你去问他们，他们会说：我们就是不喜欢马克龙。民粹主义根本就不曾有任何计划。民粹主义可能走向左翼，也可能走向右翼。

笔者：确实，民粹主义表现出了民众在政治上的诸多不成熟性。民粹主义是民众运动的初级阶段，是民众对自身困难处境的本能反应，是民众对社会矛盾和生活压力的本能的、直觉的、直观的、情绪性的理解和反应。民粹主义中包含着健康的社会民主运动的成分，但是也包含着从个人出发的无政府主义、极端个人主义、狭隘的功利主义，也包含着从集体出发的工团主义、极端民族主义甚至种族主义。民粹主义者不理解自身所处困境的真实原因，不了解摆脱困境的真实路径，往往有可能逆历史而动，与敌人结盟，被敌人利用，陷入内部分裂、内部瓦解和内部对抗之中。在民众的民粹主义本能反应中，包含着对社会现有秩序的否定，但是这种否定是在错误方向上的否定。

3. 民粹主义崛起的外因是右翼保守主义势力的蛊惑

麦克莱伦： 移民问题在一定程度上是右翼人士和约翰逊政府一直试图强调的，因为他们认为炒作移民问题在政治上对他们有利，他们能借此获得更多选票。移民问题很容易吸引人们的注意力，实际上，它只是替罪羊。因而，在移民问题上所表现出来的，是一种相当右翼的政策。在约翰逊先生领导下的英国政府是一个非常右翼的政府，是一个相当极端的政府，它偏爱自由市场、个人主义，它操弄政权、反对欧盟，它追随美国。在中美贸易战中，英国政府也体现了自己的立场。英国政府似乎并不认为法国、德国或美国公司是一个威胁，因为他们都是西方国家。但英国确实认为，中国企业构成威胁。英国有很多关于华为这家大型通信公司的讨论。也许中国这个国家太遥远了，显得陌生。欧洲自第二次世界大战以来的70多年，右翼政党往往比左翼政党更有控制力。就像历史上曾经发生的一样，如果右翼政党真的变得非常强大，它就会导致一种半法西斯主义的社会。在德国和意大利，民众也支持右翼民粹主义的政党。现在西方政治生活中的重大危险正是新形式的种族主义在崛起。

笔者：确实，面对民众的愤怒，右翼政党也发生了一些分化和变化。右翼政党也在试图塑造某种政治话语来左右民众，也在寻求某种话题和议题来迎合和蛊惑民众。右翼民粹主义政党和政客之所以这么热爱炒作移民话题，是要借此转移对社会真实矛盾的注意力。民众运动带上了民粹主义的色彩，除了因为民众自身的非理性之外，还有一个重要的诱因，即右翼政治势力的蛊惑和操控。对民粹主义的形成来说，这种右翼政治势力的蛊惑可以起到决定性的作用。在历史上，我们可以看到，类似波拿巴主义、法西斯主义，都是右翼势力蛊惑民众的典型。在俄国革命过程中所出现的民粹主义也是自由主义当中的右翼势力对俄国村社民众的一种蛊惑。俄国民粹主义的右翼政治势力引导民众忽视俄国资本主义发展所带来的矛盾，试图在不否定资本主义的基础之上来建设社会主义。在俄国民粹主义的社会主义宣传中，恰恰漏掉了对资本主义的批判，也就正好迎合了资产阶级右翼政治势力的需求。20世纪二三十年代与欧洲法西斯主义相联系的民粹主义，就更是极右翼政党蛊惑的结果。至于当下的英美新民粹主义来说，其典型的特点也是右翼保守主义政党或政客的蛊惑，他们要把金融资本积累所导致的问题归咎于其他国家，鼓吹民族主义，挑拨族群对立，转嫁社会危机，借此蛊惑和操控民众。

4. 民粹主义崛起的内因是左翼民主主义政党的领导乏力

麦克莱伦：英国这个国家的大多数人对那些左翼议程上的民粹主义并不太有热情，因为这将涉及更多的国家干预、更高的税收以及对水、电、铁路等公共事业的国有化。在目前的英国,也许有一小部分人支持这样做。英国当前政治中最引人关注的一点是:尽管英国政府在过去十年中对穷人、对大多数民众的政策很不成功,但反对党、左翼与工党并没有因此而成功获得民望。左翼和右翼这两个政党大致是旗鼓相当的。

笔者:在英美这样的金融资本帝国的核心地带,在新自由主义的发源地,左翼政治也长期受新自由主义的影响。民粹主义崛起的内因在于左翼民主主义政党的领导乏力。自20世纪70年代末至80年代初新自由主义兴起以来,左翼政党,如马克思主义的政党、社会民主主义的政党相对萎缩和衰退。左翼政治和政党的衰退既有客观原因,也有主观的原因。客观的原因是随着科学技术和经济全球化的发展,金融资本获得了新的动力和积累空间,资本主义进入一个新的积累周期的上升期之中。主观原因是左翼政党逐步放弃自己原有的指导思想、纲领和组织原则,向自由主义政党靠近。在新自由主义上升时期,左翼运动自身也偏离阶级的运动,而偏向文化的批判运动,偏向女权、生态等新社会运动。左翼运动的另一部分,试图在新自由主义和社会民主主义之间寻求第三条道路,实际上是在社会民主主义的基础上更进一步右翼化了。左翼政党向中间政党靠拢,中间政党向右翼政党靠拢,这是新自由主义上升期的一个基本的政治现象。左翼政治的这种趋势及其衰弱的现状,左翼政党无力在纲领路线上、在组织能力上引领民众运动,是导致愤怒的民众投向右翼政治势力的一个重要原因。

5. 民粹主义不但解决不了危机反而会造成更大的危机

麦克莱伦:民粹主义表现为一种民族主义。民粹主义运动中有很多人想关闭边境，发起一种新形式的保护主义。例如，英国的脱欧运动就是一种新形式的保护主义。脱欧运动加剧了英国的政治分裂，吸走了英国所有的政治能量，使人们没有时间去考虑严重的经济问题。在脱欧问题上，英国各主要政党的内部并不能达成一致，尤其是保守党内部分裂严重，这也是自2016年公投决定退出欧盟以来，英国无所作为的原因之一。各个政党都无法就是否退出、如何退出以及退出欧盟之后如何应对新局势等问题达成一致，结果是英国政治一直处于停滞状态。英国政府一直在考虑脱欧，一直没有成功，也就没有时间或精力去做别的事情。英国脱欧之后会发生什么，任何人都不清楚，无论他是多么优秀的学者。特朗普总统的民粹主义对美国也是灾难性的。特朗普总统认为，在目前的世界贸易关系中，美国大量从中国进口，而美国没有足够的工业产能以及廉价劳动力来保证向中国的出口，因而导致进出口巨大的不平衡。他采取的政策就是对中国商品征收高额关税。这种民粹主义的保护主义很流行。对于很多美国人来说这似乎是一个很好的解决方案，他们会说："好主意，干得好，特朗普先生！"但我不认为这是一个很好的解决方案。从长远来看，任何有思想的人都能理解，这将是灾难性的。这对任何人都没有好处，对美国没有好处，当然对中国也没有好处。

笔者： 是的，右翼民粹主义政党所推动的政策不可能解决西方的经济社会问题。造成西方社会问题的根本原因是金融资本，但右翼民粹主义政治势力的根本意图恰恰是把民众的注意力从这里移开，离开病因去找药方。民粹主义按其本性不但解决不了危机，反而使危机在更大的范围内和更大规模上积聚。民粹主义横冲误撞，把外在区别作为内在矛盾，掩盖了真实的矛盾。民粹主义在产生危机的真正根源之外寻求解决危机的办法，这是不可能解决危机的。面对金融资本积累所导致的社会问题，在右翼政治势力的蛊惑下，民粹主义把人们的注意力从对金融资本的批判中转移开，在金融资本的积累机制之外去找原因，寻求替罪羊，输出矛盾，这样不但不可能改善反而还会进一步破坏资本的积累条件。如果各国都寻求替罪羊，那么这种替罪羊的角色最终会落到自己身上，对别人的惩罚会转变为对自身的惩罚，最终的结果是使世界市场陷入无政府状态，各国都陷入囚徒困境之中，出发点是自身利益最大化、损失最小化，而实际上却导致了各自利益最小化、损失最大化。民粹主义以相互输出矛盾的方式解决危机，只能造成更深刻的危机。

三、市场社会主义对英美国家的理论和实践价值

市场社会主义曾经是英国学者讨论的热门话题。在当下经济全球化面临变局、新自由主义遭遇危机并向新民粹主义转化的背景下，再讨论市场社会主义这个话题，就有了更深刻的理论价值和更直接的现实价值。日益扩大的不平等是新自由主义金融资本积累制度的痼疾，市场社会主义是超越新自由主义金融资本积累制度的方向和起点，中国社会主义市场经济体制为市场社会主义的现实可能性提供了一个支撑背景，在英美等自由主义盛行的国家也曾经有办得不错的国有企业，搞不好国有

企业并非必然，当代西方社会问题的解决仍然有赖于马克思的理论批判和实践方案。

1. 日益扩大的不平等是新自由主义金融资本积累制度的痼疾

麦克莱伦：在不少国家，包括英国，很多人认为解决诸多问题的办法之一是确保所有公民都无偿得到一个基本的收入。但有些人会说，这不好，因为这样人们就什么都不做了，人们将只是坐在球场上，整天看电视、吃饼干，不作任何贡献。现在有一些试点方案，就是为了看看这是不是真的。总的来说，这不是真实的情况。人们是否会变得懒惰起来，这在一定程度上取决于基本收入的多少。如果基本收入被设定得很小，只够买一杯茶和一块饼干，那么人们就会设法寻找兼职工作来增加收入。社会越不平等，人们越不幸福。最平等、幸福的社会是斯堪的纳维亚国家，丹麦、挪威、瑞典、芬兰等国的贫富不均程度较低，那里的人们被公认是更幸福、更快乐的。有人说不平等是社会发展的动力。对这个问题，我们要追问：越不平等的社会就发展得越快吗？以 19 世纪的英国为例，它是一个非常不平等的国家，也是一个发展非常迅速的国家，人们可能会说这是社会不平等促进发展的证据。如果果真如此，那么就得证明实际上是不平等而不是别的因素促进了英国发展。但实际上，促进发展的动力也可能是英国人的创新能力，即英国人在头脑中发明新事物的能力。

笔者：在英美国家，社会不平等已经越过了底线，已经使民众变得愤怒、激动、行动起来。新自由主义的理论认知和社会现实已经发生了严重的冲突。在新自由主义看来，平等只表现在身份、法律地位的平等上，每个人只要自觉、理性、积极运用自身平等、法律平等这一工具，就会造成一个均等富足的社会。在新自由主义者看来，形式自由的一套制度为每个人提供了同等的行为条件、同等的选择自由，在此条件下，每个人为自己的行为负责，不平等是个人不努力的结果。但实际上，在形式自由的基础之上，金融资本确立了自身的权力。金融资本通过垄断定价权、证券投机、垄断地租、支配国债、控制货币发行权、制造和利用危机等一系列手段，建立了一套寄生性、剥夺性的积累体系。这是造成社会分化、工薪阶层贫困化、中产阶级大面积萎缩的根本原因。金融资本越成功，社会分化的程度越大，就像马克思所说，一极是财富的积累，一极是贫困的积累，这是资本主义自身内在矛盾的表现。在马克思主义看来，社会不平等的原因应该追溯到生产关系，应该追溯到金融资本的积累，金融资本的积累就是造成西方社会不平等的根本原因。西方国家日益扩大的社会不平等是新自由主义金融资本积累制度自身不断产生而又不可能解决的痼疾。难以弥合的不平等，是当今西方社会出现民粹主义的基本原因。

2. 市场社会主义是英美国家新自由主义金融资本制度的道路替代方向

麦克莱伦： 必须反对资本主义，但也不是以凯恩斯主义的形式反对它。民粹主义根本不是解决问题的办法。也许市场社会主义是一个解决方案。市场社会主义是向社会主义经济的一个很好的过渡。可以有这样或那样的市场，几乎每个社会都有市场，为了公共利益而以强有力的方式控制和调节市场，这就是我所认为的市场社会主义。在我看来，这几乎是必要的一步，除非有一个巨大的、铲除一切的革命剧变，才有可能马上引入一个完全公有制的社会。如果变革是相对渐进的而不是革命剧变，在我看来，市场社会主义是唯一的出路。从某种理论上来说，我认为市场社会主义是世界各国过渡到合理社会主义的道路。这是显而易见的答案。关于这个问题，我觉得很难想象会有不同的想法。在向社会主义以及共产主义社会过渡的过程中，发挥重要作用的就是市场社会主义经济。大约20到25年前，在英国，在盎格鲁·撒克逊世界，市场社会主义成为一个特别的研究对象。有很多学者参与研究，出版了很多关于市场社会主义的著作。共产主义社会是一个具有一定预测性的社会，因为我们还没有见过共产主义社会。资本主义注定要失败，资本主义没有发展就无法生存。要么发展，要么消亡，总有一天会消亡，当然不会很快消亡。如果考虑生态环境的因素，整个发展的概念是非常值得怀疑的。因为生态的原因，经济发展、生产力的发展正遇到严重的压力。根据马克思的论述，共产主义社会不必追求生产力的发展，人们的需要在那里得到了实现，人们的艺术能力得到发展，这样的社会是一个生态友好型的社会。

笔者：市场社会主义是英美左翼学者针对新自由主义而提出来的一种道路替代方案，曾一度得到热烈的讨论。英国学者，包括麦克莱伦教授所论的市场社会主义，是指为了公共利益而以强有力的方式控制和调节市场。公共权力为了公共利益而对市场进行强有力的调节，越来越显示出其必要性和迫切性。自由放任的市场经济，并非像自由主义者所描述的那样，会自动均衡。自由放任的市场经济所释放的并不是小私有者的活力，而是放纵了金融资本的剥夺性、寄生性、投机性积累。市场社会主义所提出的为了公共利益而对市场进行强有力的调节，也就是要借助民主化的公共权力来调节金融资本。通过调节金融资本，才有可能调节市场。金融资本对自由市场的压力是一种私人投机性、剥夺性、寄生性的垄断，要以强有力的公共权力干涉来对冲金融资本对市场的私人垄断性，这是市场社会主义的应有逻辑。市场社会主义，是争取社会主义制度变革的一个准备阶段。社会主义的制度价值就在于克服金融资本的私人垄断，就在于克服金融资本的投机性、寄生性、剥夺性积累。为了做到这一点，社会主义需要把社会化的生产资料，即把石油、矿山、土地、银行从金融资本手中转归公有，转归社会联合所有（在一定阶段采取社会主义国有制的形式）。[①] 对垄断性的生产资料实行社会联合所有制，这是社会主义区别于新自由主义金融资本积累制度的根本内涵。在对垄断性生产资料实行社会联合所有的基础之上，一般中小职能资本可以按照市场经济来运行，这将是一个更健康的市场经济，是一个排除

[①] 在《共产党宣言》中，说把资本变为"公有的、属于社会全体成员的财产"（《马克思恩格斯选集》第1卷，人民出版社1995年版，第287页）；在《资本论》中，马克思把未来社会的所有制概括为"社会所有制"，生产资料实行"共同占有"，并认为这是"重新建立个人所有制"，认为这是"公有生产"，是"社会的生产"（《马克思恩格斯选集》第2卷，人民出版社1995年版，第269、298、343页）。

了寡头主导、寡头垄断的市场经济,这也就是社会主义属性的市场经济。

3. 中国社会主义市场经济体制为英美国家争取市场社会主义提供了信心支撑

麦克莱伦: 记得我第一次去中国的时候,人们对市场社会主义的问题非常感兴趣。在我作讲座时,总会有人站出来提问,而问题总是:你怎么看市场社会主义?现在人们不这么问我了。在中国,他们似乎不怎么关心市场社会主义了。要不要把中国社会叫作市场社会主义社会,这我不知道。市场社会主义社会与当代中国社会的区别,不是既有社会和中国当下发展模式之间的区别。当我想到市场社会主义的时候,我想到的是一些理论上的东西。实际上,市场社会主义并不是一个我们能够观察到的经验对象,我想不出目前有哪个社会可以说是市场社会主义社会;这就是韦伯所谓的"理想型",它不是在某个地方已经存在的东西。我对中国不是很了解。但是,在我看来,目前的中国不是那种其主要部门完全市场化的社会,这就是我以及其他许多人在中国看到了曙光的原因。有些人认为,中国已经变成了一个和我们一样的资本主义社会,他们认为资本主义是好事情,中国的资本主义社会被唤醒了,等等。我认为,这些观点从根本上来说是错误的。因为,在我看来,中国社会的引领者比较明智,他们接受国家的管理。我想说说中国的银行,虽然也存在某种类似影子银行的东西没有得到很好的治理,但是原则上,国有银行和所有的大型企业发生了联系,不管是钢铁还是类似的行业,这些都是由国家控制的,而不被市场所统治。很明显，中国有一个特定的消费品领域是完全受市场支配的。据我所见，中国的监管也并不糟糕。中国一直被视为一个非常独特的国家，尤其是在毛泽东时代，中国被作为一个共产主义国家、被作为一个非常不同的国家来对待，这个国家有着完全不同于西方的行为方式和意识形态。现在，中国与西方的联系更加紧密，并且拥有一定数量的资本主义或市场经济。但是，它在某种程度上仍然是一个和西方极其不同的国家，有着不同的做事方式、不同的政治体制、不同的政治意识形态。

笔者：市场社会主义不但不同于新自由主义，也不同于凯恩斯主义。市场社会主义主张加强公共权力的民主性质，主张把公共权力的民主化与对资本的调控结合起来。中国社会主义市场经济的实践给英美学者的市场社会主义的理论以新的支撑。中国公有制为主体的社会主义市场经济在某种形式上体现了麦克莱伦教授关于市场社会主义的理念，即体现了"为了公共利益而以强有力的方式控制和调节市场"的原则。中国社会主义市场经济成功的秘密在于，对垄断性的生产资料，对大的战略产业、土地、银行等实行社会联合所有制（在一定历史阶段上采取国家所有制或集体所有制的具体形式），从而克服了新自由主义的金融寡头所有制。中国模式一方面不同于美国模式，另外一方面不同于斯大林模式。中国模式不同于美国模式，是因为中国主导性的经济成分不是由私人寡头所支配的。中国模式不同于斯大林模式的社会主义，是因为中国模式虽然是公有制为主导的，但是也充分利用商品货币关系，国有企业也遵循市场经济的规则、遵循价值规律,公有制为主体、多种所有制经济共同发展,所以中国模式有能力利用资本积累逻辑中生产性积累的一面,同时又能克服资本积累逻辑中非生产性、寄生性、剥夺性积累的一面。这就是中国社会主义市场经济成功的秘密。社会主义市场经济模式是国际共运一系列曲折探索的结晶。列宁在新经济政策时期,提出了利用商品货币关系迂回过渡到社会主义的战略构想。中国在新民主主义革命时期就已经提出新民主主义社会的设想,后来经过社会主义建设和改革开放的探索,中国模式逐步成型。中国社会主义市场经济可以为市场社会主义提供一个现实的参照,可以为西方国家市场社会主义的探索提供一定的经验借鉴和理论支持。

4. 英国不是必然搞不好国有企业

麦克莱伦:很多人认为,国有企业必然搞不好。认为英国的国有企业搞不好,这是不真实的。国有企业的情况比较复杂,要分析对待。在第二次世界大战之后,英国工党政府将许多制造业、天然气、电力、自来水等行业收归国有。确实,它们的经营是失败的,所以有人认为它们是非常庞大的、非个人的组织,没有人真正知道谁对什么负责,它们的运作效率不是很高。工党想要组织好国有企业,但他们实际上没有组织好。他们本可以组织得更好。但我认为,西方有不少国有企业,当然也包括英国的国有企业,经营得很好。铁路就是一个例子。英国的铁路在20世纪90年代私有化了。私有化之后,英国铁路经营得非常失败,需要政府的补贴更多,达到此前国有铁路所得政府补贴的三倍。其中一家从伦敦到爱丁堡的干线完全倒闭了。后来重新国有化，纳入国家控制。一旦被国家控制，它又开始盈利了。① 要证明国有企业能够搞好，没有比这更好的事实了。另一个例子是很久以前的事了。这是我在美国加州的经历。在美国，电力工业开始是国有的，它后来被私有化了，结果经营得很糟；有一次，我稍微一碰，所有的灯都熄灭了。这是另一个真实的例子。另外，尽管英国政府想要倒退，想要说我们不喜欢国家控制，想要促进自由市场，但是在这个自由市场上发生了什么？这个国家有一半的大企业实际上是由外国的国有公司所拥有的，也即为法国、中国、德国或其他国家的国有公司所拥有。英国约有一半的公用事业（天然气、电力、铁路、水）是由外国的国有公司经营的。在我们这里将要建一个核电站，它将由中国人和法国人共同建造，而不是由英国人来建造。英国一半的铁路是由德国的国有铁路公司经营的。我所在地区的电力，是由一家法国国有电力公司经营的。这种情况和自由主义的想象很不一样，这是自由主义的一个悖论。

---

① 英国政府2009年将该国最负盛名的铁路线即从伦敦至爱丁堡的主铁路线收归国有，因为这条铁路线的特许经营权持有者陷入亏损。经济衰退继续迫使戈登·布朗的执政工党回归其社会主义根基。布朗已经主持了对一大部分英国银行体系的国有化收购。自20世纪90年代以来，英国的火车一直由私有企业运营。工党历来以占据英国经济的"制高点"为傲，在第二次世界大战后，克莱门特·艾德礼的政府将钢铁和煤炭业收归国有，并创建了国民健康服务体系。但直到最近，前首相托尼·布莱尔和布朗的"新工党"政府还更倾向于削减政府职能，因此，工党传统议员对这一最新进展有掩饰不住的喜悦。不过，也有工党议员会承认，工党最近的国有化行动是必要之举，而不是旧式社会主义意识形态的复兴。[参见中华铁道网："英国将伦敦至爱丁堡铁路线收归国有"（http://www.chnrailway.com/news/200972/20097215353282888722.shtml）]

笔者：国有企业的发展，是市场社会主义也是社会主义市场经济体系中的关键环节。二战结束后，英国工党上台执政，对钢铁、煤炭、交通等行业进行了国有化。艾德礼政府将英格兰银行收归国有，颁布了《煤炭法》《运输法》《电力法》等法律，对供电、运输、煤气等基础产业和公用事业部门进行了国有化。1964年，工党威尔逊政府推动了二战后英国的第二次国有化运动。1967年，英国14家钢铁公司被国有化，国有钢铁生产占英国钢铁生产比例高达90%。[①] 1974—1979年，威尔逊再次执政，推动了第三次国有化运动。计算机、石油等领域的相关公司被国有化，成立了英国航空公司、英国造船公司；到1978年，电力、煤气、采煤、铁路、邮政、电信等产业实现100%国有化，造船、航空、钢铁等产业实现75%国有化，汽车工业的50%、石油工业的25%实现国有化；1979年，英国的国有企业产值占国内生产总值的11%。[②] 在"滞胀"危机的冲击下，撒切尔夫人保守党政府推行了以私有化、市场化、削减福利、打压工会为主要内容的改革，新自由主义风靡起来，甚至后来的工党政府也寻求偏向新自由主义的"第三条道路"。在新自由主义的政策体系下，私人垄断获得了对经济生活的绝对支配权，金融资本的非生产性积累被释放，如果不是有新科技革命、第三世界市场以及社会主义国家的解体为

[①] 常辉：《20世纪西方大国资本主义国有经济研究》，人民出版社2016年版，第84页。
[②] 李琮：《当代资本主义阶段性发展与世界巨变》，社会科学文献出版社2013年版，第71—72页。

国际金融资本提供积累空间，新自由主义的系统性危机会比2008年金融危机更早爆发。在新自由主义的政策压力下，英国国有企业仍表现出生命力，这本身就是用事实对新自由主义的一个驳斥。在英国这样的新自由主义发源地国家，国有企业一直遭受多方面的怀疑、压力和阻碍，但其发展仍有不俗的表现。如果能有与国有企业发展相适应的制度和文化保障，如果能有与国有企业发展相适应的经济制度、政治制度以及意识形态制度保障，那么国有企业的发展和壮大就会有更广阔的前景。

5. 当代西方社会问题的解决仍然有赖于马克思的理论批判和实践方案

麦克莱伦：我认为，马克思主义的未来前景是相当美好的！对金融危机的最好分析往往是马克思主义者。只是用银行家的贪婪来解释金融危机，那不是好的解释。马克思主义能够分析：资本主义发生了什么、人们为什么以钱生钱、利润率的趋势如何、为什么人们从工业资本转向金融资本，马克思主义对这些问题的思考能推动人们更明智地处理这些问题。所以，马克思主义在西方还是相当重要的。马克思主义在中国的重要性更是不言而喻的。马克思主义是中国的意识形态，是一种为知识分子所坚持并把国家团结在一起的观念和理念。马克思主义在当今世界的影响还不够大。如果它对当今的世界真正有了很大的影响，今天的世界将会变得更好。马克思主义还没有成为世界上的主流意识形态。但是，现在人们把马克思和马克思的著作看得比30年前更严肃。比之30年前,马克思也更加肯定地影响了有智慧的人。马克思是一个有智慧的天才。我们可以拿柏拉图来类比。柏拉图显然也是一个智力天才,他提出了一些理想化的思想,这些思想由于其自身的吸引力而在过去若干世纪里一直得到重视。如果我们从马克思主义的影响力来看,例如对思想意识形态以及诸如此类的东西的影响来看,那么我认为,马克思主义在西方正在经历一个进步:日益增多的人正对马克思主义发生兴趣。随着资本主义变得越来越不合理和混乱,马克思的思想会变得越来越流行。有人认为,马克思的政治学著作只是政治分析,并不是真正的政治哲学。但是,这取决于人们如何界定政治哲学。过去,很多评论者说马克思没有政治哲学。我今天早上刚刚在英国最好的马克思主义杂志上读了一篇文章,叫作历史唯物主义。这篇文章的作者认为,马克思确实有政治哲学。当然,马克思没有柏拉图、霍布斯那样直接的、容易被描述的政治哲学,而马克思之所以没有这种意义上的政治哲学,是因为他认为所有的政治思想都是社会和经济环境的产物。所以,在马克思看来,不可能有霍布斯那样的静态的、永远存在的、试图解答任何社会问题的一种政治哲学。马克思认为,思想总是在进化和变化的,就像生产力和生产关系的关系在变化和进化一样。在《路易·波拿巴的雾月十八日》中,马克思根据法国的阶级划分,分析了波拿巴成功的原因。马克思分析得很精辟。在《法兰西内战》中,马克思称赞巴黎公社预示或表明一个共产主义社会的轮廓,特别是权力下放，公职人员是选举出来的，或者说是在有限的任期内被授权的。这些都是马克思对巴黎公社的评论。我不愿意说马克思没有政治哲学，因为这听起来好像马克思对政治并不真正感兴趣，好像马克思只对社会学、经济学或历史学感兴趣。这是不对的。首先，马克思在政治上非常活跃，无论是在1848年的革命中，还是在1864年以后的第一国际的活动中。其次，这里还涉及一个更一般的问题：如何定义政治哲学。这涉及一个更普遍的问题：马克思是否是哲学家？马克思主义现在有哲学吗？如果对哲学做某种孤立的定义，那么也可以说马克思没有一个独立的哲学。马克思的哲学就隐含在他对经济、社会和历史的阐述之中。

笔者： 和新自由主义、凯恩斯主义、民粹主义相比，面对金融资本积累所造成的深度社会危机，马克思主义关于金融资本的政治经济学批判、关于替代资本主义道路的社会主义制度探索，都具有了新的意义。当代西方社会问题的解决仍然有赖于马克思的理论批判和实践方案。在新自由主义和新民粹主义都无法解决西方社会危机的情况下，在凯恩斯主义等也难以复兴的情况下，马克思主义在当下的西方世界也具有更直接的理论和实践价值。在理论上，马克思主义能够对金融资本的积累逻辑及其内在矛盾从政治经济学上作出科学的说明，能够对新自由主义的哲学前提、逻辑结构、意识形态、制度安排、政策体系及其和金融资本积累之间的相互关系作出全面的阐释。在实践上，马克思主义为打破金融资本的统治探索出了社会主义市场经济的基本制度基础,而英美国家争取市场社会主义的运动可以看作通往社会主义市场经济的一个出发点和前期阶段。

四、小结

综上所述,我们可以得出三个基本的结论:新自由主义因放纵金融资本积累而导致了西方社会的深度危机、民粹主义的崛起并不能带领西方社会走出困局、英国马克思主义提出的市场社会主义理念在当下的西方重新具有了重要的理论和实践价值。新自由主义放纵了金融资本的投机性、剥夺性、寄生性积累,加深了社会对立,导致了经济全球化的危机,也使危机的解决手段越来越少,这样就破坏了新自由主义自身存在的前提和基础,导致新自由主义自身的危机。新自由主义的危机促成了新民粹主义的崛起。民粹主义的基础是民众对金融资本积累危机所导致的社会现状的愤怒,是民众的一种非理性的、基于直觉的反抗。民粹主义崛起的外因是右翼保守主义势力的蛊惑,内因是左翼民主主义政党的领导乏力。民粹主义不但解决不了危机反而会造成更大的危机。在新自由主义和新民粹主义都无力克服金融资本积累所导致的深度社会危机的西方社会大变局和大困局下,市场社会主义对英美国家就具有了更大的理论和实践价值。市场社会主义为新自由主义金融资本积累制度的道路替代提供了方向,中国社会主义市场经济体制为市场社会主义的现实可能性提供了支撑论证，而在新自由主义的政策压力下，英国国有企业仍有不俗的表现，这也佐证了市场社会主义的现实性。在当下经济全球化遭遇变局、新自由主义遭遇危机并向新民粹主义转化的背景下，在市场社会主义重新提上理论讨论议程的情况下，马克思主义对西方社会就有了更直接的理论和实践价值。

第五章　新冠疫情下英美右翼民粹主义的困局与左翼运动的挑战

——访英国马克思主义哲学家塞耶斯教授

新冠疫情爆发以来,英美右翼民粹主义政府应对疫情的消极方式更加剧了西方社会的矛盾。右翼民粹主义的统治,为左翼运动的复兴创造了条件,也提出了挑战。对西方世界的变局,英国著名马克思主义哲学家塞耶斯教授有着深刻的见解。就新冠疫情暴发以来的时局、西方大变局的根源、右翼新民粹主义的困局和前景、西方左翼运动的历史经验、契机和挑战等问题,笔者对塞耶斯教授进行了访谈。

一、新冠疫情的自然属性和社会属性

笔者:塞耶斯教授,您好!我们看到,突如其来的新冠疫情在全球蔓延,打断了正常的生产、生活的节奏,冲击着世界经济和政治的格局。作为一位著名的马克思主义哲学家,您如何看待这次新冠病毒大流行?有人认为,病毒是一种自然现象,本应促进社会的团结,您认为是否如此?

塞耶斯: 新冠病毒是一种通过自然因素传播的自然现象。这种流行病有其自然原因,这是一种自然现象,是一种医学事件。病毒不会在乎社会、经济或宗教的差异,它攻击所有的人,对所有的人同等对待,人们的社会阶层、国籍、种族或宗教差异,在病毒面前都不存在。富豪和穷人,欧洲人、亚洲人和非洲人,基督徒、佛教徒和穆斯林,都可能被病毒感染。仅就这方面而言,病毒似乎对社会、对人类来说是平等的和均衡的。在病毒大流行的初期,人们就是时常这样来谈论它。但事实证明并非如此,这种病毒对不同的人,所带来的影响并不均等。穷人比富豪更容易遭受新冠疫情所带来的痛苦。

笔者: 是的,疫情对富豪和穷人的影响是不同的。对于西方社会的贫困、分化和危机,马克思主义者是从资本主义生产关系来分析的。[①] 按照西方的主流经济学,资本主义的发展是会消除贫困的。对此,您如何评价呢?

塞耶斯: 资本有其进步的一面,尤其是从前资本主义社会的视角来看,那么资本主义的进步作用是明显的。在自然经济的基础上,市场和资本的介入,带来了经济的发展、财富的增长、工业规模的扩大等,这些结果都是好的、积极的。从积极

---

① "塞耶斯的独特之处在于,当许多人还在以形而上学的方式头痛医头、脚痛医脚式地思考当下的资本主义经济危机时,他却按照马克思主义所主张和坚持的内在关系的辩证法,将当下的危机置入资本主义繁荣与萧条的周期律的大背景之中进行反思,其根本关怀在于如何使人类走出资本主义繁荣与萧条的周期律,从而彻底摆脱资本主义危机。"[田世锭:《何以走出繁荣与萧条的周期律——肖恩·塞耶斯对当下资本主义经济危机的反思》,载《国际社会科学杂志》(中文版)2009 年第 6 期,第 102—104 页]

的方面来看资本，资本主义推动了分工的发展，使分工渗透进所有的领域，使社会生产过程分解为一个个更专业化的领域。资本主义的这种积极作用在克服自然经济的狭隘基础方面表现得更为明显。1974年，我第一次去中国。那时的中国是一个尚未完成工业化的农业国。在那里，很多人自己家里种植粮食，自己做衣服、做鞋子；这种状况在当时的中国是很普遍的。这就是那时中国人的生活方式。当时的人们是很封闭的，村子很偏僻，很多人几乎从来没有离开过自己的村子。记得我去过一个离广州大约10英里的村子。10英里，在当时已经算是一个很长的旅程了。在村子里，我询问了一位家庭妇女，她说自己从没有到过广州。现在，处在这种生活方式之下的人越来越少了。人们进入城市去工作，不再自己生产食物，不再自己做衣服，人们之间变得更加相互依赖。社会生产者中，一部分人专门去建造房子，另一部分人专门去种粮食，还有一部分专门驾驶公共汽车，提供交通便利。不同的人承担不同的任务。劳动分工、生产的专门化提高了社会生产的效率，为生活提供了各种便利条件，有了这些条件，才使像我这样的教授可以专心于研究、教学和写作。如果没有劳动分工的社会组织，如果我们每个人都需要自己盖房子、自己种粮食等，那么每个人就会极度繁忙，就不能专心于某一种工作。社会生产专业化的过程在过去一个世纪里获得了更大的发展，远远超过了以前的各个世纪。劳动的专门化依赖于一个庞大的社会组织，不同种类的劳动通过某种复杂的机制联系在一起。在现代资本主义社会中，各种劳动之间的分工与合作主要是通过市场来组织、连接和完成的。人们经常意识不到世界变化有多快，这是一个更专业化的过程的一部分。劳动分工伴随着人与人之间更广泛的社会联系，分工越专业化，就需要越大的社会组织。资本主义的分工延伸到世界各个角落，通过分工而产生的合作也是世界规模的合作。世界变得越来越小，关系越来越密切，这是好事而非坏事。

笔者： 作为马克思主义者，您一直强调运用辩证法分析资本主义的矛盾和危机。从辩证法出发，必须肯定资本积累的积极作用，同样，也要确认资本积累的消极作用。您如何看待资本积累的消极逻辑及其在西方社会中的表现？

塞耶斯： 根据辩证法，事物内部的矛盾是事物发展变化的基础。矛盾导致变化，变化来自矛盾。毛泽东关于矛盾和变化的思想，是对辩证法的很好的阐述。一切事物都包含着矛盾，都处在发展变化的过程之中。矛盾和过程，这就是辩证法思想的重点，也是分析资本运动的工具。资本有两面性，也就是说，资本有其积极的一面，也有其消极的一面。要全面理解资本，就必须把握到资本的这两个方面。资本推动了历史的发展，但另外一方面，资本主义也抑制人、控制人、支配人。在资本的支配之下，人被异化了。在西方国家，巨额投资集中于伦敦、巴黎这样的富裕城市。在美国，像纽约、旧金山、芝加哥这样的城市很富裕，而一些从前的工业区，现在变得日益贫困化。这些地区深受新自由主义之苦，以前投资于这些地区的资本现在都撤离了，投向了其他地区。例如，美国曾经的汽车制造中心底特律，现在已经变成一片荒地，所有的工厂都关闭了。现在，汽车都是在美国之外的其他国家制造的。英国的伦敦城也是一个极端两极化的城市。一方面，伦敦是一个非常成功的、富裕的城市；另一方面，伦敦北部的前工业区又非常贫穷，工厂关闭了，人们失业了，未来几乎没有希望。

笔者：正如您所言，病毒并不选择自己所攻击的对象，但是，您也同时提到，在新冠疫情中，穷人和富豪所遭受的命运是不同的。对此，您能否更详细地谈一谈？

塞耶斯：在欧洲和美国，比起白种人，黑人、亚裔人和少数族裔更容易感染病毒并因此丧生。关于新冠疫情的卫生统计数据显示了巨大的差异和不平等。公共卫生领域的专家对此已经司空见惯，因为这种不平等并不是新冠肺炎特有的，在许多其他疾病的发病率方面也存在类似的社会不平等，新冠病毒大流行只是让公众更容易发现在健康方面所存在的巨大不平等。简而言之，病毒的传播方式并不是一种纯粹的自然现象，它并不秉承平等主义的原则。恰恰相反，它是一种社会的、政治的和经济的现象，它更其加剧了业已存在的不平等。我们需要从社会、政治和经济等方面，来回应新冠病毒所带来的问题。护士、医生，还有医院和疗养院的搬运工和清洁工、公交车司机、出租车司机、店员、教师和其他职业人员，是受疫情影响最严重的人群，他们从事着服务行业的各项工作，这些工作对保障现代社会的生活至关重要。我们可以看到，这些从事各种低收入工作的群体，受疫情影响也最严重。

二、英美右翼民粹主义的困局

笔者：美国学者福山认为，疫情应对的举措和效能同各国制度没有关系。对此，您如何评价？

塞耶斯：不同国家应对病毒影响的方式也有很大差异。一些公共卫生服务高效、政府执行力高的国家在控制病毒传播和控制伤亡人数方面做得很好。他们已经度过了危机最严重的时期，生活正在恢复正常。至于其他国家在控制病毒方面远没有那么成功：它已广泛传播，死亡人数成倍增加，限制措施不得不维持更长时间。死亡人数最多、病毒控制措施最为低效的是美国、巴西和英国——被右翼民粹主义政府所把持的国家，比起疫情这些政党更关心他们的政治声望和商业利益；这些国家未能制定有效的检测和后续追踪措施，公共卫生和社会保健系统私有化并且软弱无力。

笔者：您提到，右翼民粹主义政府所把持的国家，抗疫效果不好。遗憾的是，自特朗普当选总统和英国脱欧运动以来，西方新自由主义向右翼民粹主义转化，似乎成为一种潮流。您认为右翼民粹主义的实质是什么？

塞耶斯：新自由主义是西方过去几十年中占主导地位的政治、经济政策。新自由主义秩序一方面造成了日益增长的不平等、民众的贫困化以及没有保障的就业，另一方面造成了巨额财富的集中。这就是新自由主义的统治所造成的结果，民粹主义运动正是对新自由主义做出的某些反应。在美国，特朗普被认为是民粹主义者，被认为是右翼民粹主义的代表。底层民众中的一部分是特朗普民粹主义政策的支持者，他们是社会当中的贫困阶层，是美国乡村或矿区中生活困难的贫困人群。人们可以看到，美国的煤矿总是不停地被关闭，旧工业区的工厂也总是在被关闭。人们对现状绝望，这就是特朗普为什么会获得很多社会底层民众支持的原因。民粹主义的兴起和新自由主义是密切相关的，新自由主义政策导致了社会分化和贫困化，民粹主义是对这种状况的一种反应。在英国，民粹主义的表现形式和美国有所不同。英国民粹主义运动的主要表现形式就是脱欧运动。英国民众正在集结、调动它的愤怒，并在脱欧问题上表现出来，这就是民粹主义在英国的表现。

笔者：右翼新民粹主义是右翼保守主义势力操弄民意的表现。新民粹主义以转嫁危机的方式解决危机，寻求替罪羊以掩盖金融资本的剥夺性积累所造成的危机。美国特朗普总统和英国首相约翰逊所集中代表的新民粹主义在性质上是极右翼的政策，是反全球化、逆全球化的政策。新民粹主义是右翼政治势力对民众的蛊惑和利用。民粹主义在蛊惑民众时，声称自身不左不右，只是反对统治阶级，这是否是真的？

塞耶斯：民粹主义声称自身不左不右，只是反对统治阶级，但这是不真实的，实际情况并非如此。现在英国、欧洲和美国的大多数民粹主义是非常右的，是右翼性质的。有些人认为，民粹主义和新左派具有同样的性质，这是错误的。当然，从外在形式上看，民粹主义和新左派有一定的相似性，也即它们都表现为既激进又批判，这是它们的共同点。但实际上，民粹主义和新左派性质不一样。新左派是左派的一部分，它试图复兴马克思主义，而民粹主义是右翼的。人们甚至可能会说科尔宾和今天的工党政治是左派民粹主义，但实际上科尔宾并非左派。人们为什么会转而支持右翼民粹主义，这是一个很值得研究的问题。历史上曾经提出过类似的问题，例如，在20世纪30年代的欧洲，人们为什么会转向法西斯主义？法兰克福学派的霍克海默和弗洛姆、法国的萨特等人都讨论过这个问题。弗洛姆写了一本书，书名叫《逃避自由》（*Escape from Freedom*）。他认为，右翼政治、法西斯主义政治、反民主的权威政治之所以兴起，是因为人们不想要自由，他们不想拥有选择的自由；人们不希望被提供选项，而是希望直接被告知去做什么，于是专制主义吸引了人们。有一种想法认为，人需要自由，人需要选择的自由；但实际情况远非如此。人们想要自由、想要选择的想法实际上远不如人们想象的那么真实，人们有选择自由的困难因而倾向于专制主义，这是对法西斯主义、民粹主义兴起的一种解释。弗洛姆的《逃避自由》，书名很好，提供了一个学术术语来解释法西斯主义兴起的原因。我向读者强烈推荐这本书，这本书有助于我们理解民众为什么会去支持右翼民粹主义。

笔者：是的，教授，民粹主义是右翼保守主义对民众运动的蛊惑和利用。我们观察英美右翼民粹主义，可以发现民粹主义对民众的蛊惑是按照如下路径进行的：第一，新民粹主义在资本已经占支配地位的情况之下来讨论问题，认为资本的统治地位是自然的、不容质疑的前提；认为资本扩张是就业的源泉，资本做大是工人获得就业的条件。第二，新民粹主义把金融资本积累中剥夺性、寄生性的逻辑，从而把金融资本和社会利益直接对立的一面给遮蔽起来了，把资本和工人阶级的统一性绝对化，而资本和工人阶级之间的矛盾则被削弱、被遮蔽、被掩盖。第三，为了强调资本和工人之间的绝对统一性，右翼保守主义在国民身份的统一性上做文章，而为了强调国民身份的统一性，又把其他族群、其他民族、其他国家作为对立面加以强调。右翼民粹主义的典型特点就是寻求其他国家作为替罪羊、作为强化国内国民统一性、强化国民身份认同的手段。第四，为了达到上述目的，右翼民粹主义就夸大一些次要矛盾，以达到转移主要矛盾的目的；例如，英国夸大对欧盟所负担的义务而对英国受惠于欧盟的好处等则闭口不谈，美国把移民作为导致美国工薪阶层贫困的原因，等等。

塞耶斯： 确实如此。右翼民粹主义对民众的蛊惑，实际上暗藏着对工人十分不利的反动的政策。美国总统特朗普和英国首相约翰逊所代表的右翼民粹主义，推行反全球化的运动，无助于解决工人的利益问题。英国右翼民粹主义所掀起的脱欧运动对英国经济不会有什么帮助。自英国加入欧盟以来，英国工人实际上是从欧洲受益的。这是因为欧洲大陆有更进步的劳工立法，加入欧盟使英国工人也受到了这些法律的保护。欧洲的劳工立法往往比英国立法更利于工人，欧洲劳动立法在健康安全、规章制度、限制童工、保护妇女和生育权等方面更健全，保护欧洲劳动者的各项法律规定，对保护英国工人的权益也很有益处。欧洲大陆是劳工立法的引领者，这也是我认为英国为什么要继续留在欧盟的一个重要原因。脱欧运动，离开欧盟，对英国来说是危险的。右翼民粹主义的意图是放松管制、摆脱劳动立法的束缚来增强资本的力量。试图使人们每天工作更长的时间，例如每天工作15、16、17个小时，这是不能容许的，这对英国工人是有害的。

笔者：右翼民粹主义既是对新自由主义的否定，又是对新自由主义的延续。右翼民粹主义否定了新自由主义的某些要素，例如否定了抽象人性论，否定了人权高于主权这样的主张；但是，另一方面，右翼民粹主义又继承了新自由主义的核心政策，例如放松金融管制、对大资本减税、削减社会福利等，这些政策都是放纵金融资本寄生性积累从而导致西方衰颓的政策。因而，向民粹主义的转向，无法阻止英美等新自由主义国家的衰颓。您是否认为如此？

塞耶斯：是的，右翼民粹主义不能真正解决问题。英美右翼民粹主义之所以崛起，是因为全球化已经变得对英美国家不那么有利。全球化通常对实力强大的一方更有利，而如果它的产业被超越、地位被取代，则这样的国家就会转而变成抵制全球化的力量。这种情况，在19世纪就曾发生过，这种情况又将再次发生。美国对全球化的担忧尤其是来自对中国的担忧；中国经济的影响力在增强。但是，反全球化不会带来积极的经济政策。经济生活的整个趋势是走向越来越密切的联系，而不是越来越大的分裂,这是事物本身的客观趋势。中国现在是推动全球化的重要力量。中国经济带来的利益是巨大的,所以西方国家受益于精良、廉价的工业产品。中国现在的工业生产非常依赖世界市场,但问题的另一方面是,西方国家,美国和英国非常依赖中国。特朗普希望把煤矿和炼钢、汽车制造带回美国,但这是不可能的。约翰逊想切断与欧洲的联系,但英国与欧洲尽管存在冲突和问题,但是它们的联系还是如此的紧密。全球市场、全球经济体系是客观趋势,像约翰逊和特朗普这样的人来阻止它,只会制造问题、困难和冲突。

三、左翼运动复兴的契机和挑战

笔者:右翼民粹主义蛊惑民众,把矛头对外,而对内则掩盖金融资本的统治。但是,劳动者的利益和金融资本的利益是不同的。从本质上说,劳动者不应该是右翼民粹主义的支持者,而应该是金融资本统治和右翼民粹主义的反对者。劳动者的要求和金融资本的要求是相互冲突的。劳动者应成为金融资本和右翼民粹主义的批判者和改造者,您认为是否如此?

塞耶斯:每一社会形态都包含着内在的冲突,尤其是资本主义社会,更是如此。在每个社会中,都会产生批判该社会、试图变革该社会的力量,都会产生与这些革命力量相适应的意识形态。意识形态并非只对统治阶级有利,并不是只支持统治阶级的。反对统治阶级的力量也会产生自己的意识形态。人们对事物的发展持有批评的态度，这对推动社会发展是有利的。社会批判以及批判性的意识形态，这对促进社会发展来说是很重要的，否则社会就会停滞，就不会自我更新了。在资本主义发展过程中，资本创造了反对资本主义自身的力量，劳动者就是反抗资本的力量。资本的剥削延长了劳动时间；在一些新兴市场国家，劳动时间太长了，几乎没有给人们留下空闲时间。本来用作休息的星期日，也并不能真正地休息，人们也不能真正地空闲下来。星期日的生活只是在为下个星期的工作做准备而已。这种情况让人联想起贯穿着整个19世纪的西方世界的劳资斗争。马克思在《资本论》中描述了工人阶级为缩短工作日而从事的重要斗争。如果工人没有一点儿休息时间，就不能有一个文明的生活。人们需要工作，也需要休息，需要时间，以便以多样的方式发展自己。150年来人们获得了一个很大的教训：工人们需要立法，需要通过制定劳动法来保护自己的权利。现在，欧洲有非常严格的法律和监管，每周40小时，也即一天工作8小时，一周工作5天，这是人们所能允许的最长工作时间。缩短工作日，这是自工业革命以来工人阶级一直在进行的斗争。在西方资本主义国家，劳动者陆续进行了很多斗争，才使工作日减少到现在的每周40小时。但是，这个劳动时间仍然太长。争取更短的工作时间是必要的。法国工会在20世纪七八十年代就开始了争取更短工作日的斗争，提出了每周工作35小时的要求，他们一直在争取这样的立法。现在这个努力遇到来自很多方面的压力，但法国工人一直在斗争；这是一场持续不断的战斗。

笔者： 20世纪五六十年代，在民族解放运动以及社会主义革命的影响下，英美左翼运动曾掀起过一个小的高潮。您能否向我们谈谈当时左翼运动的具体情况？

塞耶斯： 20世纪五六十年代，英国新左派和美国新左派两者都有较大的发展。但两国的新左派运动并不完全相同，因为它们产生的环境、原因有很大的差别。在英国新左派运动发展起来的时候，正是我萌发政治意识的时候，那时我们很活跃，经历过"反殖民运动""反核运动""反越战运动"等。英国新左派是从对共产主义运动的批评中生发出来的。英国共产党曾一直紧紧跟随着斯大林。斯大林去世后，共产主义运动中分化出一支批评斯大林的力量。英国新左派是由那些仍致力于马克思主义的、忧心忡忡的前共产主义人士组成的，他们批评英国共产党和莫斯科领导的世界共产主义运动。苏联和中国当时也正在发生分裂，这是当时英国新左派运动的背景。美国的新左派运动，情况和英国大不相同。美国当时没有共产主义运动；美国的共产主义运动已经被麦卡锡摧毁了。美国左派是在一个更右翼的政治环境中发展的。美国左派和新左派的主要政治议题是民权运动，首先是黑人，尤其是美国南方各州的黑人权利运动。后来又增加了反越战运动。美国的反越战运动也影响到了英国的学生运动，英国的学生运动开始讨论起反越战的问题。强烈影响英国新左翼运动的另一个问题是消除核武器问题。20世纪五六十年代的英国核武器计划是一个很大的计划，反对这个计划，催生了英国的新左派运动。反核问题对美国左翼运动所起的作用很小，而在英国激起的影响却比较大。英国人民有强烈的感觉：英国只是美国的小伙伴，核武器是没有好处的。如果苏联和美国之间发生战争，英国显然是被夹在中间的，我们只会受到攻击。推动英国新左派运动的另一个因素，是南非反对种族隔离的运动。英国的反南非种族隔离运动，更像是美国的民权运动，因为南非是英帝国的一部分，英国和南非之间有很多联系。这些都是重要的运动。总之，我试图要解释的是英国新左派运动和美国不同。英国新左派是在20世纪五六十年代，自共产主义政党中派生出来的，那是真正的左翼，它试图复兴左翼，试图增强马克思主义的意义，试图增强马克思主义在政治中的重要性。

笔者：20世纪70年代，西方资本主义世界进入新的发展阶段，新社会运动取代了五六十年代的新左派运动。随着民族解放运动的基本完成，随着西方左翼与苏联模式的切割，左翼运动转向文化批判，转向意识形态革命，转向生活方式的批判。传统的左翼运动好像消失了。那么，这种转变的原因是什么呢？

塞耶斯：20世纪70年代以后，新社会运动取代了五六十年代的新左派运动，原因在于，如一些人所指出的，西方传统的工人阶级消失了。当然，西方世界仍然有大量的工人阶级，但是他们好像失去了声音。基本的原因，是生产方式的变化冲击了工人阶级的组织基础。在以前，工人在工厂工作，经常有成千上万的人在一个地方工作。在一个工厂内，他们有相同的经验，比较容易组织成工会，因为每个人都在同一个地方，每个人都有类似的经历。但是，现在工人阶级的组织发生了变化。随着生产自动化的发展，工人不那么集中了。现在的白领在办公室工作，特别是通过利用网络，人们可以在家里工作，工作时间更灵活、更零碎，人们更分散，不再有太多的共同经验。生产和生活条件的变化，使得人们要组织起来就更加困难了。工人组织涣散的另一个重要原因，是工作机会从发达国家转移到其他国家去了，例如，转到印度等国家去了。曾经在英国带来工人阶级运动的那些条件，现在出现在印度，因而使印度出现了类似英国早先的那种同一类型的工人运动。西方左翼运动之所以衰落，还有一个原因，是西方的工人缺乏有力的左翼政党来组织、领导。

笔者：新民粹主义不但不能解决危机，还会加剧危机。新民粹主义的加剧，为民众克服右翼政治势力的蛊惑、为左翼运动的复兴创造了条件，但是，也提出了一系列的困难和挑战。能否请您谈谈西方左翼运动的前景！

塞耶斯：现在，工人们需要一种国际性的组织方式来对抗右翼民粹主义。这是一个非常困难的过程。目前西方左翼政党弱小，难以把工人从政治上组织起来。在生活中、生产中，工人阶级有相同的地位，有相同的利益。但是，在政治上，如何能把他们团结起来、组织起来、动员起来，这是另一个问题。和左翼的弱小相比，20世纪70年代以来，新自由主义右翼政治势力在欧洲和美国一直是非常强大的。二战期间，为了战争动员，西方国家的政府不得不动员工人阶级，必须争取工人阶级的支持。为了获得工人阶级的支持，政府许诺：如果你们为祖国而战，国家将奖励你们，将给你们福利，将给你们教育，这几乎是资产阶级与工薪阶层之间达成的特定协议，这个协议一直影响着20世纪中叶的劳资关系。但是，从70年代起，在新自由主义的旗帜下，资产阶级对工人阶级发起了巨大的反击，重新确定了资本的权力，打败了工人阶级，工会组织转而反对工人阶级的运动，这意味着新自由主义下资本地位的重新确立。2008年，金融危机以来，左翼运动、社会主义、马克思主义正在逐步复兴。在今天，工人们必须重新审视和重新认识自己。

笔者：社会主义具有解决金融资本内在矛盾的能力，是克服和摆脱新民粹主义的现实道路。但是，社会主义的实现道路是曲折的。在历史上，社会主义运动首先是在与波拿巴主义、俾斯麦主义、法西斯主义等的斗争中，在与这些势力争夺群众的博弈中为自己开辟道路的。

塞耶斯：是的，社会主义运动的一个重要敌人是法西斯主义。为什么人们选择民粹主义而不是社会主义？这个问题也是我长期困扰的。社会主义对资本主义的问题有更好的答案、有更好的政策，社会主义会给人们带去更好的未来，但是，现实中，如人们所见，社会主义不像右翼民粹主义那么受欢迎。这不是我们第一次经历这种情况。在历史上，例如，在20世纪30年代的时候，也是如此。那时，经济衰退和大危机导致大众的不满，一部分人转向共产主义的同时，另一部分人也转向了当时的右翼民粹主义运动，转向了法西斯主义。法西斯主义统治了30年代的欧洲政治，那是一场灾难。德国法西斯主义燃起了仇恨，导致了世界大战，也导致了德国自身在大战中的毁灭。意大利法西斯主义也是如此。在西班牙，法西斯主义也导致了西班牙的衰落、孤立，导致了西班牙长期的不发达。在这些国家，社会主义本来都是应该被采纳的答案；社会主义比法西斯主义和右翼民粹主义对人民更有利。在20世纪30年代的西欧地区，尚且有非常强大的国际共产主义运动，当时，基于苏联这一中心，在西欧所有国家都有非常大的共产党，即便如此，社会主义依然没有获得胜利；相反，法西斯主义出现了，共产党的势力被法西斯主义打败了。今天的欧洲左翼不具备20世纪30年代那样的基础。今天，整个欧洲、整个西方世界的左翼势力很弱，没有强大的左翼政党；和20世纪30年代相比，今天的右翼民粹主义势力受到了较少的挑战，因而，其盛行也就不足为奇了。

笔者：新冠疫情对世界各国的经济、社会、政治带来了巨大冲击，不同的制度也在疫情中经受了考验，有的应对相对较为成功，有的应对适当，正如您所说，新自由主义原则越盛的地方，疫情治理效果往往越差。疫情现在还正在发展之中，那么，您认为疫情的发展会推动世界向哪个方向发展？

塞耶斯：病毒的传播清楚地表明，人们是相互紧密联系在一起的。每个人的生活都会受到影响。虽然富豪和特权阶层受到的影响较轻，但他们不能完全摆脱病毒的影响，他们也不能把自己与普罗大众分离开来。在现代社会的条件下，富豪和穷人、白人和黑人都是紧密联系在一起的。最终，只有解决并消除社会和经济的不平等，病毒才有可能得到最有效的控制。在国际关系中，也是如此。各国都是互相关联的，病毒的传播不止一次地警示我们：没有一个国家能幸免于难。新冠病毒大流行作为一种国际现象，需要国际社会共同作出回应。只有通过联合的行动，只有通过国际合作才能控制病毒的大流行。狭隘的、分裂的民族主义政策以及拒绝在国际卫生领域进行合作的做法，只会使病毒保持活力并延长人类所遭受的苦难。在这次疫情中，往常的经济活动被扰乱，一场严重的经济危机很可能随之而来。然而，塞翁失马，焉知非福。城市的关闭让人们意识到，少交通、少污染、少噪音的生活是多么美好。街道安静了，空气清新了，鸟儿重新歌唱了。危机提供了一个独特的机会，让我们重新考虑并彻底改变我们的生活方式。我们能抓住这个机会吗？最大的危险在于，生活最终又恢复到了以前的样子。要实现彻底的变革，不仅需要人们意识到这些变革是可取的，还必须施加政治压力以使这些变革成为现实！①

---

① 塞耶斯教授认为，马克思主义的复兴是一个事实，"以英国的大学为例，1989年的苏联解体与东欧剧变，可以说左派遭遇了世界性的大溃败……情况到了21世纪之初开始有了变化，人们又开始对马克思主义产生兴趣，环境问题开始成为其中的一个热点；而到了2008年，马克思主义的复兴仍在继续……'这次危机'最初虽然是以金融危机的形式出现，但不仅仅是一场经济危机，它还是包括政治危机、文化危机、道德危机和社会危机在内的全面危机。那么，马克思主义所能提供给我们的主要是关于资本主义社会的本质——它的历史、社会与经济性质——的一种理论。迄今为止，马克思主义提供了对资本主义自产生以来最为详细、最为深刻且最有洞察力的论述。它特别有助于理解现代资本主义的全球性质以及我们现在正在经历着的危机。对马克思主义来说，阶级斗争的分析是其中的一个问题域。马克思主义坚持认为，资本主义将产生出不断的革命斗争与有组织的工人阶级。……关于如何避免资本主义危机，我的建议是用一个词来概括：社会主义"。（方珏：《异化、阶级与"这次危机"——对话肖恩·塞耶斯》，载《哲学分析》，2016年第5期，第159—167页）

第二篇　马克思主义和社会主义

第六章　金融资本全球化的限度与21世纪马克思主义的复兴

——第二届世界马克思主义大会专题评述

为纪念马克思诞辰200周年、《共产党宣言》发表170周年，第二届世界马克思主义大会于2018年5月5日在北京大学召开。来自全球30多个国家的120多名国外学者和国内学者共1100人参加了大会。大会的总主题是"马克思主义与人类命运共同体"，围绕这一总主题，大会分成了十个分论坛和四个高端论坛进行。大会期间，中外学者们就金融资本全球化的限度与21世纪马克思主义的复兴展开了热烈的讨论。阿明、哈维、布兹加林、阿尔卡利布、迈弗路德斯、奥尔汉加济、安德森、达莱玛等国外著名学者，李慎明、顾海良、邓纯东、田心铭等国内著名学者就金融资本全球化的限度、新自由主义意识形态和政策体系的危机、21世纪马克思主义的复兴前景及中国化马克思主义在其中的主导地位等重大问题，进行了深入的阐发和探讨，形成了基本的共识，产生了广泛的共鸣。

一、金融资本引领全球化的限度

与会学者认为,国际金融资本的垄断性、投机性、寄生性、剥夺性积累是造成贸易保护主义、民粹主义、国际恐怖主义等逆全球化力量急剧上升的原因;金融资本造成的经济危机正向社会危机、政治危机、国际关系危机转化;全球化陷入了系统性危机,全球化正面临转向。

第一,金融资本与社会再生产的矛盾。金融资本支配了社会生产和再生产,但是金融资本的积累方式却损害了社会生产和再生产的正常条件。马西莫·达莱玛认为,在新自由主义全球化以及放松监管的时代,社会模型变成了以积聚财富的再分配为中心。这个模型由金融投机所主导,金融已经不再是服务于生产力发展的工具,而是导致了扭曲的发展。金融投机强迫企业接受短期利润的逻辑,使得中期和长期的发展规划变得非常困难。货币供应的增加并不产生投资的增加,尤其是不产生那些战略性投资的增加。投机性金融最终损害了生产力的发展,损害了实体经济,加剧了冲突的产生,使经济增长和收入再分配之间的循环被打破了。为了支持需求,金融资本采取了低利率的信贷政策,尤其是美国家庭的负债消费高涨,这样的机制导致了金融泡沫,这个泡沫最终破裂了,不仅仅波及了银行,也波及了实体经济。迈弗路德斯认为,当代资本主义完全取决于金融体系。金融资本的统治是通过影子银行来实现的,在金融化的情况下,机构投资者居于主导地位,金融剥削成为剥削的主要方式。公司运行以股东利益最大化为导向,这就要公司去追逐金融方面的短期利益。这种经济行为方式是与公司的长期战略利益、与整个经济体的发展相违背的。欧兹·奥尔汉加济认为,美国经济中无形资产包括像著作权、商标、专利等比率增加,无形资产掌握了定价权,形成了垄断,成为市场准入的障碍。投资于无形资产的公司能够享有很高的利润率,但是其投资却趋于滞胀。阿明认为,金融化本来是为了回应资本主义社会中的资本积累危机而产生的。在日益增长的差距和鸿沟之下,过剩资本要有新的部门来吸收,这就导致了金融化。但是这种解决危机的方式,反而造成了更新的危机。

第二,金融资本造成的经济危机。金融资本的积累方式必然导致信用危机、经济危机、债务危机。迈弗路德斯认为,新的金融资本主义结构几乎是独裁式的,它导致很多危机,并反过来影响整个实体经济。在金融化的条件下,家庭债务被纳入金融部门,中产阶级以及薪资阶级陷入信贷、保险等金融制度的剥削网之中。丁晓钦教授认为,当代金融资本是阻碍人类进步的。金融资本造成的危机表现为经济停滞与金融泡沫并存。2008年金融危机至今已十年,但是经济复苏缓慢。为了应对损失,美国推出庞大的经济刺激计划,增强流动性,但是这些政策只能暂时避免衰退,对经济复苏的效果有限,国家为破产的私人垄断的信用背书,使财政赤字占GDP的比例迅速增长,埋下新一轮危机的隐患,引发了欧债危机,政府信用下降。近两年的欧美经济虽然有所复苏,在财政政策和货币政策上仍然处于左右为难的状况,财政危机的阴霾始终挥之不去。宋朝龙研究员认为，金融资本的内在悖论逻辑是造成经济危机的根源。金融资本的逻辑表现在两个方面，一是金融资本具有生产性；二是金融资本还有非生产性的逻辑。金融资本的生产性积累逻辑是指，金融资本作为产业资本、商业资本、银行资本的垄断融合产生之后的这样一种大货币垄断资本，它的生产性在于，它控制了生产、流通、信用，因而这些领域里面每一次革命、每一次变革都能给金融资本带来大量的利润；因而金融资本对推进价值革命、生产革命、流通革命、信用革命是直接关注的，所以金融资本有生产性。新兴的技术一旦产生，金融资本是非常感兴趣的，因为这可以带来大量的创业利润、各种各样的垄断利润，这是金融资本的生产性的逻辑。金融资本还有非生产性的逻辑，比如通过寻租、掌握不动产、掌握国债、投机证券、有计划地制造危机和利用危机，这都是金融资本的破坏性的、非生产性的积累方式。金融资本的这两套逻辑之间还有一个更大的悖论，还有一个悖论逻辑，也即当金融资本的生产性危机出现时，它试图通过利用和加剧非生产性积累的方式来解决危机，也即它试图通过加剧剥夺性积累、投机性积累、制造资产泡沫、房地产的投机、国债操纵等这些方式来解决危机，结果不但解决不了危机，反而造成了更严重的危机。这就是金融资本的内在悖论逻辑及其与危机之间的关系。

第三，金融资本造成经济危机向社会和政治危机转化。金融资本加剧了所有各方的冲突，不平等越来越严重，超过了人们所能承受的限度，迫使债务人流离失所，脆弱、不稳定的社会和国家正在瓦解，经济危机正转化为社会和政治危机。金融资本的积累方式造成严重的两极分化,社会福利削减、公务员薪酬降低、教育经费缩减、大学学费上涨,政府保护民生的能力下滑,民众对形式民主的兴趣不断下降,对国家的前途和未来失去信心。菲律宾国立大学国家关系学教授如姆鲁·图阿松认为,1980—2016年期间,最富有的1%的人在全球收入中所占的比例从1980年的16%上升到了2016的年20%,而最贫穷的50%的人口收入份额却只有9%。马西莫·达莱玛指出,在美国,1960年金融部门占到美国公司利润的14%,2008年已经达到了39%;全球人口的不到1%拥有世界财富的44%,而世界人口的70%只拥有财富的3%。如姆鲁·图阿松认为,国际金融资本的积累使许多国家陷入危机,很多发展中国家陷入债务陷阱。美国霍华德大学大卫·施瓦茨曼教授还特别谈到了资本主义造成的生态危机,他认为人类的未来一定会有灾难性的气候变化。要避免这种灾难,就要达到将温度的提升控制在1.5摄氏度的目标,要极大减少温室气体排放,要用新能源代替化石燃料,要更好地发展可再生能源,要更好地进行碳的捕捉和封存,等等。但是一些大公司试图阻止太阳能的趋势和发展,他们希望能够进行化石燃料的开发,这样的情况使新的生态文明建设变得非常艰难。

第四,金融资本的经济、社会、政治危机造成了美国的霸权危机。新自由主义全球化经过30多年的扩张之后,进入长波下降和霸权转移期,产生了特别尖锐的矛盾。迈克尔·唐迈认为,美国霸权正在衰落,世界权力中心逐步向亚欧转移。德米特里·施拉潘托克认为,美国因为经济不景气,债务负担越来越重，因而希望用自己军事上强硬的手腕来弥补它在经济上衰弱的趋势。马西莫·达莱玛认为，美国为应对全球竞争，采取了保护主义和民族主义的手段；今天的世界没有和解，世界不但没有变成均一的，我们反而看到民族、宗教的身份差异在加大，导致了很多悲惨的冲突。李慎明研究员认为，2008年的国际金融危机在推迟多年、推迟多次之后不得不爆发，绝不是三五年可以轻易走出去的，实际上已经过去十几年，但再有十年也走不出去。陈曙光教授认为，从2008年特别是从2016年以来，西方世界特别是特朗普主义，反全球化、逆全球化的倾向在加强，单边主义与多边主义的较量在加剧。许建康研究员认为，在过去五六百年的世界历史中，霸权国家在全盛的时候，主张贸易、投资的自由化，霸权衰落时出现多极化趋势，贸易保护主义就不断上升。从荷兰到英国一直到美国，都是经过了相当程度的社会动荡甚至世界大战，霸权更替才有可能。特朗普政权是衰败中的美国垄断资本主义的表现。它的中东政策，代表军工联合体、化石能源垄断集团。现在美国在全球挑起矛盾的政策，就是美国霸权下降期的表现。

第五，金融资本全球化陷入系统性危机，全球化正在转向。国际金融资本的局部危机必然叠加为总危机。自20世纪70年代以来，资本主义一次一次的危机都在新自由主义秩序的全球扩张中得到暂时的转移，如果有危机也是在边缘国家如拉美、东南亚、俄罗斯等地方爆发。2008年，危机转移到国际金融资本的核心地带——美国，这是资本主义全球化的一个转折点，是新自由主义从全球扩张势头转向系统性危机的阶段，全球化正面临转向，人类需要寻求新的发展模式和道路。阿明认为，当代的金融垄断资本，在全球范围内仅为少数人所控制。通过任何所谓理性的政策都不能缩小这样一个鸿沟，也没有办法去解决这个资本主义内在的危机。阿明认为，资本主义现在所处的危机，不是资本主义内的局部性危机，而是资本主义自身的危机。当下的资本主义制度，已经意味着资本主义体系进入了一个非常的长期衰退之中。从20世纪70年代起，资本主义就已经进入到第二波的衰退中。这次资本主义自身的危机，其解答只能是人类如何跨越资本主义，如何去走出资本主义的系统性危机。当前并不是和平竞争、民主和经济繁荣的时代，而是暴力冲突越来越多地表现出来的时代，这种形势可能导致革命。对于很多的国家而言，包括中国和其他第三世界的国家，或许能在危机中找到赶超的路径。李慎明研究员认为，资本主义经历了三个阶段：一个是商业资本主义时代，一个是工业资本主义时代，到了第三个时代，是工业资本和金融资本日益融合起来，不经过生产环节，不创造社会财富，用钱直接赚钱，这就是金融帝国主义时代。金融帝国主义就是列宁所说的寄生性、腐朽性的资本主义。未来二三十年乃至上半个世纪，我们这个世界将是一个大动荡大改组甚至是一个革命大发展的时代。

二、新自由主义意识形态和政策体系的危机

新自由主义是金融资本的政策体系和意识形态；自20世

纪七八十年代以来，新自由主义逐步成为占主导地位的社会思潮和制度理念。新自由主义政策放任了金融资本的非生产性积累，导致金融贵族的寄生集团势力剧增、产业资本成本增加、制造业转移海外、产业空心化和工人失业，这是导致国际金融资本体系性危机、欧美新民粹主义兴起和全球化逆转的原因。新自由主义放纵了金融资本的寄生性积累，使金融资本自由地支配个人、社会、国家和国际社会，金融资本造成的系统危机也自然暴露了新自由主义的局限性；新自由主义的意识形态和政策体系正陷入深刻的危机之中。

第一，新自由主义的形式自由原则的虚假性。新自由主义是形式主义的制度理念，它把现实的人理解为抽象的人，使人脱离生产关系，而进入一个由孤立个体组成的契约社会。它把自由意志之间的契约关系设定为唯一合法的社会关系。而契约关系背后的生产关系，是这种形式主义制度形式理解不了、掌握不了也对付不了的。亚历山大·布兹加林发言指出，按照自由主义观点，全世界没有穷人，只有懒人。如果你是穷人，是因为你本身不够努力，你不想工作，你不想创业。我认为，这个观点是不对的。在俄罗斯，有数量庞大的普通老师，他们在贫困的乡村工作，他们可能一个月只有几美元的工资，但他们的工作却非常努力。另外，还有很多富翁，他们犯了很多罪，也有很多罪恶。造成这种社会差别的原因是什么？在苏联解体后，俄罗斯有很多资本罪恶的例子。这些现实都不能从自由主义的假设中得到解释。阿明则认为，资本系统化地对人实行去政治化，以此来控制文化，它让人们以为自己是一个自由的个人,但实际上只是一个消费者,而非一个公民或者是生产者;这是一种"柔性的法西斯主义"。之所以说它是柔性的,是它并不需要人们主动支持,而只能被动接受。马西莫·达莱玛讨论了形式民主的公平问题。根据马克思的观点,现代国家的特征是在抽象的和政治的法律平等,以及生产条件中的真实不平等之间的矛盾。在美国,政治体系越来越类似于一美元一票,而不是一人一票。政治系统并没有纠正市场的失灵,而是在加强市场的失灵。金融集团操纵着国民的观点,也扭曲了民主力量的实践。不公平的问题在今天已经不仅仅局限于财富,而且包括了知识以及权利的不公平分配。

第二,新自由主义打造的中产阶级支配社会的神话遭到破产。新自由主义以抽象的公民文化遮蔽住资本的逻辑,使资本的逻辑融合于、消失于抽象的公民文化的逻辑之中。新自由主义认为,形式自由就是真正的自由,而实际上,资本主义的一切弊端都是在形式自由的基础上、在不违背形式自由的前提下产生的。在抽掉了资本逻辑的基础上,新自由主义制造了一个中产阶级支配社会的神话。金融资本积累造成的中产阶级衰落,打破了新自由主义的这个神话。中国社会科学院宋丽丹助理研究员批判了新自由主义的中产阶级神话。她认为,500多年的资本主义全球化使西方积累了大量的物质财富、二战以后西方资本主义占据全球生产链的上游消费革命应运而生、汽车等耐用消费品进入工人家庭、工作方式不像以前那样在工厂里蓬头垢面、工人可以购买一定数量的股份,于是出现了所谓橄榄形社会的幻觉,形成了所谓中产阶级支配社会的神话;社会不再是两极分化和根本对立的社会，中产阶级社会是最完美的社会，所以历史终结了，这也是福山提出"历史的终结"的原因。但是，自从2008年大衰退以来，中产阶级危机出现了，在美国申请破产的人中，超过90%的是所谓中产阶级。贫富差距巨大：被认为是世界上最为平等的北欧国家其超过50%的国民财富属于收入最高的前10%的人，大多数欧洲国家自从2008年以来，一半人口占有的国民财富一律低于10%，一般不超过5%。2014年世界上最富裕的85个人的财富相当于全球半数人口及生活在全球底层35亿人的资产总和。中产阶级和下层阶级变得更加贫穷，金融资本的统治使中产阶级不堪重负，在美国中产阶级是收入负债比最高的群体。69%的美国人存款少于1000美元，中产阶级危机的后果导致了占领华尔街运动、席卷西方的青年抗议浪潮等。当代资本主义社会仍然是金字塔形的结构。

第三，新自由主义"最小国家"观念的破产。新自由主义以个人权利为至上原则，削弱了公共权力。公共权力无力遏制金融资本的非生产性积累，只能任由甚至强化金融资本的悖论逻辑，造成深刻的经济、社会、政治危机。右翼思潮政党和运动的兴起标志着新自由主义最小国家观念的破产。简·奥托·安认为，在新自由主义的理念下，国家权力被削弱。而现代国家，对资本征税是必要的。要通过对资本征税，确保教育、医疗或者每个人获得最低的收入保障，但是因为新自由主义全球化削弱了国家的权力，使得国家调节危机的能力大大降低。在资本完全自由的情况之下，很难对资本进行合适的征税,尤其是在世界范围之内进行合适的征税。马西莫·达莱玛认为,没有管制的资本主义的发展,被市场和利润的机制所主宰,导致了一些持续的矛盾、不稳定以及战争的风险。资本主义的这些问题需要马克思主义的分析思路和解决方案。陈人江认为,当代世界的政治特点是世界规模的保守主义抬头。当代保守主义的特点是,它披上了民粹主义的外衣。世界范围的右翼保守主义势力在国际政治舞台上的出现,成为当代混乱不堪的全球体系的一个真实图景。

第四,新自由主义关于"人权高于主权"、关于"历史终结论"观念的破产;自由主义全球化的逆转。苏联解体后,1992 年美国政治学家福山发表了《历史的终结》,宣布新自由主义的社会制度是人类社会的终极形式。到 2012 年,福山又发表了《历史的未来》,观点发生了完全的改变。马西莫·达莱玛指出,1992 年,西方世界中的文化气氛是柏林墙倒塌、苏联解体。福山发表了《历史的终结及最后之人》,宣布在欧洲的共产主义结束之后,世界将会在资本主义和自由主义之下生存,市场也会结束社会冲突,在西方资本主义的文化模式的基础上统一全世界,这些就是自由主义霸权的基石。它植根于20 世纪 80 年代里根总统和撒切尔夫人提出的一些理论。经济全球化在这样一个没有受到反思和批判的资本主义概念基础之下发展起来了,左派也受到了这种文化的影响,尤其是所谓"第三"道路这样思想的提出。实际上今天的世界看起来跟新自由主义的先知们所预言的有很大的差异。马西莫·达莱玛指出,2008 年的金融和经济危机后,民族主义者和其他的保守主义者开始抬头，新自由主义全球化的危机风险最终导致一个右翼的解决方案，就像特朗普总统的行动所展示的那样，而这有可能会开启一个危险的时代，这个时代充满了冲突、充满了紧张，而最终可能会导致一场新的冷战。法特稀·阿尔卡利布认为，资本主义不是历史的终极形态。福山提出的"历史终结论"认为，资本主义将成为社会的最终形态，然而资本主义绝不是历史的终极形态。喀麦隆第三世界论坛的本纳德·福诺教授认为，一些人相信在冷战之后自由主义将会赢得世界，对于持有这样观点的人来说，我们这次大会是对之的一次有力回击。

三、21世纪马克思主义的复兴

金融资本全球化的系统性危机以及新自由主义意识形态和政策体系的失效，呼唤着21世纪马克思主义的复兴，而马克思主义的内在品格及其在东方社会主义实践中所获得的新的成果，保证了马克思主义具有引领全球化新阶段的能力。因而，21世纪马克思主义的复兴是一个历史的必然过程。

第一，21世纪马克思主义具有对金融资本的扬弃能力。社会主义对资本主义具有制度替代的能力。马克思在关于法国、英国金融贵族和土地贵族联合执政的分析中，对金融资本的早期形态进行了系统的研究。在关于巴黎公社经济政策的分析中也是以对金融资本的改造为基础的。针对金融贵族和土地贵族的联合势力，马克思提出土地国有化、垄断性生产资料国有化、银行国有化的主张。马西莫·达莱玛指出,金融信贷在马克思的著作中并不是核心所在,后期的马克思因有兴趣对伦敦城的功能进行探索,也开始关注金融问题。在这个过程中,到了《资本论》的第三卷,在没有完成的这一部分中,马克思认识到信贷所发挥的作用。虚拟资本的价值是完全从收入的资本化中衍生出来的,它没有实际的生产活动来支撑。马克思阐述了一个痴迷于金钱积累的社会,这种社会对于金钱狂热,却没有任何实质性的生产和人类劳动力作用的发挥。当代的金融资本主义并不是两个世纪之前马克思描述的投机金融,但是马克思是有一种直觉的,而且他的直觉可以帮助我们去理解全球化、资本的自由放任以及放松金融监管的现实。在这样一个现实之中,一种现代的虚拟资本的形势得到了极大的扩张。大卫·哈维也特别强调了《资本论》对认识资本主义现实的理论价值。弗雷德瑞克·波卡拉(Frederic Boccara)认为,金融垄断是政治学的,我们需要新的制度来克服金融的问题。当前贫困问题不断加剧,工会力量仍旧被打压,工会的成员率继续在下降。人类社会需要新的国际方向,而不是美国确立的国际方向。危机导致政治经济制度的转变不是哪个政府能回答的,而是需要共产党去找到这个问题的答案:反对资本主义,实现人类的共同发展。萨米尔·阿明认为,新自由主义主导的金融资本主义所造成的各种条件——经济的、政治的、心理的、文化的等各种各样的条件,使得人类必须超越资本主义,朝着共产主义发展。

第二,21世纪马克思主义具有带领落后国家实现现代化的能力。谢里夫·穆罕默德·菲亚德认为，中国共产党领导中国变革，把一个贫穷落后国家发展成为全新、强大、富强的国家。中国在正确处理政府和市场的关系、工业和农业的关系、城市和农村的关系方面取得了长足的进展。同时，中国的发展致力于推动世界各国的共同发展。中国特色社会主义提供了一条后发国家自主发展的榜样。穆阿塔法·哈夫纳维提出，埃及共产党一直在探讨中国的经验以及它的影响。中国对发展中国家有着整体的指导作用，埃及共产党一直在学习中国成功的经验。中国探索的经验应该从中国扩展到其他的国家。希望中国能够继续响应各国人民的号召，增加在国际社会各领域中的责任、存在和影响。莱恩认为，中国经济逐渐从边缘上升为半核心。中国特色社会主义要保持竞争力，就要让中国具有社会主义的特点，而不是具有资本主义的特点。中国可以建立起一种完全不同的、有自己的意识形态的国家集团，这将会成为多极化一个主要的支柱。艾维塔·希梅内斯认为，贫穷问题是菲律宾的重大问题，中国解决贫困问题的经验为菲律宾提供了榜样。章忠民认为，有三大类型的现代化模式，第一种就是西方的模式，第二种就是苏联的模式，还有一种就是超越于西方模式和苏联模式之上的中国道路，也可以说中国现代化。中国式现代化既发挥了市场有效配置资源的优势，同时又避免了市场失灵的劣势，对其他国家尤其是第三世界国家是一个很好的借鉴。

第三，21世纪马克思主义具有引领全球化新阶段的能力。俄罗斯科学院哲学研究所研究员舍甫琴科认为，中国的成就具有世界意义。迦凯·布伦特认为，中国已经崛起，而不是将要崛起或正在崛起。黄宗良认为，在全球化的条件下，人类面临着一系列全人类必须来一起解决的问题。中国共产党站在全人类解放的角度、在当今条件下解决全球问题，用人类命运共同体反映我们对世界、对国际社会的发展，它是有清醒的认识、是符合发展的客观规律的。白刚教授认为，从1818年到2018年，两个一百年存在三个马克思：从1818年到1917年，第一个一百年中发生了十月革命，马克思在欧洲；第二个一百年，马克思主义传入中国，中国特色社会主义是马克思主义中国化的深入展开；接下来的第三个阶段，马克思将从中国走向世界。罗思义认为，人类命运共同体是马克思主义精神的一种延伸。阿德汉·赛义德认为，中国提出建设人类命运共同体的理念是在马克思诞辰200周年之际对马克思最好的纪念。

第四，21世纪马克思主义面临着艰巨的任务。亚当·赫什认为，在美国，新自由主义政策主导下所形成的积累结构正处于逐步瓦解的态势，而中国的积累结构则处于迅猛发展的过程中。目前，多数国际性机构都是由美国主导的，但随着综合国力的提高和世界影响力的不断增强，中国正逐步采取行动挑战现有的国际秩序，例如"一带一路"倡议。中国在国际机制的建构过程中日益发挥着越来越重要的作用。在未来，维持既定的国际秩序，或是变革全球秩序，以社会主义以及人类命运共同体为基础建立新的国际机构，都需要把目光更多地投注于中国。亚历山大·布兹加林认为，我们正处在全球霸权主义、资本主义的情况下，希望大家不要陷入全球霸权主义的陷阱中。霸权主义是非常有侵略性的，不仅是军事上的侵略，而且是文化上、经济上的侵略。中国提出"一带一路"倡议，中国不仅讲市场的发展，而且讲人的发展；绿色发展指标提出，企业利润不是20%，而只有5%—7%，美国是不会对此感到满意的。阿德汉·赛义德认为，美国以及它的爪牙在叙利亚、伊拉克等国家发动战争，目的就是控制整个世界，而我们现在的重中之重就是要共同终结这种旧的世界。帝国主义的霸权逻辑就是直接发动战争或者试图通过代理人控制其他国家。中国每天都在遭受着来自帝国主义国家的威胁，比如南海问题，中国是同帝国主义进行斗争的国家。阿明认为，美日欧集团不会接受中国成为世界格局中的一个主要力量。苏联及之后的俄罗斯，加上其他一些欧洲国家为了被西方接纳作了让步，最终都遭到了毁灭性打击。所以，中国会面临来自这个集团的各种压力。帝国主义地缘战略是针对中国的，他们是要消除中国的优势，他们始终打算把新疆和西藏从中国分裂出去。欧美一些人要中国加入金融全球化，如果那么做的话，将会带来灾难性的后果，中国的发展成果将会付之东流，中国将会遭遇俄罗斯那样的结局。只要中国没有加入金融全球化，中国就可以避免一些目前的危机所带来的一些变迁和振荡，包括像2007年的金融危机。中国目前正面临加入金融全球化的压力，金融全球化要求中国放弃"不将土地作为一种商品"的原则。如果中国放弃了这个原则，也就没有希望了。中国不仅不会被西方所承认，而且也不可能在一个所谓和平的世界当中成为一个被认可的大国。亚历山大·布兹加林认为，苏联的新自由主义改革犯了错误，现在的情况非常糟糕，俄罗斯的经济增长是0，经济发展停滞不前。这个世界变得越来越危险了，希望中国不要再犯这些错误。自由主义经济学已经没有办法解释全球资本蔓延以及社会不平等的问题，人们应该用马克思主义的观点去分析。中国已经是社会主义的未来了，希望中国不要再犯这些错误。

第五，21世纪马克思主义复兴与中国化马克思主义的关系。打造人类命运共同体是建立更加合理的世界秩序的中国方案，是中国共产党贡献给当代人类的新理念。中国共产党，在方法论层次上强调辩证唯物主义和历史唯物主义，在核心价值观上强调人的全面发展而不同于新自由主义的抽象人性论，在经济制度上强调既充分利用市场的积极职能又限制、克服其消极职能，在政治制度上强调既发挥人民民主又保证充分的国家能力来调节社会发展中的各种矛盾，在全球化新阶段的顶层设计上集中表现为提出并践行了人类命运共同体的理念，上述工作的执行离不开一个领导主体，离不开中国共产党的路线正确和组织巩固。田心铭、黄蓉生、何怀远教授特别强调了共产党人不忘初心的重要性。章忠民教授认为，中国共产党当前的主要挑战有：第一个要保持党内旺盛的革命斗争精神；第二个就是始终坚持以人民为中心；第三个始终要保持一种开放和学习的心态；第四个非常重要的就是防止自身的腐败问题。邓纯东书记认为，马克思主义指导地位在中国要真正得到落实，需要实现以下几个基本要求，具体工作中实现几个任务：（1）必须坚持马克思主义作为共产党人理想信念的灵魂。习总书记多次讲，理想信念是共产党人的灵魂，坚定理想信念是党的建设最根本的任务，怎么样才能实现好这个任务，一定把马克思主义指导地位在理想信念里面贯穿起来。（2）宪法确定的马克思主义的指导地位，应该在我们国家政权的全部工作中，得到落实和贯彻。（3）应该明确落实马克思主义作为我们国家主流意识形态的地位。我们不能同意经济多元化，思想观念多元化。马克思主义作为国家主流意识形态和形形色色多种多样的思想观念，应该是引导和被引导、指导和被指导的关系。（4）根据马克思主义作为国家主流意识形态，我们国家所有文化工作，文化产品的生产，包括我们所有媒体的宣传，包括哲学社会科学各个门类的科学研究工作，哲学、经济学、社会学、法学研究等，都应该有一个灵魂，都应该体现贯穿马克思主义的指导作用。（5）马克思主义指导地位应该落实到国家治理体系、治理能力现代化的建设之中，她应该是我们国家治理体系和治理能力现代化建设的灵魂。（6）思想政治素质建设，也就是要求我们国家工作人员真正体现马克思主义所讲的人民的公仆，对人民负责。落实马克思主义的全面指导地位，才能保证完成马克思主义的历史使命。

四、小结

第二届世界马克思主义大会的中外学者通过深入的讨论，达成了基本共识，即金融资本引领的全球化正面临系统性的危机、全球化转向使新自由主义意识形态和政策体系陷入全面危机、21 世纪马克思主义将复兴、中国化马克思主义在 21 世纪马克思主义复兴中将起到主体性作用，而中国化马克思主义要起到引领 21 世纪马克思主义的复兴，关键取决于中国共产党的思想路线、政权和组织巩固，取决于中国共产党的自身建设。

第七章　国外马克思主义学者对 21 世纪世界社会主义前景的展望

——第二届世界马克思主义大会专题评析

2018 年 5 月 5 日第二届世界马克思主义大会在北京大学召开。大会期间，国内外学者就 21 世纪世界社会主义的发展前景进行了讨论，其中国外学者对此问题的发言特别值得关注。埃及经济思想家萨米尔·阿明、美国纽约城市大学教授大卫·哈维、美国进步中心教授亚当·赫什、意大利前总理马西莫·达莱玛、纽约市立大学教授理查德·沃林、意大利葛兰西研究院前院长朱塞佩·瓦卡、英国基尔大学教授比伦特·格卡伊、英国国际和比较教育学会研究员柏晶坤、德国罗莎·卢森堡基金会北京代表处首席代表扬·图洛弗斯基教授、法国《国际通讯》前主编帕特里克·德雷、加拿大圣玛丽大学教授亨利·威尔米尔、俄罗斯科学院研究员舍甫琴科、莫斯科大学教授亚历山大·布兹加林、波兰东欧社会论坛莫妮卡·卡布萨卡、希腊学者季米特里斯·康斯坦塔考珀露、希腊马其顿大学教授迈弗路德斯、希腊雅典大学教授米凯利斯·斯帕拉凯斯、芬兰奥伯学术大学教授简·奥托·安德森、塞内加尔学者谢里夫·萨利夫、阿尔及利亚学者萨米亚·赞纳迪、埃及学者马布达·哈巴希、菲律宾大学艾维塔·希梅内斯、首尔国立大学教授赵英男（Cho Young-Nam）等国际学者发言，从不同方面就21世纪世界社会主义前景的相关问题展开了阐释和讨论，内容涉及金融资本的全球积累危机与21世纪社会主义复兴的土壤、发达国家的社会批判和社会变革运动、第三世界国家对社会主义的探索、中国在21世纪世界社会主义中的地位等四个重大问题。

一、金融资本的积累危机与21世纪世界社会主义复兴的土壤

金融资本的国际积累所造成的体系性危机是21世纪世界社会主义复兴的土壤。在对21世纪世界社会主义的复兴条件进行讨论时，与会学者们着重讨论了如下重大问题：金融资本的放纵性积累与危机、金融危机向经济社会危机以及政治危机的转移、金融资本积累的核心国家的逆全球化取向、资本主义的体系性危机以及全球化转向等问题。

第一，金融资本的放纵性积累与危机的根源。金融资本的放纵性积累，金融集团的投机，是造成金融危机和经济危机的根源。在金融资本主导经济生活的条件下，危机来自金融资本自身的内在逻辑，来自资本主义自身的内在矛盾。埃及经济思想家萨米尔·阿明认为，在对剩余价值的追逐中，资本陷入的

一个基本矛盾是：资本一方面造成对工资持久下降的压力，另一方面是投资水平不断增加；在日益增长的贫富差距下，为了给过剩资本寻找投资场所，于是导致了金融化。金融化是为了回应和缓解资本积累危机而产生的，但是金融化不但没能解决问题，反而造成了新的问题、加深了危机。在全球范围内金融资本仅为少数人所控制。发达国家经济的金融化程度越来越高，在1914年时西方国家金融化程度占GDP的10%，今天已经达到了50%—60%；这个系统是不持久的。意大利前总理马西莫·达莱玛指出，1992年的西方世界中，柏林墙倒塌、苏联解体，福山发表了《历史的终结及最后之人》，宣布世界将会在资本主义和自由主义之下生存，市场也会结束社会冲突，在西方资本主义文化模式的基础上统一全世界。这些构成新自由主义霸权的思想基石。在新自由主义思想的指导下，金融监管完全放松了，虚拟资本的势力得到加强。虚拟资本的价值是根据收入资本化的逻辑衍生出来的，现实中并没有相应的生产与虚拟资本的价值对应。虚拟资本痴迷于金钱的积累，而这种对于金钱的狂热却没有任何生产和人类劳动作为中介。美国纽约城市大学教授大卫·哈维认为，在经济体系中，隐含着一种金融轴，它是不断自我塑造的力量，是隐形的秘密力量。资本的特性之一是加快周转，周转时间越快、流动性越强，越容易打败对手。资本不断打破这种稳定性，不断加速，越来越多的资本会进入到瞬时能够被消费掉的产品创造中去。生产加速的话，消费也要加速，这是所谓的消费主义。随着生产和消费的加速，人类对于大自然进行各种各样的开发，最终导致气候和生态环境的危机。希腊马其顿大学教授迈弗路德斯认为，当代资本主义的命运完全决定于金融体系。金融化成为分析资本主义现实的核心概念，主流经济学、后凯恩斯主义经济学以及马克思主义经济学莫不如此。和生产资本不同，金融化的资本能够塑造和决定其他形式的资本。影子银行是金融资本的统治手段。机构投资者是金融化过程的主导者。以股东价值最大化为导向，追逐金融方面的短期利益、忽视公司长期战略利益，成为金融化条件下公司的行为模式。在资本金融化的主导下，家庭债务被纳入金融部门，中产阶级被纳入金融资本的剥削网之中。金融资本主义对经济的支配几乎是独裁式的；在资本金融化的条件下，危机主要来自金融集团的投机性积累。

第二，金融危机向社会及政治危机转化。自20世纪80年代以来的金融资本积累，造成了中产阶级的衰落，瓦解了橄榄型社会，破坏了形式民主的社会基础。马西莫·达莱玛指出，金融化的资本积累使鸿沟日益扩大，巨额财富产生以后，都被超级富豪们所占有，大众的工资却并没有增加，社会差距和不平等日益扩大。在美国，金融部门的利润一直在增加，金融部门利润占到美国公司利润的比率，1960年是14%，2008年已达到了39%。贫富分化加剧，不到1%的富豪拥有世界财富的44%，而世界70%的底层人口只占有总财富的3%。今天的世界并没有和解，没有一致化，相反，我们现在看到的是民族的、宗教的身份差异被强调，产生了很多悲惨的冲突。美国采取了保护主义和民族主义的手段。欧洲其他国家也与之相似。

第三，资本主义陷入体系性危机。2008年以来的资本主义危机，不是短期的危机，而是结构性的体系危机。在危机的冲击下，发达国家尤其是美国带头掀起逆全球化、反全球化的潮流。未来20—30年，我们这个世界将是一个大动荡、大改组的时代。阿明认为，二战之后形成了一个集体的帝国主义——美日欧合并的帝国主义，他们还有一些附属盟国。在这个联合的帝国主义体系中，是不会有平等对话的。2008年金融危机以后，联合的帝国主义陷入巨大的危机和衰退，破坏性的维度在加快发展。今天的危机对国家、社会、人的心理、人类，甚至对整个地球上的生命而言，会有非常大的影响。马西莫·达莱玛指出，2008年的金融危机暴露了不受管制的全球化的内部矛盾和脆弱性。人们对全球化开始投以怀疑的眼光，民族主义以及其他形式的保守主义开始抬头。新自由主义全球化的危机将最终导致一个右翼的解决方案，就像美国特朗普总统的行为所显示的那样。这很可能开启一个危险的时代，一个冲突、紧张的时代，而这样一个时代最终可能会导致一场新的冷战。

第四，资本主义的体系性危机为21世纪世界社会主义的复兴提供了土壤。马西莫·达莱玛认为，我们今天比以往任何时候都面临着更为严峻的任务，人类需要去扭转全球经济的金融资本主义趋势。针对金融资本的放纵性积累，需要加强国际的监管，需要一种新的国际主义。必须努力找到一种可靠的替代的方案，我们要有一个监管的全球化，它能够促进和谐性的发展，也能实现人与自然之间的和谐。阿明认为，金融资本主义所造成的经济、政治、心理、文化等各种各样的条件，使得人类必须超越资本主义、朝着共产主义发展。资本主义现在所面临的危机，不是局部性的危机，而是资本主义的根本性危机、系统性危机，这种危机是资本主义国家任何所谓理性政策的调节都无法解决的。针对资本主义的根本性危机，其解答只能是人类跨越资本主义、走向共产主义这一人类文明更高的阶段。当前很多的暴力冲突，都可能导致革命。革命是对资本主义深刻危机的回应。1914年第一次世界大战的危机之后引发了革命。1929—1933年的大危机产生了法西斯主义，引发了第二次世界大战。革命就是对危机的回应，战后，很多亚非拉国家通过革命获得了独立。2008年以来的危机，对于第三世界的国家而言，或许是一个机遇，或许能在危机中找到赶超的路径。马克思晚年思考了对资本主义的超越会不会在落后国家首先实现，这为我们理解当代世界提供了基本的逻辑。大卫·哈维认为，必须要挑战资本，不仅要挑战资本的某一个方面，而且要挑战资本的整个系统。要系统化地去找到一些解决方案。环保主义者认为，不挑战资本的情况下可以解决环保问题，这是不可能的。巴勒斯坦学者法特稀·阿尔卡利布认为，资本主义绝不是历史的终极形态；自由主义的理论家对资本主义也有着不同的解读，而苏联的垮台也不意味着社会主义的崩溃。

二、资本主义中心国家的文化批判和社会变革运动

自 2008 年金融危机以来，西方资本主义国家出现了普遍的危机意识，新自由主义的意识形态和政策体系、既有的社会关系格局遭到批判，反对金融寡头统治的运动也以不同形式展开。与会学者，尤其是来自欧美国家的学者介绍并讨论了西方社会正在深入发展的新自由主义意识形态和文化批判，讨论对新自由主义经济政策和政治制度安排的批判，讨论了西方国家的政治运动、社会变革以及这些运动和社会主义之间的关系等重大问题。

第一，对新自由主义意识形态的批判。新自由主义的意识形态从原子般个体之间的抽象契约关系出发，遮蔽了金融资本积累和统治的逻辑，因而对金融资本和金融危机的批判，就不可避免地会延伸到新自由主义意识形态根基的批判。俄罗斯莫斯科大学亚历山大·布兹加林教授指出，根据自由主义的假设，世界上没有穷人而只有懒人。如果你穷，则是因为你不努力。这个观点对不对呢？不对。在俄罗斯，有数亿的普通老师，他们在贫困的乡村工作，他们可能一个月只有几美元的工资，但他们的工作却非常努力。另外，还有很多富翁，他们犯了很多罪，有很多罪恶。在苏联解体后，俄罗斯有很多资本罪恶的例子。造成这种社会差别的真实原因是什么？这是不能从自由主义的假设中得到解释的。阿明认为，资本对人实行系统的去政治化，从而从文化上控制了人。资本主义让人们以为自

己是一个自由的个人，但实际上只是一个消费者，这是一种"柔性的法西斯主义"。所谓柔性的，是指人们并不需要主动支持它，但却必须被动接受它。马西莫·达莱玛认为，经济全球化所赖以建立的新自由主义理念，没有受到反思和批判。甚至左派也受到了这种文化的影响，例如所谓第三条道路的提出，就是左派受自由主义思想影响的结果。经过几十年的实践，今天的现实世界，跟新自由主义的先知们所预言的实际上有巨大的差异！

第二，对新自由主义经济政策的批判。在新自由主义意识形态和文化理念的作用下，又有一系列相应的新自由主义政策体系。新自由主义的经济政策体系解除了金融资本放纵性积累的一切约束，为金融资本实施对市民社会的统治提供了政策支持，也间接加剧了金融资本的积累危机。马西莫·达莱玛认为，没有管制的资本主义导致了资本主义体系的不稳定以及战争的风险。二战之后，一直到20世纪80年代初，欧洲采取的是凯恩斯主义以及社会民主主义的政策，实现了社会财富的再分配，社会不平等逐渐缩小。这一时期，财富分配主要倾向于工资、福利的增加，经济发展主要由投资和创新来支撑。在新自由主义全球化阶段，在放松监管的时代，社会经济模式发生了重大改变，财富分配变成了以资本积聚财富为中心，经济模式由金融投机所主导，金融不是服务于而是扭曲了生产的发展。金融投机使企业接受了短期逐利的逻辑，使得中长期的发展规划变得非常困难。采取量化宽松政策，货币供应量不断增加，但是投资尤其是那些战略性投资并没有增加。金融业的投机最终损害了实体经济，加剧了社会冲突，使经济增长和收入再分配之间的循环遭到破坏。财富从劳动者向金融投机者转移，需求萎缩，欧美的工人阶级不再像过去那样可以高水平地消费。为了刺激需求，金融业采取了低利率的信贷政策，美国家庭的负债消费高涨。这样的机制导致了金融泡沫，泡沫的破裂又波及银行进而波及到实体经济。这就是 2008 年金融危机的情形。新自由主义造成的危机，迫切需要重新发挥国家在资源和机会再分配、投资、医疗保健、劳动力保护等问题上的作用。面对这些问题，人们有必要再度转向马克思；马克思强调了政治的作用，认为政治有能力发挥管理作用，可以通过加强政治领导力来调整经济、保证增长。

第三，对新自由主义政治制度批判。芬兰奥伯学术大学教授简·奥托·安德森认为，新自由主义使得国家的力量遭到削弱。在新自由主义的理念下，国家权力很小。在现代国家，要通过对资本征税来为教育、医疗以及最低收入者提供保障。新自由主义削弱了国家权力，使国家的危机调节能力大大降低。马西莫·达莱玛指出，在美国政治体系中，金融寡头支配政权。在票决政治中，实际上是一美元一票，而非一人一票。政治系统非但没有纠正反而强化了市场的失灵。国际金融集团影响和操纵着国民的观点，也最终扭曲了民主力量的实践。不公平已不仅局限于财富的分配，而且也涵盖了知识以及权利分配的不公平。法国加布里埃·佩里基金会会长米歇尔·马索指出，面对资本主义对于人力和自然资源的掠夺性开采，世界人民反对资本主义的力量越来越大,只是目前还没有在实际的政治效果上表现出来,这是因为资本主义的政治制度本身有一定缓冲作用。近30年至20年之间,资本主义在法国的支持率越来越低,根据2017年6月的调查,这个支持率已经下降到11%。这体现了人民对于自由主义和新自由主义的一种排斥,但是在政治层面没有体现出来,主要因为政治是一种人为的构造,有它自己的内生进程,它跟思想还是有根本的区别的。

第四,西方国家无产阶级阶级意识的成长。对新自由主义的批判为无产阶级阶级意识的成长提供了土壤。美国纽约市立大学教授理查德·沃林认为,在战后时期的西欧和北美,消费主义的语言符号剥夺了日常生活的休闲特征,私生活被工业社会完全开发。西方的左翼运动发展出了一种革新的政治架构,宣扬横向的、平等主义的直接民主,向往着工人自治运动。现代生活需要一系列致命的颠倒或者替换,现实的反映、本质的浮现无疑是非常关键的。在最新的物化的社会运动中,景观已经成为虚伪意识的新形态,在此影响下,现代社会的公民们俨然已经陷入一种盲目顺从的梦游状态。"五月风暴"的参与者们曾坚信,只有在智力革命精神的号召下,才能够夺回被彻底异化的世界。今天,我们也应该突破单纯的历史诊断工具,而发展起引导"五月风暴"那样的社会批判理论。德国罗莎·卢森堡基金会北京代表处首席代表扬·图洛弗斯基教授认为,批判是革命的一部分。对于意识形态的批评反映出对于经济和社会结构的反思;对剥削和压迫的批评,会影响历史的发展;对相关的趋势的批评有助于超越现有的社会形势;在争取解放的斗争当中,我们还要自我批评,必须要对自己的目标和战略非常清楚。科学与政治不能分开。揭示资本发展规律,是为了实现解放。要推动历史进程,知识并不是充分条件,必须要有相应的政治过程来推动。马克思的分析,并不仅仅是客观的知识分析过程,马克思主义是实践的、解放的科学。马克思对资产阶级经济的批判不仅是为了显示其负面影响,而是要透视这些过程,要透视资本主义的生产方式,透视资本主义再生产的机制,透视资本主义的成就、压迫以及自我毁灭的趋势。马克思的分析能够超越现有的社会形式,能够规定对现有制度的否定方向。《资本论》是一本给人希望的书,能够为人们指出真实的可能性。批判资本主义的目标,是实现所有人的自由发展,实现每个人的共同发展,也就是实现共产主义。马克思重构了"解放"这一概念。只有个人作为社会力量并且克服了和这种社会力量的分裂和对立,只有这样,人类的解放才能够真正实现。《资本论》揭示了如何在更加成熟的社会条件下,解决资本主义生产方式的对抗性矛盾,为新社会的形成提供力量,来取代旧的社会秩序。马克思的科学是和行动的目标联系在一起的。马克思的批判理论是要激活人们的热情,采取真正的行动。我们要从政治上阅读马克思,只有这样,我们才能充分地运用他的理论框架和他的思想来推进我们的政治斗争。面对当今的资本主义,必须利用《资本论》这一革命性的科学,必须对经济过程进行革命化的批判,必须克服资本积累对社会、人和自然的主宰。这样的社会解放是以社会自由为基础的。能够完成这一解放的力量是无产阶级。无产阶级是能够完成彻底解放的社会力量。意大利葛兰西研究院前院长、巴里大学教授朱塞佩·瓦卡认为,葛兰西的思想对启发工人阶级的阶级意识,仍然具有现实价值。葛兰西剖析了欧洲资本主义文明的深刻危机,为走出当前的制度危机提供了可能的道路。在葛兰西看来,资本主义的危机累积到一定程度,总是以战争形式爆发出来,资本主义历史呈现为一部战争与危机交替出现的历史。葛兰西提出改造国家的领导阶层、构建新的社会团体、批判美国发展模式、团结国际共产主义力量等主张,以图解决欧洲资本主义文明危机。葛兰西认为,美国化其实是非常原始的。一个非美国化的制度系统,可以给我们带来更多的自由。

第五,马克思主义政党在西方政党政治下的建设和发展。意大利学者安德瑞卡托那指出,马克思主义应该与世界各国国情相结合,与各国问题相结合,我们的最终目标不是提供一个全世界统一的马克思主义,而是各具本国特色的马克思主义理论。希腊雅典大学教授米凯利斯·斯帕拉凯斯探讨了当今左翼政党的建设以及马克思阶级将斗争理论和马克思政党的联系。政党沟通了政府机构和社会之间的关系,对于整个体系的运作是非常关键的,通过制定公共的政策影响社会生活。政党是进行政治斗争的,要争夺政治权力,政党是阶级斗争的核心。左翼政党、左翼阶级和主流的自由派、保守派是有区别的。资本主义社会存在着很多的问题,左翼政党应该参与到社会的塑造当中,应该把新的力量引入传统的社会阶层和政党当中。要让主流的人群提升他们的批判意识，尤其是对于欧洲和美国的批判性的意识。要用马克思主义的思维方式去增加人们的批判性意识，要将这种理念植入到具体的阶层当中去。在意识形态斗争的最后，共产主义的政党肯定会成为最先进的政党，并且也会成为唯一的政党形式。

三、第三世界国家对社会主义的探索

在国际金融资本统治的世界体系的薄弱环节，在非洲、阿拉伯世界、拉丁美洲、南亚、东南亚以及东欧国家，社会主义的探索一直没有停止，一直以多种形式展开。来自不同地区，尤其是来自上述这些地区当地的学者，对各自当地的社会主义斗争和探索，进行了介绍和讨论。

第一，非洲国家的社会主义道路探索。塞内加尔学者谢里夫·萨利认为，非洲是世界上唯一一个由西方国家控制的大洲和地区，控制持续了500多年。西方国家对于非洲有很大的影响，他们只是追寻自己的利益，而没有真正地关心到非洲的发展。但是我们现在应该关注非洲本身的经济和社会发展。非洲国家正确的方式应该是跟资本主义脱节，而不是过渡到资本主义。阿尔及利亚学者萨米亚·赞纳迪认为，"青年"是未来的承担者和塑造者。青年所面对的现实是很困难的，青年的非洲人，他们所接受的价值都是西方的价值。在阿尔及利亚社会当中，一些年轻人曾拒绝马克思主义的著作。但是现在一代的年轻人都生存在非常抑郁的政治环境之下。由于技术的发展，青年一代成为历史上最有机会创造自己文化的一代人。我们需要学习马克思主义，才能够给青年提供希望，然后建立起我们所需要的文化。大家要团结起来，反对统治阶级的霸权主义。摩洛哥学者努兹哈·阿巴卡利姆介绍了摩洛哥社会民主党在国家发展中的作用。摩洛哥社会民主党提出的口号是：社会主义制度同样是一种民主制度。摩洛哥社会民主党就摩洛哥本国选举问题、领土问题、宪法问题、社会经济发展模式问题、各民主政党合作的问题进行了讨论，提出了自己的纲领。摩洛哥人民需要自由的公正的选举，这有赖于政党如何去运作，如何处理政党与国家、与社会的关系。摩洛哥社会民主党提出要通过司法改革建立一种新的宪法，这种宪法能够保障摩洛哥国家的权利和法治，来建立一种法治的社会，能够保证公民的自由和基本的权利。摩洛哥社会民主党提出要建立一个新的经济模式，在这种经济模式下，发展源自社会民主制度，这种制度能够鼓励公平竞争，提高人们的购买力，满足社会的基本要求。摩洛哥社会民主党希望能够加强与各个党派之间的合作，与各种民主政党平等对话，创造一个更加平等的人文环境。摩洛哥社会民主党希望能加强摩洛哥人民与中国人民之间的交流。埃及学者马布达·哈巴希介绍了埃及的革命青年。从2011年起，数十万青年人参与到社会游行动荡中，但是在过去50年的独裁统治之下，他们是无法参与到公共事务当中的。埃及的年轻人认识到绝对的、完全的组织的必要性；认识到政党的必要性，但在参与实践之前由于缺乏必要的知识，不懂如何建立一个政党，也不懂政党之间的区别。人们也意识到了媒体的重要作用，因为过去独裁统治的媒体非常成功地控制了人们的意识。

第二，阿拉伯世界的社会主义道路探索。巴勒斯坦学者穆罕默德·易卜拉欣介绍了巴勒斯坦的马克思主义实践。巴勒斯坦致力于实现国家解放，但是直到现在无论在政治、经济、文化各个方面，国家都在遭受着深重的苦难，巴勒斯坦希望能够根据马克思主义的思想来实现自身的目标。中国是唯一的一个在建设具有自身特色的社会主义方面取得重大成功的国家。在社会主义的制度下，中国也尝试着引入了一些资本主义的因素，并且取得了成功。阿拉伯国家也希望提出符合自身特点的理论，实行相应的民主形式，而不仅仅限于西式民主。黎巴嫩学者吉塔·迈赫希·达赫尔介绍了马克思的思想对黎巴嫩社会进步党领导人的影响，他们希望将马克思的经典理论运用到解决黎巴嫩现实问题的过程中；他们认为《共产党宣言》《资本论》是非常重要的改变世界的著作，影响了一代又一代人对社会进步的观点。埃及阿拉伯民主纳赛尔党书记处成员谢里夫·齐法尔·阿卜杜拉认为，从埃及纳赛尔党的角度来看，必须实现理论的不断革新，才能实现政党的进步。纳赛尔民主党主要考虑的一个问题是如何通过社会主义实现经济的发展。目前不取消私有财产，但可以通过社会主义的过渡性阶段来逐步实现人民对生产资料的控制，实现生产资料的国有化。社会主义不仅仅是政治方面的问题，而且它还与经济和社会文化等方面密切相关。

第三,拉丁美洲国家的社会主义道路探索。曾在墨西哥工作过的加拿大圣玛丽大学教授亨利·威尔米尔认为,拉丁美洲是一个实验场,让我们能够去研究资本主义及它的反抗力量的相应发展,因为其他的地区都没有像拉美那样如此充分地执行新自由主义的经济政策,都没有造成摧毁性的效果。"二战"之后的资本主义发展可以划分为生产领域和反抗领域的三个周期。第一个周期是在"二战"后开始,即所谓的发展周期。当时阻力是显而易见的,就是城市阶层和农民之间的斗争,反抗的力量主要是工人和农民,农民想要进行土地改革。工人和农民阶级遭到了镇压。第二个周期,就进到了20世纪90年代,外资大量涌入,资源和经济相遇,新自由主义的经济政策结构调整促进了资本的发展,尤其是IMF开展的一些项目,但是这也造成了对于新自由主义的一些反抗,尤其是小农阶级以及没有土地的工人,他们都是很穷的人。新一代的拉美青年受左翼政治的影响,认为应该实现更加包容性的发展,实现减贫。这种发展也适应了全球的一些趋势,比如说中国作为大国的经济崛起,还有私有部门的繁荣。这些发展以及相应的反抗造成了第三个周期循环。在这第三个循环当中就像第一个循环一样,人们要反对新自由主义的政策,要争取自己的权利,比如对自然资源和土地的权利。中国社会科学院拉美所徐世澄研究员认为,马克思主义与拉美社会主义、共产主义运动发展是比较曲折的。以委内瑞拉为代表出现了拉美左翼群体性崛起的一个高潮,一直延续到2015年,拉美左翼运动遇到了挫折。阿根廷政权发生变化,巴西政权发生变化,还有其他一些左翼政权发生了左退右进的变化。在拉美左翼运动中，古巴共产党和古巴革命也丰富和发展了马克思主义，我们不光是要强调我们中国道路、中国经验，古巴共产党领导的古巴革命和古巴社会主义建设，有些经验也是值得我们学习的。

第四，南亚、东南亚国家的社会主义道路探索。北京航空航天大学讲师张树焕介绍了印度共产党的发展情况。印度共产党（马克思主义），如果给它做一个判断，可以说是当今资本主义世界最强大的一个共产党。这个判断有几个证据：第一，它是在资本主义世界当中能够进行地方执政的一个政党，在印度的20多个邦当中，最好的时候是在三个邦执政，并且是长期执政。在中央不执政，但在地方上长期执政，这是第一点。第二，它对于中央政权的组建有很重要的决定作用。印度有两个大党，一个是印度国大党，第二个是印度人民党，这两个党势均力敌，在20世纪90年代的时候，作为第三方势力的印度共产党领导的第三条阵线曾经能够决定局势。决定到什么程度？例如，1996年，如果印度共产党愿意的话，他的候选人就能够出任印度的总理。这是第二点。第三，第三世界共产党有170多万党员，而印度共产党（马克思主义）有100多万，是第二名俄罗斯共产党的两倍多。近年来，在世界经济危机的冲击下，印度共产党出现了衰败的趋势。这是一个悖论。在东欧剧变的时候，资本主义世界是非常强势的，整个世界的社会主义力量是下降的，但那时印度共产党是逆势上升的。到了2008年，资本主义世界出现了危机，按理说共产党应该上升，但是印度共产党却出现了衰败的状况，原因何在？第一，这个政党没法处理好经济发展和社会公平这样的一个矛盾。印度共产党是追求公平的，但是，总体上看，印度的新自由主义起的作用越来越大，它整体上是追求效率的。印度的这样一个政权结构对印度共产党提出了非常大的挑战。印度共产党一方面是要坚持它的理论主张，另一方面还要维持它的执政地位，必须把经济发展上去，而这个发展结果就受到了印度联邦政治体制的影响，结果使得它进退维艰。第二，在政党联盟、具体选举策略上出现了一些失误。第三，党的质量以及组织形式出现了弱化的趋势。美国新罕布什尔大学孔子学院中方院长杜洁介绍了泰国阶级斗争的发展态势。泰国素有"微笑国度"的名称。但当代泰国社会矛盾不断激化，军事政变和街头政治运动频繁发生，曾经一段时间红衫军、黄衫军的对垒使人瞩目，这就显示出泰国"微笑国度"的虚构性。自 20 世纪 50 年代以来，一批泰国学者坚持用马克思主义的阶级观点和阶级分析方法考察泰国阶级社会的重大问题，揭示规律，启迪明智。两位具有代表性的人物是 50 年代的马克思主义理论家集·普密萨和介尔兹。集·普密萨是泰国著名的马克思主义理论家，他是泰国第一个马克思主义者，泰国人民不屈不挠的革命典范。集·普密萨出生于 20 世纪 30 年代，1966 年死于边防警察的枪杀。他的生存背景是 1942 年泰国共产党成立，1950 年泰国左翼知识界掀起了轰轰烈烈的文学为人民、文学为人生的进步文学运动。1958 年开始一直到 1973 年，泰国的军政府实施黑暗统治，进入泰国历史上非常著名的文化黑暗时期。1952年集·普密萨翻译泰文版的《共产党宣言》，这是他第一次接触到马克思主义原著。集·普密萨的阶级观点和阶级分析，主要体现在《当今泰国萨迪纳制的真面目》一书中，这本书首次出版于1957年，是以马克思主义阶级观点和阶级分析方法考察泰国历史社会的开山之作，引入社会形态、生产关系、阶级矛盾为重要分析线索的马克思主义话语体系。集·普密萨揭示了泰国人民在帝国主义与萨迪纳联合剥削之下陷入为了吃饭而干活、为了干活而吃饭的怪圈。他界定了帝国主义和萨迪纳制的内涵与性质。他指出，帝国主义是资本主义的垄断阶段。他分析了土地占有权的全部经济、政治和文化权力。农民阶级斗争的核心目标在于争夺土地所有权，分散生产的特点使农民阶级先天缺乏组织的凝聚力。他指出，尽管新兴资产阶级与萨迪纳阶级的矛盾日益不可调和，但资产阶级的斗争目标仅仅是为了争夺手工业和商业的经营权，终结萨德拉制的政治权利。集·普密萨的重要贡献在于以他为代表的泰国马克思主义者，到70年代已经取代了西方的新左派，成为引领泰国社会思想的核心力量。70年代是泰国左翼最活跃的时代。泰国当时是仅次于越南之后的第二大东南亚地区的共产主义活跃地区。泰国共产党也是仅次于越共的第二大活跃的马克思主义政党。介尔兹是泰国新生代马克思主义学者的核心代表人物，是泰国著名的政治学家和政治活动家。他出生于1953年，留学英国，早期也加入英国托派社会主义组织。介尔兹活动的时代背景是：20世纪70年代是泰国左翼非常活跃的年代，到了 1973—1976 年是泰国难得的民主开明时期；80 年代时，泰国当时的政府实施一手橄榄枝、一手大棒的政策；80 年代开始，共产主义运动开始没落，一直到 1988 年左右，泰国共产党完全烟消云散；曾经的左派在思想上实现了右转，左翼话语和左翼的思想意识形态完全被摒弃掉。介尔兹的先锋性在于，在泰国共产主义运动已烟消云散的今天，率先倡导并坚持运用马克思主义阶级观点和阶级分析方法，考察泰国当代政治与社会，进而深刻地揭示出当代泰国社会矛盾的根源和政变的本质。他认为，20 世纪 80 年代以来，泰国回归到没有左派参与的议会政治，泰国无产阶级回归到没有专属政党组织和意识形态的真空状态。由于无产阶级自身政党和意识形态的缺位，让垄断资本家阶级捕捉先机，从而垄断了政治领袖地位。介尔兹认为，泰国历次政变都是扭曲的阶级斗争，每次政变的本质是一场又一场对抗穷人和富人的政变，是军队、王室官僚和垄断资本家为了自身利益而展开的阶级斗争。在泰国当前面临重大民主困境和政治迷思之际，泰国知识精英重新拾起马克思主义留下的珍贵遗产，对马克思主义进行反思和娴熟运用，具有划时代的意义。

第五，东欧国家的社会主义道路探索。来自波兰东欧社会论坛的莫妮卡·卡布萨卡分析了波兰社会主义建设成就、共产党政权解体原因以及历史教训。在 20 世纪 80 年代末期，波兰其实是一个比较繁荣的国家，消除了文盲，建立了铁路、电力、电话等良好的基础设施，波兰已经开始变成一个消费型的社会。波兰共产党倒台后资本主义及西方的公司利用波兰的汽车工厂、金属工厂，摧毁了小农经济，建立了寡头经济。为什么波兰共产党会倒台呢？其实不仅仅是因为经济问题，更大的问题是没有民主，缺乏民主。波兰社会主义建设成就是不可磨灭的，但是我们要吸取因忽视社会民主导致共产党政权解体的历史教训。

四、中国在 21 世纪世界社会主义发展前景中的地位

在论及中国在 21 世纪世界社会主义发展前景中的地位时，学者们认为，中国是塑造全球化新阶段的重要力量，中国避免了苏联模式的曲折，提供了马克思主义本地化的重要经验。中国模式为第三世界提供了现代化道路的新经验，中国具有引领全球化新阶段的制度潜力，中国在推动社会主义运动国际合作中具有重要地位，等等。

第一，中国是塑造全球化新阶段的重要力量。阿明认为，美日欧集团作为联合的帝国主义，不会接受中国成为世界格局中的一个主要力量。苏联解体后，俄罗斯为了被西方接纳而作了很多让步，但最终还是被排斥了。中国同样会面临着来自这个联合帝国主义集团的各种压力。帝国主义的地缘战略是要消除中国的优势，他们始终图谋分裂中国的新疆和西藏。只要中国没有加入金融全球化，中国就可以避免像 2008 年的金融危机那样的变迁和振荡。欧美一些人要中国加入金融全球化，如果那么做的话，中国的发展成果将付之东

流，将会遭遇像俄罗斯那样的结局。过去的 70 年，虽然中国经历了很多曲折，但是工人阶级、农民阶级、中产阶级之间的联盟还是存在的，这个联盟的基础是"土地的非商品化"。全球金融资本一直要求中国放弃这一原则。如果中国放弃了这一原则，那么中国也就真的没有希望了。中国不会被西方所承认，也不可能成为一个被认可的大国。美国希望中国的发展和强大能按照美国希望的方式和轨道发展，即便中国放弃了马克思主义，以中国这样一个大块头，也必然在发展过程中遭遇美国打压。美国霸权可能现在对世界的控制和主宰有所弱化，但是在未来几十年内会仍然控制和主宰这个世界，它不仅有强烈的愿望，也有这样的能力。黎巴嫩学者阿德汉·赛义德认为，中国提出的建设人类命运共同体的理念，是对马克思诞辰 200 周年的最好纪念。美元本身成为一种特殊的商品，美国通过美元强行让世界人民接受美国的霸主地位。帝国主义的霸权逻辑是直接发动战争或者通过代理人控制其他国家。美国及其爪牙在叙利亚、伊拉克等国家发动战争，目的就是控制整个世界。一家独大的逻辑在这个世界上已经行不通了。现在的重中之重就是要共同终结这种旧的世界秩序。中国每天都在遭受着来自帝国主义国家的威胁，比如南海问题。中国是同帝国主义进行斗争的国家。中国所奉行的是双赢政策。希腊学者季米特里斯·康斯坦塔考珀露认为，现在西方资本主义仍然主导着这个世界。西方金融帝国对中俄的发展造成了新的挑战。中国采取了正确的改革措施，实现了经济崛起。中国日益走近世界舞台的中心。

第二，中国避免了苏联模式的曲折，提供了马克思主义本土化的重要经验。俄罗斯科学院哲学研究所研究员舍甫琴科认为，西方资本主义已经走过了社会发展的顶点，进入急剧变化的阶段。对于非西方的文明来说，他们要求以更加独立的、创新的和科学的方法来认识自己的文化、自己的民族。有中国特色的社会主义遵循了从资本主义到共产主义演进过程中的辩证法，这是中国迄今为止成功的关键所在。亚历山大·布兹加林认为，苏联的新自由主义改革犯了错误，现在的情况非常糟糕，俄罗斯的经济发展停滞不前。在俄罗斯做马克思主义研究，必须得工作特别努力，因为政府不支持，商业企业也不支持。而且这个世界变得越来越危险了。自由主义经济学没有办法解释全球的社会不平等问题。中国承载着社会主义的未来，希望中国不要犯俄罗斯的错误。

第三，中国为第三国家提供了现代化道路的新经验。纳赛尔·阿布阿塔认为，马克思主义的巴勒斯坦化需要借鉴中国经验。中国与西方传统的价值观相反，因为中国致力于和平发展、实现双赢。"一带一路"倡议，是一个伟大的经济倡议，这符合中国传统的思想理念，即相互尊重、互利共赢。中国不把自己的理念强加给其他人，尊重别国的选择，这是非常好的理念。韩国首尔国立大学国际关系学院教授赵英男认为，东亚国家有意选择政治发展非常有特色的道路，他们故意采取了国家建设，同时他们放弃了民主化。中国也可以说是在东亚国家模式发展的范畴内的。东亚模式的特点是，都采取了经济发展有限的战略；维持了强国家；维持了非常和谐的国家和社会的关系；国家动员的特殊意识形态。中国过去的政治体制改革非常类似于东亚国家发展模式和地区的经验。菲律宾大学艾维塔·希梅内斯认为，中国解决贫困问题的方式具有普遍意义，菲律宾的减贫问题应借鉴中国的经验。贫穷是菲律宾面临的一个重要问题。经历了数百年的殖民主义之后，菲律宾的社会经济仍然掌握在几个大家族的手里。75%的菲律宾人口都属于低收入、低阶层的人口。菲律宾的民主是从美国学到的。不管是主要的阶层，还是低收入的阶层、贫穷的阶层，都希望拥有这样一种民主，但是这种民主也没能阻止菲律宾的土地集中和官僚主义等问题。中国在减贫方面的经验是科学的。为什么中国能够实现这样的成绩呢？因为中国把减贫作为一个重要的国家政策，推行了重要的经济发展措施来促进经济现代化，促进科学技术的发展。所有这些做法都是菲律宾应该作为榜样来学习的。菲律宾要寻求适当的经济发展模式，马克思主义的本土化应该成为一种引导。

第四，中国具有引领全球化新阶段的制度潜力和能力。英国基尔大学教授比伦特·格卡伊指出，2008年以来全球发展与治理的失衡带来影响力的东移，中国特色社会主义是资本主义很好的替代方案。英国基尔大学教授比伦特·格卡伊认为，中国特色社会主义提供了资本主义的替代道路。全球的意识形态危机、生态危机等促使人们思索不同于资本主义的替代性道路。导致资本主义经济危机的根本矛盾是资本主义自身无法解决的。当今资本主义国家应对危机的对策是错误的。中国特色社会主义提供了一条不同于资本主义制度的替代性道路。中国已经崛起,而不是将要崛起或正在崛起;中国道路的启示是:应坚持马克思主义,而不是自由主义。美国进步中心教授亚当·赫什认为,在美国,新自由主义政策主导下的资本积累结构正处于瓦解的态势,而中国的积累结构则处于上升的发展过程中。目前,多数国际机构都是由美国主导的,但随着综合国力的提高和世界影响力的不断增强,中国在国际机制的建构过程中发挥着越来越重要的作用。在未来变革全球秩序的过程中,需要把目光更多地投注于中国。

第五,中国在推动社会主义运动国际合作中具有重要地位。阿拉伯民主纳赛尔党书记处成员谢里夫·齐法尔·阿卜杜拉认为,中国和阿拉伯及埃及之间的关系不但具有历史意义,而且现在还有很多最新的发展。中国是一个将社会主义推行得非常好的国家。在2017年埃及已经实现了很多经济方面的跨越,我相信这其中就有一些社会主义和工人阶级的作用,而且这也包括我们从中国学习的这些经验,并且是在与中国的政党进行合作,实现了这些进步。法国《国际通讯》前主编帕特里克·德雷认为,中国的社会主义实践对社会主义的国际化发展具有深远的意义。中国对马克思主义理论的解读,对全世界都有重要价值。社会主义有时候也会出现一些曲折和挫折,但是中国共产党确实有能力克服这些挫折,最终实现快速的发展。中国的国情在不断变化,中国共产党也在适应这些变化,这从刚召开不久的十九大上也得到了体现。社会主义国际化的前提是要推翻占主导地位的资本主义。中国的经验可以给共产主义实践提供重要的借鉴。共产主义国际化发展要回答的一个关键问题是政治权力的问题。政治权力经历了非常深刻的变化，反革命的力量发生着深刻的变化，革命随之也发生了变化。穆罕默德·赛伊法拉·阿布尔纳加认为，埃及民主社会党自从进入 21 世纪以来，就一直在学习中国共产党所取得的各种成就与经验。中国先从贸易开始发展经济，然后引领全球化。中国不是利用零和博弈的逻辑。中华人民共和国可以从中东和西亚、北非国家的发展中受益。中国是社会主义发展的模板和榜样，赢得了世界的赞赏和目光。其他发展中国家都可以从中国经验中受益。巴勒斯坦学者拉提芭·阿德南·阿布·古什认为，应了解马克思主义在中国的贯彻与实践，深刻认识人类命运共同体的倡议。马克思主义在中国的实践被证明是十分成功的，中国在扶贫等领域取得长足的进展，给世界各国被压迫人民提供了模板，带来了希望。世界各国应该充分发扬国际主义精神建立伙伴关系，在新时代，中国可以通过"一带一路"建设发挥更大的作用。各国人民应该团结起来，世界应该是一个大家庭。

五、小结

综上所述，国外学者们对 21 世纪世界社会主义抱有积极的看法和信念。他们认为，金融资本的放纵性积累埋下危机的根由、金融危机加剧社会阶级矛盾、西方出现的逆全球化趋势、资本主义陷入体系性危机，这些为 21 世纪世界社会主义的复兴提供了土壤。学者们还对发达国家和第三世界国家的社会主义运动进行了全方位的展示和讨论,并对中国在 21 世纪世界社会主义运动中的地位持肯定态度。

第八章　西方新民粹主义崛起背景下再论东方社会主义探索的世界意义

——对话英国牛津大学苏联问题专家大卫·普里斯兰

2019年8月17日，笔者在英国牛津大学圣艾德蒙学院的老图书馆拜访了著名的苏联问题研究专家大卫·普里斯兰教授，就西方新自由主义秩序的危机、新民粹主义的崛起以及在此背景下重思东方社会主义探索的世界意义等三个重大问题，进行了深入的对话。普里斯兰教授对上述问题的阐发具有鲜活的现实感，而笔者则从马克思主义金融资本理论和科学社会主义的角度作了相关论述。普里斯兰教授认为：资本主义曾经非常强大，而现在这个体系正处于危机之中；左右之间的鸿沟越来越大；英国的脱欧运动和特朗普的政治激进主义，表明英国和美国的新自由主义政治系统的秩序正遭遇到了根本性的崩溃。这是一个旧体制崩溃而新体制尚待形成的时期，在这个时期，保守主义政党更趋右倾了，民众更激进化了，左翼也发生了激进主义的转向；在一些国家，比如美国和英国，左翼将有一个好的未来。普里斯兰教授还对苏联社会主义在列宁时代、斯大林时代、戈尔巴乔夫时代的经验教训作了阐述,对中国社会主义的模式解决了国家和市场的结合表示赞许。

一、英美新自由主义秩序的危机

英美新自由主义秩序正处于根本性的崩溃之中,而要理解新自由主义秩序崩溃的内在逻辑,就要理解新自由主义秩序的内涵,就要理解新自由主义秩序下社会对立的加深、国家能力的衰退、国际关系的逆转、新自由主义秩序自我否定的逻辑。

第一,新自由主义秩序的内涵

普里斯兰教授:新自由主义这个词有多种用法。其一,人们会用"新自由主义"这个词来形容英国这个国家的大学所发生的变化。英国大多数大学仍然归国家所有。那么,人们为什么会说大学变成了新自由主义呢?这说的是市场机制被引入大学,使大学相互竞争。说的是人们要上排行榜,要申请助学金,要竞争助学金。这相当于引入了一个市场机制。有些人会说这对学术价值和学术质量是有害的,所以会说这个市场机制就是某种程度上的新自由主义。其二,新自由主义也可能意味着整个体系,也即意味着自 20 世纪 70 年代以来的整个市场体系,意味着公共市场。其三,新自由主义意味着激进的金融化。有些人可能会说,这是金融的问题,而不是市场的问题。但是,如果我们批评市场问题,我们必须研究金融问题,必须研究银行的力量,因为它造成了市场的动荡和不稳定。

笔者:要把握住新自由主义,需要把握住新自由主义的形式和内容及二者之间的相互关系。其一，就形式方面来说，新自由主义是指从抽象人出发所引出的形式自由、契约自由的一系列规范体系，也即包括人格权、所有权、自由放任的经济契约关系、最小国家、世界公民权、人权高于主权等一系列从抽象人出发所引出的规范体系，这是新自由主义理论的形式方面。其二，从内容方面看，新自由主义是对金融资本运行机制的一种表达，新自由主义背后所真正描述、辩护、体现、依赖的主体是金融资本。新自由主义所确定的契约自由只是金融资本运行的形式特征，只是金融资本自我肯定的自我意识，只是与金融资本相适应的政策体系、意识形态。其三，新自由主义包含其形式和内容两个方面之间的对立。金融资本在其顺利积累、上升时期，新自由主义会很好地与金融资本相耦合，但是金融资本积累导致社会的贫困化和资本过剩，不断破坏着金融资本自身的积累条件，金融资本进入危机和下降期，这时候，新自由主义就会蜕化为其他形式。

第二，新自由主义秩序下社会对立的加深

普里斯兰教授：在战后布雷顿森林体系下，国家控制银行和调节货币，调节政府和商业的债务规模，可以非常严密地调控经济。从 20 世纪 70 年代末到 80 年代以来，新自由主义取得了胜利，金融资本在新自由主义秩序中的作用变得强大。美国和英国一直是金融中心，特别受到这个模式的影响。银行的真正兴趣并不在于经济发展，他们通过提供投机产品来赚钱，当他们带来恐慌时，就抽身而去。这是一个波动的经济。马克思经常谈论这些，马克思的一般方法是强调资本的重要性，强调资本、金融资本在产生剥削和不平等关系中的作用。这些分析现在变得流行起来了。部分原因是金融危机。自金融危机以来不平等加剧了。在2008年之后采取的许多政策实际上增加了不平等，是量化宽松政策增加了不平等。马克思的经济学提供了非常有用的分析工具，这吸引了很多年轻人。金融体系对普通美国人不利，对许多工人阶级来说是非常糟糕的。美国是非常不平等的社会，美国的人医疗保障很差，人们陷入债务深渊。在英国、美国，可能在整个西欧，还普遍存在着对自由市场制度进行批评的观点。还在金融危机之前，就出现这种普遍的批评市场的观点。在过去的十到十五年里，事情发生了很大的变化。新自由主义模式现在陷入了重大危机，陷入了整个体系的危机。

笔者： 人们常常把金融资本理解为虚拟资本，认为这是虚拟的、是附加在实体经济当中的一个不正常、不必要的一个部分，而实际上金融资本是真正的实体、是真正的主体。金融资本一系列的积累机制之所以能够建立，正是因为它从实质上、内在关系上、内在运行机制上支配了职能资本，支配了产业资本、商业资本、银行资本等。金融资本既推动社会的发展，同时也把社会当作剥夺的对象。金融资本一旦支配了经济的关键环节，它就有能力建立一套寄生性、剥夺性的积累机制，通过这一套寄生性、剥夺性的积累机制，工薪阶层在社会生产过程之外再次遭到剥夺。另一方面，随着金融资本寄生性积累的加强，产业资本的成本不断上升，竞争力也会下降，积累中心逐步会发生转移。金融资本不但是一个主体，而且还是一个包含内在矛盾的、自我扬弃的主体。新自由主义放纵了金融资本积累,带来中产阶级衰落、工人阶级贫困化等一系列社会对立。

第三,新自由主义秩序下国家能力的衰退

普里斯兰教授:新自由主义反对监管,让市场来决定一切。国家只是为市场制定法律,国家有时可能有一些铁路和一些基础设施,但也仅限于这些。在20世纪五六十年代,国家有钱,现在是银行有钱。金融资本拥有太多的政治权力,金融资本利用现行体制向政客们支付献金。2008年的情况表明,美国很难控制银行的所作所为,而且还不得不拯救整个银行。向银行投入巨额资金,这是美国欠下巨额国债的部分原因。英国政府负债的重要原因之一,是金融危机,拯救银行要付出很多钱。美国的整个模式一直是依靠债务的。美国是一个帝国,它想用债务来支付战争,这也是美国负债的原因之一。

笔者:新自由主义要解除国家对金融资本的管制,把国家变成形式主义的最小国家,只维护金融资本运作的外在条件,比如说保护私有权、保证契约的如期履行、降低资本税率、提供与金融资本的积累需求相适应的货币政策、保护金融资本的国际积累、在必要时替金融资本打仗,等等。这样一来,自由主义就转化为一系列与金融资本相适应的政策体系。国家要执行公共职能,又不得不依赖金融资本所提供的信用,也就是说,国家靠金融资本所提供的这些信用卡来完成救助金融资本的社会职能。通过国债制度,金融资本就牢牢支配了国家。在美国金融危机之后,我们可以清晰地看到国家完全按照金融家的利益来运作,国家一方面减少对金融资本的管制、减税,另一方面又要削减社会福利、减少财政支出。金融资本的利益就是国家的灵魂，国家为了保护金融资本利益，不得不向工薪阶层进攻，这就是自由主义国家的阶级性质和客观逻辑。人们曾经认为国家是中性国家，国家是全体公民的国家，但实际上，形式上的全民国家不得不在现实中屈从于金融资本的利益、成为金融资本的工具。金融资本的积累造成了债务国家，造成了国家治理能力的衰弱，而衰弱的国家不得不继续向金融资本举债，进而使国家的能力更其衰弱，这就是新自由主义国家在现实中运行的必然结果。

第四，新自由主义秩序下国际关系的逆转

普里斯兰教授：金融的问题是不稳定。国际银行有很多自由，一个国家无法控制全球体系。全球问题需要一些全球性的解决方案，需要一些全球性的协议。这会引起一整套的政治问题。答案是让一些全球监管机构来监管这一体系，让一些全球国家来监管，来采取措施确保全球银行负责任地放贷。全球舞台上人们希望美国会变成那样的国家，但它并没有变成那样。现在，它变得更不负责任，也即比克林顿、奥巴马领导下更不负责任。这个世界目前还没有达成协议的好基础，世界上的共识似乎越来越少了，世界好像比十年前有更多的冲突，因此，问题的解决更困难了。现在，新自由主义者不喜欢世贸组织，或者不喜欢欧盟，不喜欢规章制度。更多的新自由主义者成为反对移民的右翼民族主义者。

笔者：新自由主义所支撑的金融资本国际积累拓展了世界市场的规模，但是金融资本的国际积累也破坏着自身积累的条件。金融资本在中心国家演化为一个寄生性的经济体,造成了产业空心化、工人阶级失业、中产阶级贫困化,它还造成了边缘国家的混乱秩序,这样就压缩了金融资本自身的积累空间。金融资本所导致的危机是金融资本自身的逻辑所导致的,是金融资本的寄生性积累所导致的,但是金融资本却把危机归咎于其他国家。金融资本以寻找替罪羊的方式来解决自己的危机,但是,第一,靠替罪羊解决不了危机,第二,其他国家也不可能臣服于这样一种外在的压力,由此就导致了国际关系的一系列紧张和逆转,而国际关系的紧张和逆转又进一步破坏了金融资本国际积累的条件,使金融资本陷入更大的危机。金融资本活动于一系列相互矛盾的政策当中,例如美国,如果限制从中国的进口,那么就会提升本国的生活成本,使中产阶级的生活条件进一步恶化;如果想提升美国的制造业,就必须使金融资本贬值等,这样就会降低本国作为世界金融中心的作用,使这个金融资本的核心国家沦为一般的国家,而这是金融资本所不愿意做的。金融资本自身只能徘徊于这样相互矛盾的政策当中。这时候,金融资本也可能会铤而走险,寻求一系列非常规的办法来维持自己金融资本核心国家的地位。因而,世界体系的危机,在未来相当长一段时间之内是不可测的,包含着相当危险的潜在要素。

第五,新自由主义秩序自我否定的逻辑

普里斯兰教授:在英国、美国的学界中,你知道的越多,就会发现越多的左翼观点。左和右的分歧表现在关于市场和国家关系问题上,例如,在解决环境和生态问题时让市场还是让国家发挥更多的作用。现在，对市场有非常强烈的批评，这种批评不仅仅是来自左翼，也来自右翼。大家都认为，现在的体系是失败了，必须改变，甚至右翼、保守党也这么说。在 20 世纪 90 年代以及 21 世纪头几年，人们之间存在着分歧，但也还存在着普遍的共识，即认为当时的体系是运行正常的。人们在基本的问题上达成了一致。但是，今天这个基本的共识不存在了，这个体系崩溃了，极大的两极分化出现了。上一次出现类似的情况，是在撒切尔夫人时期。她是一个很有争议的人。现在我们正处在一个历史性变革过程中。生活在不稳定的时代，很吸引人，也令人担忧。右翼人士是保守派，他们从秩序和等级制度的角度看待世界。他们认为，等级制度是组织事情的正确方式、人们更快乐的方式。我不是右翼人士，但我认为，右翼人士就是这样看待世界的。但问题是，你相信纯粹基于市场的等级制度，富人应该根据市场统治这个地方，还是你认为等级制度也应该是另一个基础？认为我们应该比其他国家或其他性别更好，就像民族主义。这是右翼看待世界的一种方式。他们相信国家等级制度，或者相信性别等级制度，他们是民族主义者。

笔者：新自由主义以形式自由本身否定了前资本主义一系列身份制，但是又确立了以资本积累为新基础的新的等级制，因而，新自由主义自身向旧的等级制的过渡也是非常自然的。新自由主义是以金融资本为中介而过渡到新的等级制度的。新自由主义自身的一套形式自由的逻辑，在现实中总是坚持不住的。新自由主义的一套形式自由的抽象逻辑体系，随时要有现实的主体、要和金融资本相结合，因而随时要对自己的逻辑做折衷主义的变通。在金融资本的危机阶段，新自由主义把金融资本积累所造成的身份制跟各种旧的身份制相结合，通过强调民族的、族群的对立，而过渡到极端的民族主义。对新自由主义来说，这也是非常自然的逻辑。在发生这种转化的时候，新自由主义的另外一些核心政策，例如自由放任、减税、减少对金融资本的管制等这些金融资本所需要的核心政策恰恰得到了保存。因而，可以说新自由主义在形式上自我否定，其实也是为了维持自己的一些核心的理念，这是我们把握新自由主义向新民粹主义过渡的一个基本要点。因而，新民粹主义可以看作新自由主义的一种变形的、蜕变了的、不正常的一种形式。新民粹主义和新自由主义之间并没有绝对的鸿沟，二者都服务于金融资本的利益，这样我们也就可以理解美国总统特朗普、英国首相约翰逊等一些自由主义者为什么能够与民粹主义相结合。

二、英美新民粹主义的崛起

新民粹主义是新自由主义的变体形式，是民众对自身处境出于本能和直觉的愤怒，是右翼政党对民众运动的政治蛊惑，是西方左翼领导能力长期蜕化的一种表现，新民粹主义解决危机的手段只能进一步加剧危机。

第一，新民粹主义是新自由主义的变体形式

普里斯兰教授：民粹主义有两个截然相反的团体，极右翼以及极左翼。民粹主义得到反移民的民族主义者的支持。有很多普通工人会参与进来,很多并不富裕的中产阶级会持有同样的看法。他们可以是右翼,也可以说极左翼,实际上,在20世纪90年代,他们变成了右翼,然后向极左翼的方向移动。他们主要关心的不是经济问题,而是国家认同,是移民的国家身份认同。

笔者:民粹主义有各种历史形式,在不同的国家、不同的地区、不同历史时期,内涵有所不同。我们要讨论的新民粹主义,特指2008年美国金融危机以来,尤其是特朗普当选总统以及英国公投脱欧以来,英美在新自由主义的核心地带所发生的民粹主义。新民粹主义是新自由主义在金融资本遭遇体系性危机条件下而发生的一种蜕变形式。新民粹主义的主要特征是强化族群差别,寻找替罪羊,转移矛盾,转嫁危机,掀起狭隘民族主义的情绪。新民粹主义是右翼保守主义的蛊惑、民众自身的不自觉以及左翼政党领导乏力等多种因素作用的结果。新民粹主义把极右翼和极左翼都裹挟进来,在国家主义和民族主义的旗帜下,把不同经济地位的人整合起来,模糊了内部的经济的对立,模糊了工薪阶层、失业者和金融资本之间的对立,而这正是通过夸大与其他国家和民族的对立来做到的。

第二,新民粹主义是民众对自身处境的本能的愤怒

普里斯兰教授:今天若英国再全民公投,也许将是一个55∶45的比例决定留在欧盟。三年前很多人在公投中投票时,并没有意识到这个问题是一个大问题。这些都是复杂的问题。那时,我对贸易问题一无所知,但是现在每个人对贸易问题都

知道很多,每个人都是贸易政策方面的专家,因为我们必须这样做。但当时人们知道的不多,这是一个复杂的问题。现在英国大多数人是想留在欧盟的,但仍有一批人将继续从事脱欧运动。

笔者:民粹主义是民众对自身所处地位的不自觉的、不全面的理解,是民众从直觉的、直接的角度来理解自身的处境,比如说把它归咎于其他国家对本国就业岗位的盗窃,归咎于移民、少数族裔等。这样,民众就不能从金融资本的内在机制、内在矛盾、内在悖论,不能从金融资本的投机性、寄生性和剥夺性积累的核心角度来理解造成自身处境的原因;民粹主义是还没有理解自身处境的真实原因的民众对自身处境的理解、反抗和愤怒;民粹主义是民众运动的初级阶段、本能阶段和过渡性的阶段。

第三,新民粹主义是右翼政党的蛊惑

普里斯兰教授:民粹主义和右翼民族主义,是一个联盟、一种力量。欧洲极右翼民族主义政党不喜欢移民,他们认为,移民破坏了国家认同感,降低了人们的地位。我们应该考虑美国保守主义者是如何思考的,传统保守主义比如埃德蒙·伯克,如何与特朗普、与美国民粹主义相联系?在英国和美国,这已经成为一个重要的问题。现在,新自由主义者发生了分裂,一部分成为反对移民的右翼民族主义者,另一部分仍然是世界性的反种族主义者,他们喜欢移民,因为它是廉价劳动力。但新自由主义中也有强烈的民族主义者,他们支持脱欧。他们宣称将利用市场来改善国家的权力,要削减移民,要在驱逐外国人的基础上改善英国。他们不喜欢欧盟，因为要加入欧盟，就必须允许来自欧盟其他国家的移民。他们所持的观点，在普通人中并不流行，在英国或美国，这不是一个非常流行的观点，至少在英国不那么流行。他们会得到很多普通人的支持。由于这两个国家的选举制度都不是真正由多数决定的制度，而是可以在少数人支持的基础上获得政府权力，加之媒体和各种原因，这些人获得了很大的权力。市场取向的自由主义者和激烈的民族主义者之间结成了联盟，例如，在英国，鲍里斯·约翰逊政府，以及政府中的很多人，还有很多其他自由市场的支持者，也是民族主义者。

笔者： 新民粹主义是右翼政党以外部民族对立掩盖内部经济对立的政治蛊惑。由美国总统特朗普所体现的新民粹主义是新自由主义的一种蜕变的形式，他的核心政策是减税、放松政府对华尔街的管制、削减社会福利等。共和党是新自由主义政党，特朗普正是领导着这个党蜕变为民粹主义的。美国的政党并不是一个严格的统一纲领的政党，而是为选举获胜而组织起来的。政党内部是由不同观点、不同纲领的人所构成。在总统的竞选中，共和党内部的不同候选人为争取选票会提出不同的执政主张，特朗普就是美国总统大选中涌现出来的一匹黑马，他本来是共和党内部的少数派，作为商人此前没有行政经验，言辞怪异，不被看好，但是却迅速获得了民众的支持。特朗普不断强调移民问题，把这一本来在美国政治中不重要的问题强调到前所未有的高度，成功地挑拨了民意，转移了注意力。特朗普又进一步挑战美国的传统的自由主义观念，挑战美国的"政治正确"，提出了一些不见容于美国传统主流政治文化的观点和主张。但是，通过这些变通，特朗普非常巧妙地维护住了金融资本的核心利益，而又把民众运动整合到自己的支持者阵营中。右翼政党在争取选票的内部竞争中，终于分化出一支特朗普这样的力量，找到了把金融资本的核心利益与民众运动的不自觉形式相结合的政治主张和政治语言，这就是新民粹主义。新民粹主义成功地转移了矛盾，把人民大众的批判视野从金融资本批判转向寻找替罪羊的狭隘民族主义上去了。新民粹主义导致了西方政治理念和政治力量格局的变化。

第四，新民粹主义是西方左翼政党领导乏力的表现

普里斯兰教授：西方左翼存在着两支力量的分歧：一个是基于经济差异的左翼，另一个是基于文化差异的左翼。首先，基于经济差异的左翼。在过去的几年里，不平等和经济驱动力问题在西方知识分子中复活了，金融危机增加了西方年轻人对马克思经济学的兴趣。但是，在西欧的大多数地方，社会主义政党的表现都很差。部分原因是这些社会民主党以及其他中间偏左的党，曾经朝着新自由主义方向移动，变成了中左的新自由主义。在20世纪90年代，西方产生了一种中左的新自由主义，即国家更多参与其中的新自由主义。这一中左的新自由主义时期即克林顿、布莱尔主导的时期。现在，他们不受欢迎了。现在出现了一个激进的左翼来批评他们。激进的左翼，例如科尔宾就做得很好。就其经济批判而言，它可能会取得一些成功。问题是，科尔宾在民族主义、世界主义的问题，在移民

以及类似问题上造成了人们的分裂。其次，基于文化差异的左翼。左派与一整套文化问题有关，这些问题吸引着年轻人。社会等级制度和文化等级制度的问题，特别是文化问题，也可以称之为身份政治问题。在20世纪70年代，工党、左翼对性别平等问题一点也不感兴趣，甚至具有相当程度的性别歧视。它对环境问题也不感兴趣。然而，在90年代，它变得更加具有环保意识，在文化、性别问题上更开明自由。在英国和美国，在某种程度上，左派在年轻人中表现得相当好，他们在移民问题上更开明，在性别问题上更开明。他们更反民族主义。社会主义是关于平等的；平等就是试图摆脱阶级、等级制度，也包括种族、种族等级制度，例如，西方白人为什么比非白人、比移民更优越以及拥有更多的权利。另一种是在性别问题上的等级制。为什么男人和女人要形成等级制呢？为什么马克思主义与之不相容？这是一个新左派的立场。当然，有些人会认为，一个正统的经济马克思主义者会说这不是一个优先事项。但在越来越多的西方年轻人中，这些问题更为重要，这是他们的部分立场。最后，将基于经济差异的左翼和基于文化差异的左翼两者结合起来。现在越来越多的人在做这种努力。在某种程度上，1968年那个时期，是第一次把文化左翼和经济左翼结合起来的尝试。新左派更多的是文化上的左翼，但也是经济上的左翼。20世纪60年代、70年代以后，文化左翼和经济左翼更加分裂了。但现在，我更多的感觉是，它们是相互兼容的。为什么不能兼容呢？马克思在经济学创作时期当然关注经济问题。然而，正如20世纪60年代的新左派所说，还有一个早期马克思,还有《1844年经济学哲学手稿》,在那里,马克思关心异化的问题。因此,经济左翼和文化左翼可以兼容,人们正在做出努力。现在英国年轻一代人的态度比我这代人在性别、性等方面更偏向文化左翼、更开明自由,但所处的经济状况比我年轻时的经济状况要差一些,我们这一代人的经济状况比他们这一代要好得多。从某些方面来说,这就是问题所在。年轻人中也有分裂,年轻人也会为右翼民族主义所吸引。现在,把经济左翼和文化左翼结合起来,这又变得很困难,因为更多的经济左派会说:我不关心环境,我不喜欢移民,我不喜欢两性平等,我想要传统的性别等级制度。

笔者:自新自由主义支配经济、政治关系以来,左翼政党也越来越向新自由主义靠拢,社会生产者阶级的组织和阶级意识的培养长期被忽视,民众只是选票政治中的投票者,他们的短期利益、局部利益被强调,而其长远利益和阶级意识被忽视。当然,左翼政党本身也逐步丧失了这一系列的理论能力和组织能力,而与新自由主义越来越融合,寻求所谓的第三条道路,也即试图在新自由主义和社会民主主义之间寻求第三条道路,这实际上是左翼在社会民主主义的基础上进一步新自由主义化。这是资本主义上升时期的结果。左翼政治的另一支力量,越来越转向文化和意识形态批判,并日益与后现代主义思潮结合起来。后现代主义反对经济决定论、反对经济基础决定上层建筑,重新强调身份政治,强调离散的、个别的、片面的斗争,忽视了对生产关系、金融积累的内在整体关系的分析。左翼政治的上述情况是金融资本在长达几十年的长期繁荣所导致的。当金融资本的积累导致结构性危机的时候,左翼政党也是毫无准备,对群众运动束手无策,这可以从美国民主党在大选中的表现中看到。美国民主党在克林顿时期曾和英国首相布莱尔一道被看作是在新自由主义和社会民主主义之间开辟新道路的,是左翼适应新自由主义的表现。在2016年美国总统大选中,很多民众抛弃了民主党的希拉里,而支持了特朗普。

第五,新民粹主义解决危机的手段只能进一步加剧危机

普里斯兰教授:脱欧运动将给英国带来什么样的未来?大多数学者都是反对脱欧的;知识分子、受过教育的人往往更国际化和亲欧洲。脱欧对大学非常不利。主张脱欧的人会说,英国在欧盟之外会更好。我想唯一可能的好处就是你没有移民。有些人不喜欢移民,他们不想要任何移民。然而,英国经济确实非常依赖移民。就我个人而言,我认为移民对这个国家的文化是件好事。民族主义者会说,没有移民,英国会变得更好;他们不关心经济是否恶化,他们真的不在乎,他们愿意做出这种牺牲。新自由主义者会说,这只是一个较小的群体,但政府里有很多这样的人,他们认为,离开欧洲经济上会好得多,因为这样就可以更放松管制,就不必有欧洲的监管,可以减税,可以削减工人保护,可以削减所有这些规定,可以成为一个更具市场竞争力的地方,而且可以更接近美国,会变得更像一个美国经济体。我个人的观点与此相反。英国的经济得益于它是欧洲的一部分,受益于那些依赖于对欧贸易的行业;英国不是一个很好的工业区,但就银行、专业服务、计算机、IT而言,所有这些都在很大程度上取决于与欧洲的一体化,而这些正是

经济的成功部分。英国经济的成功或在东南部，在伦敦周围，他们依靠移民，依赖受过教育的年轻人来留学，英国大学在经济上是相当成功的。如果你去掉所有这些成功的产业，如果没有欧洲贸易，整个经济将长期受挫，英国会有一个长期的衰落。如果无协议脱欧，那会非常糟糕。如果我们达成了特雷莎·梅的那种协议，那就相当糟糕了，因为它不包括服务业、银行、教育，不包括所有这些。因此，考虑到这些地区的经济，这是在破坏那些地区的活力，这正像如果中国决定突然撕毁任何涉及制造业、工业、计算机等主要出口行业的协议，那就是在摧毁这些行业。

笔者：金融资本的积累条件是由金融资本本身破坏的。金融资本在把凯恩斯主义、新自由主义一系列政策空间用尽的情况之下，造成了一系列的危机，在这种情况下，金融资本试图寻求民粹主义作为解决问题的突破口，这是很难的。历史已经多次证明，在金融资本的这样一种结构性危机的时期，通过民粹主义、通过互相输出危机的办法解决危机，只能使危机更加严重。第一次世界大战、第二次世界大战正是在这样的基础之上发生的，战争并没有拯救资本的危机，而是带来了一系列社会革命。新民粹主义的困局之中，社会运动将会逐步找到自身的正确形式。民众只有通过与社会主义相结合，才能寻求到摆脱金融资本及其所造成的经济、社会、政治危机的正确道路，虽然代价可能是巨大的。

三、东方社会主义道路探索的世界意义

东方社会主义的道路探索提供了一种区别于西方新自由主义的价值观、政治哲学和经济模式，东方社会主义的探索对西方克服新民粹主义提供了有益的道路参照，为推动全球化的继续深入发展提供了有益的基础。

第一，东方社会主义提供了一种区别于西方新自由主义的价值观

普里斯兰教授：生态问题是个大问题。这事关我们如何生存下去。我们的整个经济模式从 1945 年以来一直是以生产总值增长为基础的，而且从 1970 年开始变得更糟。问题在于能不能真的不要发展，能不能有一个基本上不增长的经济模式，这是一个重大的激进的事情，人们并不习惯。我认为，一个根本的问题是，我们如何协调环境问题和发展问题？当然，当西方说它想削减资源和碳排放以及所有这些东西的时候，问题是，谁做得最多？西方已经开发了许多环境资源。现在它告诉世界其他国家，他们不必为了减少排放而发展。对发展中国家来说，这是一个特殊的挑战，因为在某种程度上，发展中国家正试图改善经济，这将占用大量的人力和环境资源。这是生态问题。另外，我们再谈谈文化问题。我的知识积累是马克思主义的，我刚读过儒家思想，但不是儒学专家，我被邀请在曲阜的孔子论坛上发言，这是我第一次想到儒家学说。把马克思主义与儒学结合起来，是可能的或者说是不可能的？据我所知，

存在有不同的观点。当我在北京大学的学术讲座上讨论这个问题时，有很多人认为这是不可能的，认为它们是不同的系统。当然，儒学和马克思主义在很多方面很不一样。马克思反对等级制度。儒家思想，至少中世纪的儒家思想相信等级制度，相信社会和家庭的等级制度。儒学反对现代化、反对现代性，尽管许多研究儒学的学者试图以各种方式使儒学现代化。但我认为，社会主义与儒学的相似之处在于，两者都有一个社会团结的要素，这就是为什么有些人会把它们结合起来。它们可以以非常不同的方式结合在一起。在新加坡，李光耀把儒学和一种资本主义结合起来，这是一种半资本主义哲学。但是，中国的新左派，例如汪晖，他试图在社会主义中使用一些儒家思想。就像基督教，人们可以认为基督教是一种非常保守的东西，但它可以和某种社会主义因素结合起来。

笔者： 在生态问题、文化问题等问题上，社会主义可以提供不同于新自由主义的价值观。但社会主义在价值观上的变革，最主要的是提供了与新自由主义之形式自由哲学不一样的自由哲学，也就是说，社会主义要解决生产资料的金融寡头垄断问题，要在生产资料社会联合所有的基础之上重建个人所有制，这样才能解决所有权中所包含的矛盾，才能使所有权成为个性自由的基础。形式自由抽掉了人们之间在生产关系上的实际差别，抽掉了人们社会地位上的差别。形式自由无法克服生产资料的私人垄断，无法克服物化的社会权力，由此走向自己的反面。形式自由将把每个人看作孤立的原子般的个体，这种形式自由也必然会对前资本主义的制度文明作历史虚无主义的理解，把那看作是身份制、等级制、不平等社会关系的集中体现，看作是不自然的关系，而把形式自由自身看作是一种基于理性、自然法、自然权利的一种天然的关系，这样就必然不能正确评价形式自由之前人类制度文明所取得的成果。马克思主义则在形式自由和实质自由相统一的基础之上，既批判吸收自由主义的合理成分，也批判吸收前资本主义时代伦理型社会文化的合理要素。儒学对于伦理自由、对于社会团结、对于社会整体和谐的强调，对克服自由主义形式自由的抽象性有很大的价值。儒家文化也吸收了法家的法制精神，儒学也包含着很多合理内核、具有很多理性化的要素，这对克服形式自由的内在缺点，对丰富社会主义的价值规范体系，是有相当的理论价值的。

第二，东方社会主义提供了一种区别于西方的国家哲学

普里斯兰教授：马克思主义在西方的影响和在中国的影响，其动力有所不同。随着列宁模式的兴起，马克思主义在很大程度上被改变了。列宁主义和一个有条理、有组织的国家的观念相联系。在某种程度上说，中国已经成功地运用列宁主义的国家模式和党来发展国家。在中国，马克思主义就是要建立一个国家的组织，发展经济，这就是马克思主义在中国极其重要的原因。与有组织的国家观念相联系的马克思主义，不是西方研究马克思的学者更感兴趣的议题，许多西方知识分子谈起马克思主义的重要性时说的是需求，是关于平衡过度市场化的需求。在20世纪20年代，国际上的经济自由主义体系正处于危机之中，产生了很多国际冲突。20世纪20年代之前，苏联

是一个农业国家,它在政治上很弱,而且它有像德国这样的侵略性邻国。鉴于这些情况,苏联倾向于从市场转向更为中央集权的方向。在某种程度上,斯大林模式在建设方面非常有效,尽管有很多问题,尽管政府犯了许多经济错误,导致了饥荒,发生了从经济上看并不必要的暴力,导致了其他很多消极的后果,但作为一个广泛的计划经济体系,其意图是建立战备武装、金属工业和武器制造体系。这一涉及广泛领域的计划经济体系,强调重工业的发展,这不利于个人消费,但有利于建立军事工业。可能有人会说斯大林模式不是必要的,但这个系统在那一时期确实有着重要意义。

笔者:社会主义的内核就是用社会联合所有取代金融寡头所垄断的社会生产资料和交往资料,而社会联合所有在一定的历史时期又必然要采取国家所有制的形式。这样,国家就要执行积极的职能,就要改变新自由主义的极小国家观念,把国家从金融资本、金融寡头的工具变成社会利益的集中代表,这是社会主义国家的国体概念,即作为社会联合所有制的代理人来执行职能的国家。这种国家要依赖一个先锋队,依赖一个使命型政党,而不是西方那样一种选举型政党。选举型政党容易分裂人民的意志,而人民意志的分裂是有利于金融寡头对政治生活的支配的。共产党作为先锋队的组织,作为人民意志的集中表现,作为一个没有自己特殊私利的政党,依赖于先进的纲领,依赖自我革命,依赖人民民主。社会主义政权的一系列的组织形式不同于西方三权分立的政治制度。社会主义国家具有西方自由主义国家所不具有的国家能力,而国家能力的衰退正是西方新民粹主义乱局的原因之一。

第三，东方社会主义提供了一种区别于西方的经济模式

普里斯兰教授：如果没有一个非常强大的发展型国家，发展中国家很难利用市场体系。合理的经济模式应把国家和市场两者结合起来。那种纯粹的国家体制，例如旧的苏联体制，在经济创新方面很不擅长。中国首先很好地解决了从计划体制到市场体制的过渡。中国模式成功地结合了国家组织的优势，国家的精力集中于特定的部门并以特定方式引导市场；中国模式也利用市场的作用，即提供激励，提供创新。在20世纪20年代，苏联有一个更为市场化的体系，它是一个计划和市场相结合的体系。在20世纪20年代末和30年代，由于1929—1930年财政危机，低食品价格、商品价格存在着很大的问题，因此，利用这个市场体系来发展经济变得非常困难。斯大林以不合理的方式从农村抽取了大量资源，把它们投入工业，导致了农村的饥荒，而这往往是这种国家主导的工业化所常有的问题。这是一个错误，这不是国家政策的必然结果。在苏联，在计划经济体制中，国家拥有一切，国家完全主导了经济，没有真正的市场，这又常常导致效率低下。苏联在20世纪七八十年代如此不发达，部分原因是它从未真正改变过这个系统。一旦建立了一个制度，就很难改变它，因为肯定有既得利益者，不同的团体基于不同的理由想维持这个系统，而且这些人的想法和利益很难被阻止，因为他们拥有政治权力，支配着重工业，他们支配着军事部门。戈尔巴乔夫试图改革经济，他采取了一个非常激进的立场。保持旧体制的经济发展符合官员的利

益,戈尔巴乔夫试图对抗他们,他试图破坏官员的权力。戈尔巴乔夫没有能力摧毁他们。他破坏了整个国家的制度,国家崩溃了。在戈尔巴乔夫时期,在市场还不存在的时候,国家体系被摧毁了,没有人有权力命令任何人去做任何事情,所以,引起一片混乱,发生了在某种程度上的冲突。邓小平改革成功地鼓励了国家官员支持改革。邓小平所做的,就是鼓励国家官僚支持市场,他说,如果你支持市场,如果你有增长,你的地区可以获得一些利润。他们可以把利润中的税收用于当地投资。地方政府能够建立小的企业,也被允许保留部分税收。于是地方政府就有了动力,官员同意引入市场。国家可以尝试一种激励,给他们设定目标,如果他们有目标,就给他们更多的奖金。所以,这是一个国家组织的激励结构的混合体。现在,从逐步改革的角度来看,这是一个积极的方面。邓小平改革的一个成功之处,就是他允许个人建立私人企业。邓小平80年代的改革政策更像是对列宁在20世纪20年代确立的新经济政策的一种回归。但是到了90年代,它变得更加注重外国投资和大公司。80年代与列宁的新经济政策更为相似,但到了90年代,它变成了一种特殊的中国模式。

笔者:资本所引领的价值革命是自然经济中分散的小生产走向社会化大生产的一个必要的途径。在资本的价值革命的过程中,产业链、商业链、信用链的组织不断发生革命,这都推动了人类社会发展,推动了人类历史从地区史走向世界史,从局部的、分散的历史走向整体的、联合的历史。所以,社会主义,尤其是从落后国家率先取得胜利的社会主义,还不可能一下子排除掉资本。如何探索利用内外资本主义，如何把内外资本主义的必要经济成分结合到社会主义基本制度当中来，这就是东方社会主义国家探索的一个基本内容，从列宁的新经济政策到毛泽东提出的新民主主义社会的构想，再到中国的改革开放，社会主义经过曲折的过程，基本上探索到了一个相对稳定的制度形式，那就是公有制主导之下的市场经济、社会主义市场经济，这一基本经济制度既能遏制金融资本的投机性垄断，又能充分利用职能资本所引领的价值革命及其对社会生产的推动作用。这样一来，社会主义就终于通过自己的历史探索，找到了一条能够内在超越和扬弃金融资本的经济发展道路。

第四，东方社会主义对西方克服新民粹主义提供了有益的道路参照

普里斯兰教授： 中国在经济上取得的成功使许多人摆脱贫困，保持增长。俄罗斯和东欧国家的人更怀念苏联，而非20世纪90年代，人们对斯大林和列宁的整体评价也有所提高，对苏联的怀念，原因是多重的，经济的、历史的、民族主义的、代际的原因都有。如果你是一个20世纪70年代的工人，在苏联生活或许并不美好，但它是稳定的。我认为还有一个因素让人们怀念苏联的过去，那就是20世纪90年代的经济崩溃，这是一个非常迅速的市场化尝试。部分原因是政府垮台了。从戈尔巴乔夫开始，到90年代的前几年，整个政府崩溃了，产生了很多政治冲突。90年代是一个非常困难的时期。政治变动频繁，商业腐败很多。因此，90年代被许多人视为一个非常糟糕的时期。那时，人们看到了自由市场经济的一个

相当极端的景象，即一个混乱的自由市场经济。所以，从某种程度上说，普京基于20世纪90年代的经验，通过一个不那么自由的经济体系而获得了支持。

笔者：英美世界的新民粹主义，作为解决金融资本积累危机的办法，将不可避免地加剧危机。只有社会主义制度才能取代金融寡头，才能消除金融寡头投机性、剥夺性、寄生性积累的机制。也只有在社会主义的基础上，民众运动才能找到正确的方向，才能消除民粹主义赖以产生的土壤。只有社会主义制度才能做到这一点，因为社会主义制度本身就是深入到自由主义背后内在地超越和扬弃金融资本。

第五，东方社会主义为推动全球化的继续深入发展提供了有益的基础

普里斯兰教授：中国在某种程度上从经济上受益于这个全球自由市场体系。20世纪七八十年代，各国有很大的机会参与全球市场。美国也允许来自中国的出口，并一直鼓励中国这样做，作为对抗苏联的一部分。20世纪80年代和90年代的中国非常依赖外国投资，现在的中国不是如此了。像新自由主义曾对中国很有好处，可能对美国没有好处，但对中国有利。如何控制金融资本，这是个大问题。怎么调节它？由一些全球性的国家、全球性的机构来管理这种全球性的金融，也许是一个理想的选择。但许多国家不会喜欢这样做。我怀疑中国会喜欢，但美国不喜欢。有很多人担心会有另一场金融危机。如果发生这种情况，谁会帮助世界、拯救世界？美国会吗？特朗普会拯救世界吗？2008年金融危机中，欧洲是被美元拯救的，

美国给了欧洲巨额美元来拯救这些银行。现在,特朗普不会再那样做了。所以,如果有危机,会发生什么?

笔者:社会主义有没有能力引领全球化?社会主义本身就是从世界历史的运动中产生的。在列宁那个时代,社会主义曾推动了殖民主义体系的瓦解,引领了民族解放运动以及社会主义阵营的建立,极大地改变了国际关系的格局。后来资本主义经历新一轮的全球化,斯大林模式的社会主义确实不适应经济全球化的新一轮发展。在列宁的新经济政策、毛泽东的新民主主义社会理论以及改革开放的基础之上,现在的社会主义市场经济能够适应、参与、推动全球化的发展,中国现在提出的一带一路倡议、推动共建人类命运共同体等,使中国成为全球规则的维护者,中国的努力为推动全球化的继续深入发展提供了有益的基础。

四、小结

在新民粹主义崛起背景下重思东方社会主义,可以发现其在价值观、国家哲学、经济模式上区别于新自由主义的贡献及其对克服民粹主义、推动全球化继续深入发展所具有的世界意义。

第三篇　中国式现代化道路及其意义

第九章　中国模式的 70 年成就及其世界意义

——17 位国外左翼学者的视角[①]

建国 70 周年之际，中国模式的 70 年成就及其意义，成为学界关注的重要问题。带着这些问题，我们与参加 2019 年 10 月 12—13 日北京大学"当代中国与发展中国家现代化"国际学术研讨会[②]的外国学者们展开了对话。参会外国学者有，芬兰社会保障中心高级研究员佩蒂·哈基宁（Pertti Honkanen），爱尔兰国立大学经济学系荣休教授特伦斯·麦克唐纳（Terrence McDonough），印度旁遮普大学经济学系教授包文德尔·辛格·提瓦纳（Balwinder Singh Tiwana），印度德里大学经济学系助理教授萨拉邦德（Chandrasekharan Saratchand），

[①] 本章内容得到北京大学马克思主义学院马克思主义发展史专业博士生李文宇的帮助。
[②] "当代中国与发展中国家现代化"国际学术研讨会，也被称为第三届"小世马会"。2015 年、2018 年，北京大学召开了两届世界马克思主义大会。每两届世界马克思主义大会之间，还会召开一次小型的世界马克思主义大会，简称"小世马会"。

拉美社会科学理事会前执行秘书长、巴西里约热内卢州立大学教授埃米尔·萨德（Emir Sader），法国加布里埃·佩里基金会秘书长丹尼尔·塞瑞拉（Daniel Cirera），美国马萨诸塞州立大学经济学荣休教授大卫·科兹（David Kotz），俄罗斯莫斯科国立大学经济学系教授尤里·瓦西里耶维奇（Taranukha Yuri Vasilievich），韩国首尔国立大学国际关系研究生院教授赵英男，韩国瑞永大学副校长李龙洲（Lee Yongyeon），韩国瑞永大学教授金允培（Kim Yoonbae）、具伦希（Cho Hurnjin）、赵献珍（Koo Yoonhee）、金镇英（Kim Jinyoung）。这些外国学者从不同方面就中国模式70年成就、中国模式的本质属性和特点、西方世界发生变局的原因、中国模式在全球化秩序中的作用和挑战等问题发表了学术见解，国外学者的观点和看法对中国模式形成正确的自我认知具有重要借鉴价值。

一、中国模式的 70 年成就

2019 年是中华人民共和国成立 70 周年。70 年风雨历程的沧桑巨变和发展成就给国外学者留下了深刻印象。就怎样认识这 70 年的发展、如何看待改革开放前后两个时期、中国的发展历程意味着什么等问题，多位国外学者发表了自己的看法。

第一，这 70 年来的发展历程取得了巨大成就，是人类历史上的奇迹。科兹教授指出，中华人民共和国成立是世界历史上的大事。他于 1985 年首次访问中国，目睹了中国自那时以来所取得的巨大经济进步。哈基宁认为，70 年来，特别在经济领域，中国取得了举世瞩目的成就。他指出，中国目前已经建立了现代工业体系，科技、文化和教育事业也十分发达，国家的整体现代化水平较高。与科兹和哈基宁的观点相类似，萨德将中国70年的发展称作世界历史中的壮阔图景。在他看来，中国人民通过革命战胜种种压迫而争得独立；并在非常困难的情况下，不仅在经济领域，还有人民的公共权利等方面，实现了一系列发展。将中国的经济发展与韩国和日本对比后，赵英男指出，在增长率、增长持续时间、人口和经济体的规模等指标上，中国的发展是日本和韩国难以望其项背的。他认为，称中国经济的发展成就为奇迹，是毋庸置疑的。赵献珍则表示，中美贸易战从侧面反映了中国在70年的发展后所达到的水平，即已经可以和美国相抗衡。瓦西里耶维奇目前在深圳工作，用俄语讲授微观经济学。他说，自己去过中国的很多地方，近三十年来中国的巨变令他印象深刻。瓦西里耶维奇认为，在基础设施建设水平上，中国已经走在世界前列。麦克唐纳称，对比中国与其他发达国家的发展速度，称中国70年所取得的成就为奇迹毫不为过。塞瑞拉也表示，中国的发展速度尤为引人注目。他认为，中华人民共和国成立以来的70年使中国发生了深刻的变化。金允培则对中国70周年国庆阅兵式和习近平主席在讲话中对和平的强调，印象深刻。他认为，70年来，中国军事力量无疑有了质的飞跃；维护和平也需要强大的军事力量。同时，中国也成为可以牵制美国的重要力量。

第二，改革开放前后两个时期具有内在的一致性和统一性。赵献珍认为，国家发展与制度、领袖和国际环境都有密切联系。萨拉邦德进一步提出，改革开放前后两个历史时期具有同等重要的地位。哈基宁则指出，中华人民共和国前30年中建立的重工业体系为中国今日所取得的成就打下了坚实的基础。提瓦纳强调，当我们谈论中国的发展时，尤其不能忽视1949年到1978年这段时间。虽然在这29年中，中国实现的发展还比较有限，但中国确立了社会主义制度，其经济的基本结构是面向解决人民的经济问题和社会问题的。此后，中国经济实现了腾飞。提瓦纳说，尽管2008年经济危机对中国经济造成了不良影响，但这种影响并不是因为中国施行独特的政治体制。时至今日，中国经济由出口导向转为依靠内需，但这也没有动摇中国在国际贸易中的地位。他对此乐见其成。塞瑞拉则更看重改革开放以后的时期。他认为，中华人民共和国的70年经历了不同阶段，但1978年以后的阶段是最重要的。因为1978年的改革为中国和中国共产党指明了政治方向；二三十年来对全球化的融入，也使得中国在世界舞台上占有举足轻重的地位。科兹将改革开放前后两个时期结合起来考察，认为自1952年起，中国进入了建设社会主义的25年；没有这25年的社会主义建设，改革开放就不可能实现，改革开放前的阶段为中国经济的快速发展准备了条件。而自1978年以来，科兹说，中国为人民提供教育、妇女参与劳动的机会，推动了社会平等。但是，如果没有中央计划时期建立起来的工业基础，经济的快速增长仍是不可能的。科兹指出，从1978年起，中国将计划与市场、公有制与私有制相结合，带来了持续数十年的高速增长，GDP年均增长率超过百分之十。麦克唐纳则强调，对改革开放前的历史以及改革开放后的两个阶段的历史,不能一概而论,应分别进行分析,以便得出更确切的结论。他还主张把改革开放以来的历史,以1992年为界,也分为两个时期来考察。此外,学者们对改革开放以来出现的问题也表达了各自的看法。科兹承认,中国在经济高速增长的过程中也面临挑战,例如贫富差距问题,对实现社会稳定和发展造成了威胁。此外,计划与市场、国有制和私有制之间也有矛盾。哈基宁也谈到了改革开放40年来经济领域中的不平等问题,并对此感到担忧。瓦西里耶维奇谈到,中国的改革开放是对此前苏联模式存在的弊端的纠正。他认为,如何坚持和发展社会主义,是中国应该重视的问题;中国需要更多地总结苏联的经验教训。他特别指出,中国的改革开放已经进入深水区,遗留的问题都是硬骨头。瓦西里耶维奇认为,解决这些问题的关键在于中国共产党和中国政府。

第三,与其他第三世界国家相比,中国模式70年成就斐然。塞瑞拉在法国共产党中主要负责前沿研究工作,以探索适合法国和欧洲的发展道路,以期建设比资本主义更公正合理的社会形态。塞瑞拉指出,必须承认中国在历史和当下的地位都十分特殊,中国的市场经济是资本主义国家的研究者必须思考的问题。他进一步提出,中国的发展也将回答下列问题,即我们如何改变思维、变革社会秩序,而不是始终站在为资本主义辩护的立场上。萨拉邦德认为,中国70年的发展成就十分值得研究,特别是印度等发展中国家应当借鉴中国的经验。萨德生于巴西,曾任拉美社会科学理事会(CLACSO)执行秘书长,积极推动中国与拉丁美洲的交流。他指出,21世纪充满了机遇,而中国的实践为处理国家与市场的关系、处理不同国家人民的关系,提供了新的范例。他还特别强调,对巴西而言,金砖国家①是反对霸权主义、尊重多元文明的新型国际组织;而在金砖国家中,中国对巴西是至关重要的。因此,萨德非常希望中国和拉丁美洲能建立起和谐友好的关系。

二、中国模式的本质属性和特点

在考察中国和西方发展实践的基础上,重新审视中国模式无疑更有意义。中国模式为什么行?中国模式特殊在哪里?与苏联模式、新自由主义模式有何不同?中国模式的发展演变过程是什么样的?中国模式对其他发展中国家的价值和意义在哪里,换言之,中国模式是否具有普遍性?中国模式有无进一步完善的空间?国外学者就这些问题也发表了自己的见解。

第一,中国模式开创了不同于苏联模式的建设社会主义的新道路,坚持党的领导和社会主义制度是中国模式成功的秘诀。提瓦纳认为,谈论中国模式时,苏联模式是绕不开的;开创中国模式是为了避免重蹈苏联的覆辙。萨德指出,苏联模式的国家主义和官僚主义过分限制了市场和民间的活力,最终不利于生产力的发展。他强调,不考虑苏联的失败,就不能理解

---

① 金砖国家(BRICS),指巴西(Brazil)、俄罗斯(Russia)、印度(India)、中国(China)和南非(South Africa)等发展中的大国,由于这些国家英文首字母组成的BRICS与英语单词的砖(Brick)接近,故被称为"金砖国家"。

中国模式。萨德还主张，从某种意义上讲，苏联模式的失败为社会主义实践打开了新的发展空间。金镇英指出，中国的发展成就是对社会主义失败论的有力反驳。她认为，坚持走适合本国国情的社会主义道路，是中国成功的主要原因。金允培则认为，中国模式是一种开放的社会主义，它在学习借鉴和坚持自我方面实现了平衡。哈基宁说，在中国模式下，共产党调控市场，体现了社会主义的属性。他表示，参加此次学术研讨，使他进一步理解了资本主义和社会主义的差别。在此意义上，哈基宁认为，中国发展出了一种非常独特的模式。而在瓦西里耶维奇看来，改革开放是列宁新经济政策在中国的具体实践。他认为，中国模式在激励机制、利用市场建设社会主义和吸引外资方面取得了较大成果。与此同时，中国也没有放弃无产阶级专政，从而确保了无产阶级政党对经济发展全过程的管理。瓦西里耶维奇说，这就是中国模式成功的秘密。

第二，中国模式从建立到完善，经历了长期实践和探索。科兹将中国模式的逐渐完善放在世界历史进程中加以考察。他说，马克思对共产主义的构想激发了一个多世纪以来的社会主义运动和共产主义运动；然而，在1978年之前，中国确切的发展方向实际上尚未确定。因此，中国必须找到通向未来的道路。麦克唐纳则认为，中国的发展道路在改革开放的前后两个时期有着本质差别。他不赞同过多强调前后两个时期中的共性。在麦克唐纳看来，每个历史时期在内部逻辑和连贯性上都有完整性；这种协调一致是由制约经济的不同制度所决定的，经济制度、文化制度和政治制度之间存在相互作用。当这些制度运作良好、协调有序时，经济才能正常发展；不同历史阶段的制度运作方式是不同的。运用他的阶段理论分析中国的70年时，麦克唐纳指出，在1978年之前，中国经济是重工业和社会动员的结合，这种结合的协调程度决定了经济发展的进程，例如"文化大革命"时期就不成功；而1978年以后，特别是1992以后，多种所有制并存、劳动力市场化、政府干预减少，社会主义市场经济蓬勃发展起来。他认为，改革开放的前后两个时期确实存在国家管控经济发展的共性；但是，这两个时期的所有权关系实际上是不同的。

第三，中国模式体现了中国的特殊性，同时也包含普遍性，值得国际社会学习借鉴。赵英男认为，中国模式是东亚模式的一种变体，是东亚发展模式的中国版。赵英男认为，20世纪60年代起，在日本、韩国、马来西亚、新加坡以及中国台湾、中国香港等地，都可以找到东亚发展模式。他归纳了包括中国在内的这些国家和地区的共性，即发展至上、国家主导、社团主义和属于自己的意识形态；而中国的特殊性在于，外国投资的比例远高于其他国家或地区。赵英男认为，这主要是因为海外华人华侨群体的投资和中国的巨大市场对外资的吸引力。萨拉邦德指出，中国模式是对发展中国家发展道路的创举，开创了不同于新自由主义模式的新路。他谈到，中国的政府机构在解决实际问题中所发挥的作用，与其他发展中国家相比，存在着质的差别，这与新自由主义模式完全不同。萨拉邦德说，中国经验值得发展中国家学习，而且目前也已有许多发展中国家正在向中国学习。塞瑞拉同样认为,"走自己的路"不是中国的专利,但只有中国真正开辟了属于自己的发展道路。科兹提到,全球气候变化问题促进了世界社会主义运动,因为市场经济对此无能为力。他还举了二战时期美国举国动员、备战参战的事例后指出,在一些重大问题上和关键历史时期,计划比市场更有利于解决问题。因此,科兹认为,中国模式在上述领域有着独特的优势,值得其他国家学习借鉴。

第四,中国模式存在进一步丰富完善的广阔的发展空间。塞瑞拉主张从中国与发达国家、中国与南半球发展中国家的联结的角度,审视中国模式和中国道路。塞瑞拉认为,中国模式的独创性在于正确应对全球化的机遇与挑战。他说,数字革命和环境危机使当今的发展问题与20年前已经大为不同。中国作为一个大国,正面临着能源、农业、气候变化等种种难题,必须通过国际合作对其加以解决。比较了中国与巴西的发展模式后,萨德指出,巴西目前是极端新自由主义政府,和当今中国可谓是鲜明的对立;但是在卢拉总统时期,巴西与此完全不同。萨德还提到,当今拉丁美洲的一些领导人持反新自由主义立场,如查韦斯[①]。他认为,尽管委内瑞拉、阿根廷等国家采取的发展模式与中国不一样,但也并非完全是新自由主义式的。提瓦纳承认中国模式对发展中国家的发展很有借鉴意义,开创了新的发展道路,但他同时强调,发展中国家看重中国模

[①] 乌戈·拉斐尔·查韦斯·弗里亚斯(Hugo Rafael Chávez Frías,1954—2013),委内瑞拉政治家,1998年12月当选为总统,并在此后的三次总统大选中获胜。查韦斯积极推动拉丁美洲的"21世纪社会主义运动",对经济社会做了很多具有社会主义取向的改革。

式带来的农业和制造业的高增长率，同时对中国模式目前仍存在的弊端，如不平等问题，也表示关切。

三、西方世界发生变局的原因

与中国使改革、发展、稳定三者协调推进的局面相比，西方世界不算太平。英国脱欧、特朗普掀起逆全球化、民粹主义兴起，西方世界的政治生态在近些年发生了巨大变化。西方世界发生变局的原因是什么？应对变局的方式有哪些？未来的走向如何？不同国家发生的变化有什么联系与区别？就这些我们关心的问题，多位外国学者进行了解答。

第一，西方世界的变局是综合性危机的表现。塞瑞拉将民粹主义[①]视作西方经济、政治和社会危机综合作用的结果和集中爆发形式。以法国为例，他说他这一代人要同时养活上下两代人，但是住房、医疗成本却持续上涨，失业问题也看不到改善的希望。因此，社会危机进一步引发政治危机，民粹主义的兴起与此紧密相关。此外，他认为，2008年经济危机的特殊性在于，它是从资本主义体系的核心——美国爆发的，结果是政府将巨额资金用于挽救大公司。这直接在政治观念上造成了巨大影响，非常可能促成民粹主义。赵献珍概括道，根本原因

---

① 民粹主义是2008年美国金融危机以来西方社会兴起的一种思潮和政治运动。民粹主义把西方金融资本积累造成的危机归咎于其他国家或族群，强调本国国民的身份认同，强调国家主义，试图以向其他国家转嫁危机的形式解决危机。民粹主义是得到部分民众支持的极右翼性质的政治运动。

在于西方国家的富足程度下降,市场需求急剧减少。哈基宁认为,一方面,经济危机引发了西方民众对政治价值观的信仰危机;另一方面,苏联解体、东欧剧变后,西欧国家中左翼党派力量弱小,美国甚至没有左翼政党。这为民粹主义的兴起提供了条件。赵英男从两个角度分析当代西方世界变化的原因:一是西方国家自身的问题,即民主化的倒退,国家对自身利益和经济发展的重视超过了对普世价值的坚持;二是中国崛起打破了世界的权力平衡。麦克唐纳尤为关注历史中不同时代的分期问题,并根据马克思所讲的生产方式开展研究。麦克唐纳认为,二战后资本主义的发展以20世纪90年代的金融危机而告一段落。从整个资本主义的发展历程来看,无论是竞争阶段、垄断阶段,还是新自由主义阶段,都以危机结束。因此,他主张在资本主义发展的历史阶段基础上认识西方世界的变化。麦克唐纳认为,自20世纪70年代的危机以来,资本主义的复苏势头远不如二战后的黄金时期。此外,经济增速尽管较为稳定,贫富分化却十分严重。他说,西方社会将生活水平上的巨大差距戏称为全民中的"百分之一"现象。最后,西方体系更是由于全球金融危机而陷入困境。

第二,西方世界的应对方法治标不治本,未来走势存在不确定性。萨拉邦德认为,为应对2008年危机而提出的替代政策,往往以不同的方式成为现有政策的延续。他指出,特朗普的竞选承诺并没有使美国工人摆脱越来越沉重的压榨。在对外政策上,特朗普试图迫使其他国家接受更低的账户盈余或更高的贸易赤字。这遭到了以中国为首的国家的抵制。提瓦纳说,西方世界的变局无疑始于2008年，与以银行倒闭为背景的政治经济危机有关，这场危机的影响仍没有完全消散。危机带来了经济增长滑坡和失业率高涨等问题，发达国家和中东国家也试图转嫁危机。伊朗、叙利亚和伊拉克问题都与此有关。他认为，战争、经济施压和贸易战，都是解决危机的方式。瓦西里耶维奇指出，资本主导的全球化产生了两组基本矛盾。资本流出母国追求更大利润，而母国政府又必须为公民提供就业以及养老和医疗服务。此外，全球化意味着对利润的跨国追逐，但同时也意味着竞争加剧。因此，特朗普作为美国资本家的代表，反对全球化，想让资本回流美国。但瓦西里耶维奇同时强调，特朗普有可能使全球化进程变缓，但不可能阻止全球化；这也是资本逐利的本性决定的。科兹说，他倾向于用"威权右翼民族主义"这个概念来描述当前西方国家中的所谓民粹主义。他指出，在英语国家，"民粹主义"一词通常是指能造福于普通百姓的政策。但是最近的政治人物和政党，例如特朗普、约翰逊，以及法国和意大利的右翼民族主义政党，并没有为普通百姓办实事。科兹说，相反，他们将问题归咎于其他民族、种族或少数族裔。他认为，2008年的经济危机造成了经济的长期停滞，在这种情况下，不平等会放大中产阶级和底层群众的不满。科兹指出，20世纪30年代的情况与之类似，那时，资本主义有法西斯主义、罗斯福式的改革和转向社会主义三种可能。然而，他强调，在当前，向社会主义转变可能并不在政治议程上。因此，资本主义体系必须进行改革，在工人权利、利益共享和绿色政策方面有所作为。萨德指出，英国与美国背离了大多数国家，其领导人也背离了本国大多数国民。因此，对于两国未来的政治走向，他认为，如果英国今天举行选举，那么工党必胜；而特朗普也无法战胜民主党获得连任。麦克唐纳的观点与之不同。麦克唐纳认为，西方的问题是要告别全球新自由主义时代，进入资本主义的新纪元。他对这种新纪元的社会基本制度作了设想，认为有逐步脱离资本主义经济组织方式、回到社会民主主义和陷入右翼民粹主义三种可能性。他在比较了英美主要政党内部的派系及其主张后，对未来民粹主义是否将继续主导两国政坛感到不确定。

第三，在当下国际经济的变局中，不同国家面临不同的情况，要具体问题具体分析。萨德指出，当前英美两国都反对全球化。例如，特朗普本着"美国第一"[①]的思想，认为本国国家利益更为重要，拒绝继续担任西方集团的领袖。因此，美国与欧盟、日本之间产生了冲突。但在萨拉邦德看来，在应对危机方面，英国实际上与美国不同。他认为，英国工党的新领导层正试图提出一种替代方案；相应地，保守党的领导层也发生了变化，出现了约翰逊的民粹主义。麦克唐纳也指出，目前来看，英国脱欧和特朗普的政策，实际上都是对外推行民族主义和逆全球化，对内继续执行新自由主义政策。然而，麦克唐纳认为，英国与美国之间也存在具体区别。英国脱欧更多是出于对移民问题的担忧，并非真正的经济保护

---

① "美国第一""美国优先"，是特朗普在2016年美国总统大选中提出的口号。特朗普批判美国新自由主义"政治正确"的原则，认为美国新自由主义的普世主义原则导致了美国的衰落。特朗普总统举起民族主义、国家主义的旗帜，采取了一系列逆全球化的政策。

主义;而特朗普的移民政策实际包含在经济保护主义之内。具伦希从既得权力阶层同其反对阶层之间矛盾入手,她说,之所以出现英国脱欧和美国反移民浪潮,在很大程度上是因为两国既得利益者认为这样做对他们自己有利。具伦希还提到,韩国也有此类情况,只是矛盾冲突不如英美尖锐。提瓦纳谈道,西方世界面对变局,不仅对中国施压,对印度也没有手软。例如,美国要求印度打击恐怖活动以促进贸易增长,要求印度为美国的商品和贸易开放市场。塞瑞拉则指出,中国凭借劳动力的成本优势,长期从全球化中获利;而法国工人阶级因金融市场和雇主对全球化的利用却损失惨重。他认为,近一个世纪以来,法国工人权益的进步,来自社会主义和共产主义运动下的工人阶级的斗争。塞瑞拉说,20世纪90年代以来,增加工时和延迟退休极大损害了工人利益;再考虑到气候变化等全球性问题,以私有化作为解决手段无异于杯水车薪。因此,他主张更多的公共干预。塞瑞拉也提到了法国国内的社会不平等问题。

四、中国在全球化秩序中的作用及挑战

随着中国的发展、崛起和中国模式的成功,中国越来越走近国际舞台的中央。近年来,习近平总书记提出"一带一路"倡议和建立人类命运共同体,中国在全球化秩序中的作用成为国内外关心的议题。中国在全球化中发挥了什么作用、产生了哪些影响?国际社会如何看待中国对全球化的参与?中国在全

球化中面临哪些问题和挑战？多位外国学者表达了自己的见解。

第一，中国在全球化中发挥了积极的建设性作用，日益成为全球化秩序的维护者和倡导者。哈基宁认为，"一带一路"倡议和建立人类命运共同体是非常有建设性的积极主张。他认为，这说明中国非常乐意与其他国家合作。不仅很多发展中国家，欧洲国家也能够从中受益。科兹不赞同将"一带一路"倡议及其措施视作旧殖民主义的翻版。他从多年研究经历出发，认为今天的中国经济依赖于对全球经济的深度参与，但是社会主义原则在根本上保证了中国的社会经济体系产生不了控制其他国家的动力。麦克唐纳则指出，中国对全球化的积极参与，是中国和平发展的必然选择。他认为，参与国际贸易的国家面临两个问题：满足人民需要和实现国家的自主发展。照常理来说，较发达的经济体，比如美国，更倾向于自由贸易；而相对落后的经济体，比如中国，则更侧重独立自主。但事实是，现在中美各自的立场是颠倒的。对此，他认为，这与两国所处的竞争地位有关。麦克唐纳说，中国对自由贸易的重视反映了当前中国经济的信心和实力。因为经济主张并不是抽象的政治理念的问题，在某种意义上，它其实反映出实实在在的经济利益。因此，麦克唐纳对中国在贸易中的角色转换，例如提出"一带一路"倡议毫不意外。他认为，这是中国发展水平接近西方的自然结果。提瓦纳认为，"一带一路"倡议对世界的政治和经济格局将产生重大影响。在他看来，中国可以通过投资帮助许多国家发展，将众多国家联合起来。萨拉邦德进一步提出,"一带一路"倡议为许多国家,特别是欧亚大陆的发展中国家,提供了一套替代方案。塞瑞拉认为,全球化在过去短短几年内进入了新时期。他指出,在过去,中国更多地扮演着被发达国家利用的角色。通过与中国的进出口贸易,发达国家获利颇多;但现在,来自中国的竞争日趋激烈,单方面利用中国的日子结束了。塞瑞拉表示,这使资本主义的发展遇到了大问题。他认为,雪上加霜的是,当下,国际社会需要加强合作来解决极端贫困、气候变化和教育等关乎人类发展的问题;但对抗日益取代合作,全球化面临危机。在塞瑞拉看来,全球左翼需要联合,全力以赴开展斗争,反对抗和反压迫是当今全球化的关键命题。他希望中国的发展战略能成为解决当今全球普遍问题的助力。萨德认为,就中国自身来说,在过去的40年里,中国从来没有发生过衰退,发展潜力不可限量;这也彰显了社会主义制度的优越性。他指出,中国利用了美国空出的国际空间,提倡互利互惠的新型国家关系。现在,法国和意大利正积极参与"一带一路"倡议,这从侧面反映了中国战略的成功。

第二,中国在全球化中发挥的作用存在提升和优化的空间,中国对可能遇到的困难应有充分认识和准备。萨拉邦德强调,国际合作对"一带一路"倡议的顺利推进至关重要。他从印度自身的立场出发,谈到中国应尽力消除一些国家的顾虑,以便更多国家积极参与。金允培指出,外界对"一带一路"倡议的认识是逐步深入的。以其本人为例,对"一带一路"的印象就经历了从单纯的基础设施建设到促进民心相知、民情相通的转变。金允培基本肯定"一带一路"倡议的成效,但对具体落实层面仍存在的一些不足表示担忧。此外,他还希望相关政策能保持稳定性和连续性,确保"一带一路"倡议的长期延续。瓦西里耶维奇充分肯定中国的经济地位和对全球化的积极参与,高度评价"一带一路"倡议;但他也提出,中国必须为推进"一带一路"过程中可能出现的许多困难做好准备,避免重蹈欧洲共同市场的覆辙。瓦西里耶维奇说,毋庸置疑,目前中国是从"一带一路"倡议中获益最多的国家;因此,中国应与沿线国家建立互助关系,以避免其他国家的怀疑。他强调,这种情况出现与否并不完全取决于中国自己的意愿,中国对这方面可能遇到的困难必须有充足的思想准备。科兹格外强调,当下全球经济的运作方式必须得到调整,以使普通人能从中获益而不是受到伤害。他希望中国能以美国新自由主义的不成功实践为鉴,避免新自由主义的过度影响,将社会主义原则坚持到底。赵英男认为,"一带一路"倡议和人类命运共同体主张,对周边发展中国家来说无疑富有吸引力,比如巴基斯坦和马来西亚。但他同时提醒,韩国、日本和英美法德等发达国家对中国比较敏感。他提醒中国应重视其他国家在这方面的情绪。总之,国外学者对中国的"一带一路"倡议是充满期待的,他们希望中国能发挥市场经济的社会主义制度属性并向国际经济关系延伸,建立一种不同于西方新自由主义金融资本积累秩序的新型国际关系,面对有些西方国家及周边国家对"一带一路"倡议的质疑和阻挠,中国要有思想准备和主动的战略应对。

第三，中国必须坚持马克思主义指导，坚持中国特色社会主义道路。瓦西里耶维奇谈到，在俄罗斯，人们认为中国特色社会主义道路实质是资本主义的，因为中国年轻人日益表现出片面追求物质享受的趋向。因此，他建议中国加强对下一代的教育，培养他们的社会主义品质，以避免人的异化。科兹则建议中国应始终坚持马克思主义的指导，走适合本国国情的发展道路，朝着共产主义不断前进。赵英男也指出，中国在经济发展和社会发展问题上，要紧的是走自己的路，不能迷信外国学者。

第四，中国应加快转变经济发展方式，使增长更多地依靠创新驱动和内需拉动。中国应始终坚持以人民为中心，促进社会公平正义。具伦希和赵献珍建议中国加强生产领域的创新；赵献珍还主张中国应重视实现可持续的发展。提瓦纳认为，中国应当兼顾国内国际两个市场；同时，以国内市场为侧重点，开发内需，服务于自身发展。为此，他还建议中国让技术进步和生产率提高的红利惠及更多人民，尤其是穷人和农民。提瓦纳说，这对实现中国自身的长远发展至关重要；而过分关注国际市场则不能做到这一点。塞瑞拉强调，中国政府应当始终做到为了人民、依靠人民。金允培建议中国进一步提高社会福利水平，高度重视和妥善处理民族矛盾和人口问题，特别是人口老龄化。萨拉邦德也主张，中国的经济实力和技术进步，已经能在教育、医疗保险等领域为人民提供更好的福利。他认为，在这方面中国已经为发达国家提供了可行的替代方式。他建议中国政府进一步加大对公共资源的投入。此外，萨拉邦德还建议中国确保人民群众对企业和社区决策的参与，扩大社会主义民主。瓦西里耶维奇认为，对于收入分配差距过大的问题，中国政府需要探索新的激励机制，处理好公平和效率的关系。此外，贫困问题也不可忽视。哈基宁建议中国完善税收体系、养老金制度体系和医疗保障体系，以促进社会公平正义。

第五，中国应善于总结中国模式的经验教训，加强文化建设和理论创新，提高国际话语权。中国应妥善处理国际事务、参与国际交往，做负责任的大国。麦克唐纳建议中国客观评价毛泽东时代，从中汲取更多有益经验。此外，对1992年以后的发展阶段，应该仔细回顾，正面和负面的影响都要辨别，以资借鉴。麦克唐纳说，中国不应担心对70年历程的回溯会改变中国当前的道路。他认为，正是70年历程的丰富实践为中国决策者提供了充足的学习资源。萨德曾多次到中国参加学术交流活动，他建议中国加强对成功经验的总结和理论提炼，以令人信服的方式说明中国模式成功的必然性，从而打破美国的话语垄断。金镇英则从韩国自身发展的经验出发，认为中国要重视文化和教育事业的发展。她建议中国加强对传统文化的发掘；同时增设人文学科基金，使社会更加重视人文学科的发展。哈基宁建议中国在解决生态环境问题和气候变化问题等方面发挥更积极的作用。李龙洲建议中韩间加强民间交流，增进互信，实现更好的发展。金镇英建议中国妥善协调和处理中日韩三国间的关系。赵英男说，中国在强调自身的发展成就时，要考虑周边国家的态度。他指出，一些周边国家对中国感到恐惧。例如，中国强调，对自身核心利益决不让步，这在涉及其他国家的安全、发展问题时，难免让它们担心。赵英男认为，中国眼中只有美国，对周边国家的重视不够；而周边国家比如韩国，对中国的和平发展主张也半信半疑。他谈到，经济发展固然重要，但安全问题也须格外关注。从韩国自身来说，萨德事件以后，举国上下对自身安全都较为担忧。赵英男总结道，中国要成为大国，就不能不认真考虑其他国家的安全问题。科兹指出，当今世界是全球互联互通的时代，中国与美国合则两利，斗则两伤。科兹表示，中国不能忽视这一点。他认为，中国需要谨慎应对美国对华政策的转向，并建议两国共同寻求从对抗走向合作的途径。金允培则谈到，中国在展现国防实力的同时，突出自身维护世界和平的意愿也必不可少。

五、结语

中华人民共和国走过了 70 年发展历程，取得了举世瞩目的成就。在这 70 年里，中国通过不断实践和探索，在苏联模式和西方模式之外，建立了中国模式，走出了属于中国自己的发展道路。马克思主义的指导、中国共产党的领导和社会主义市场经济，三者的结合是中国模式成功的关键。中国的发展方式与发展成就，也具有世界意义和普遍价值，为发展中国家的现代化提供了全新的方案。当然，中国模式也经历了不断完善的过程。中华人民共和国的 70 年发展史，也就是中国模式的探索、确立、调整和发展史。改革开放前后的两个时期具有内在的统一性。而与中国相比，西方世界不算太平。西方社会的综合性危机引发了英国脱欧、反全球化和民粹主义等乱象，其在不同国家有着不同的具体表现形式。在资本主义制度框架下，西方应对危机和调整政策的空间都较为有限，西方世界和全球局势的未来走向面临不确定性。正是在此背景下，中国提出以"一带一路"倡议和建立人类命运共同体为代表的中国方案，积极参与全球化和国际治理，并在其中发挥建设性作用。中国日益走近国际舞台中央，日益成为全球化的倡导者和维护者。中国应坚持和发展中国特色社会主义，应对好和处理好国内外的困难与挑战，不断完善中国模式。

第十章　世界历史视野下中国道路的制度潜能和意义

——北京大学第二届世界马克思主义大会专题评述

为纪念马克思诞辰 200 周年和《共产党宣言》发表 170 周年，第二届世界马克思主义大会于 2018 年 5 月 5 日在北京大学召开。本届世界马克思主义大会以"马克思主义与人类命运共同体"为主题，设 10 个分论坛和 4 个高端论坛。来自 5 大州 30 多个国家，120 多名国外学者和国内知名学者等共 1100 余人，参加了大会。大会收到论文 800 多篇。中共中央宣传部中央文明办专职副主任夏伟东、教育部副部长田学军、中央马克思主义理论研究和建设工程咨询委员会主任徐光春以及厉以宁、欧阳淞、于鸿君、顾海良、李慎明、林毅夫、赵敦华、丰子义、韩立新、赵家祥、潘维、庞卓恒、韩庆祥等国内学者，第三世界论坛主席萨米尔·阿明、意大利前总理马西莫·达莱玛以及哈维、科兹、比岱、卡弗（Terrell Carver）、布兹加林、阿尔卡利布、迈弗路德斯、奥尔汉加济、安德森、达莱玛、塞耶斯、胡比耶夫、赛义德、米尔勒、迦凯、奥伊蒂宁、吉乌拉斯、布伦特、舍甫琴科、考普夫、施拉潘托克、哈夫纳维、哈利勒、希梅内斯、德雷、考普夫等国际学者在大会上分享了各自的研究成果。分论坛主题发言 400 人，参与讨论 800 人，参与专题对话的学者 19 人，大会成果丰硕，影响广泛。在大会讨论中，中国道路的世界历史背景、制度潜能和历史意义，成为被广泛议论的话题。

一、中国道路的世界历史背景

与会学者认为，金融资本所主导的新自由主义全球化正面临系统性的危机，全球化进入新的阶段，全球化正面临转向。

第一，金融资本必然造成经济危机。金融资本的积累方式必然导致信用危机、经济危机、债务危机。迈弗路德斯认为，当代资本主义完全取决于金融体系。金融资本的统治是通过影子银行来实现的，在金融化的情况下，机构投资者居于主导地位，金融剥削成为剥削的主要方式。公司运行以股东利益最大化为导向，这就要公司去追逐金融方面的短期利益。这种经济行为方式是与公司的长期战略利益、与整个经济体的发展相违背的。阿明认为，金融化本来是为了回应资本主义社会中的资本积累危机而产生的。在日益增长的差距和鸿沟之下，过剩资本要有新的部门来吸收，这就导致了金融化。但是这种解决危机的方式，反而造成了更新的危机。迈弗路德斯认为，新的金融资本主义结构几乎是独裁式的，它导致很多危机，并反过来影响整个实体经济。在金融化的条件下，家庭债务被纳入金融部门，中产阶级以及薪资阶级陷入信贷、保险等金融制度的剥削网之中。丁晓钦教授认为，当代金融资本是阻碍人类进步的。金融资本造成的危机表现为经济停滞与金融泡沫并存。宋朝龙研究员认为，金融资本的内在悖论逻辑是造成经济危机的根源。金融资本的逻辑表现在两个方面，一是金融资本具有生产性；二是金融资本还有非生产性。当金融资本的生产性危机出现时，它试图通过利用和加剧非生产性积累的方式来解决危机，也即它试图通过加剧剥夺性积累、投机性积累、制造资产泡沫、房地产的投机、国债操纵等方式来解决危机，结果不但解决不了危机，反而造成了更严重的危机。

第二，金融资本造成经济危机向社会和政治危机转化。经济危机加剧了所有各方的冲突，不平等越来越严重，债务人流离失所。金融资本的积累方式造成严重的两极分化，社会福利削减、公务员薪酬降低、教育经费缩减、大学学费上涨，政府保护民生的能力下滑，民众对形式民主的兴趣不断下降，对国家的前途和未来失去信心。新自由主义打造的中产阶级支配社会的神话遭到破产。菲律宾国立大学国家关系学教授如姆鲁·图阿松认为，1980—2016年期间，最富有的1%的人在全球收入中所占的比例从1980年的16%上升到了2016的年20%，而最贫穷的50%的人口收入份额却只有9%。马西莫·达莱玛指出，在美国，1960年金融部门占到美国公司利润的14%，到2008年已经达到了39%；全球人口的不到1%拥有世界财富的44%，而世界人口的70%只拥有财富的3%。中国社会科学院宋丽丹助理研究员批判了新自由主义的中产阶级神话。她认为，500多年的资本主义全球化使西方积累了大量的物质财富、二战以后西方资本主义占据全球生产链的上游，消费革命应运而生、汽车等耐用消费品进入工人家庭、工作方式不像以前那样在工厂里蓬头垢面、工人可以购买一定数量的股份，于是出现了橄榄形社会的幻觉，形成了所谓中产阶级支配社会的神话，认为社会不再是两极分化和根本对立的社会，中产阶级社会是最完美的了，所以历史终结了，这也是福山提出"历史的终结"的原因。但是，自从2008年大衰退以来，中产阶级危机出现了，在美国申请破产的人中，超过90%的是所谓中产阶级。当代资本主义社会仍然是金字塔形的社会结构。社会危机在落后国家表现得更明显。艾维塔·希梅内斯认为，菲律宾经历了数百年的殖民主义以及半殖民的状态，菲律宾仍然是掌握在几个大家族的手里，现在有75%的菲律宾人口都属于低收入、低阶层的人口。民主是菲律宾从美国学到的，但是这种民主也导致了菲律宾出现了土地集中和官僚主义等问题。菲律宾国立大学国家关系学教授如姆鲁·图阿松认为，发展中国家面临新的挑战。随着所谓冷战的结束，单极主导地位在干涉主义和单边主义方面表现得更为激进，资本主义驱动的新自由主义全球化使得很多发展中国家陷入债务危机，威胁到国内经济，贸易也明显缺乏公平性，这也加大了贫富差距。1980—2016年期间，信息市场强有力增长，但是不平等依然在加剧。正如人们可以看到的那样，许多发展中国家及其人民的作用对于实现一个美好的世界仍然至关重要，实现这一道路是漫长和艰难的。经济危机不仅造成了社会危机，还向政治危机转化。

马西莫·达莱玛认为,美国为应对全球竞争,采取了保护主义和民族主义的手段;今天的世界没有和解,世界不但没有变成均一的,我们反而看到民族的、宗教的身份差异在加大,导致了很多悲惨的冲突。陈人江认为,当代世界的政治特点是世界规模的保守主义抬头。当代保守主义的第一个特点是它披上了民粹主义的外衣。世界范围的右翼保守主义势力在国际政治舞台上的出现,构成了我们当代这个混乱不堪的全球体系的一个真实图景。

第三,金融资本全球化陷入系统性的危机。国际金融资本的局部危机必然叠加为总危机。资本主义自20世纪70年代以来,一次一次的危机都在新自由主义秩序的全球扩张中得到暂时的转移,如果有危机也是在边缘国家,如拉美、东南亚、俄罗斯等地方爆发。2008年,危机转移到国际金融资本的核心地带即转移到美国,这是资本主义全球化的一个转折点,是新自由主义从全球扩张势头转向系统性危机的阶段,全球化正面临转向,人类需要寻求新的发展模式和道路。阿明认为,当代的金融垄断资本,在全球范围内仅为少数人所控制。通过任何所谓理性的政策都不能缩小这样一个鸿沟,也没有办法去解决这个资本主义内在的危机。阿明认为,资本主义现在所处的危机,不是资本主义内的局部性危机,而是资本主义自身的危机。当下的资本主义制度,已经意味着资本主义体系进入了一个非比寻常的长期衰退之中。从20世纪70年代起,资本主义就已经进入到第二波的衰退中。这次资本主义自身的危机,其解答只能是人类如何跨越资本主义,如何开始走出资本主义的系统性危机。当前并不是和平竞争、民主和经济繁荣的时代，而是暴力冲突越来越多地表现出来的时代，这种形势可能导致革命。对于很多的国家而言，包括中国和其他第三世界的国家，或许能在危机中找到赶超的路径。

第四，美国的霸权危机使其陷入冒险和反动。新自由主义全球化经过30多年的扩张之后，进入长波下降和霸权转移期，产生了特别尖锐的矛盾。新自由主义政策放任了金融资本的非生产性积累，导致金融贵族的寄生集团势力剧增、产业资本成本增加、制造业转移海外、产业空心化和工人失业，这是导致国际金融资本体系性危机、欧美新民粹主义兴起和全球化逆转的原因。迈克尔·唐迈认为，美国霸权正在衰落，世界权力中心逐步向亚欧转移。德米特里·施拉潘托克认为，美国因为经济不景气，债务负担越来越重，因而希望用自己军事上强硬的手腕来弥补它在经济上衰弱的趋势。陈曙光教授认为，从2008年特别是从2016年以来，西方世界特别是特朗普主义，反全球化、逆全球化的倾向在加强，单边主义与多边主义的较量在加剧。许建康研究员认为，在过去五六百年的世界历史中，霸权国家在全盛的时候，主张贸易、投资的自由化，霸权衰落时出现多极化趋势，贸易保护主义就不断上升。从荷兰到英国一直到美国，霸权更替都是经过了相当的社会动荡甚至世界大战，才有可能实现。特朗普政权是衰败中的美国垄断资本主义的表现。它的中东政策，代表军工联合体、化石能源垄断集团。现在美国在全球挑起矛盾的政策，就是美国霸权下降期的表现。

第五，全球化正在转向。弗里德里希·博卡拉认为，金融垄断是政治学性质上的。我们需要新的制度来克服金融的问题。人类社会需要新的国际方向，而不是美国确立的国际方向。危机导致政治经济制度的转变。这不是哪个政府能回答的，而是需要共产党去找到这个问题的答案：反对资本主义，实现人类的共同发展。李慎明研究员认为，资本主义经历了三个阶段：一个是商业资本主义时代；一个是工业资本主义时代；到了第三个时代，是工业资本和金融资本日益融合起来，不经过生产环节，不创造社会财富，用钱直接赚钱，这就是金融帝国主义时代。金融帝国主义就是列宁所说的寄生性、腐朽性的资本主义。未来二三十年，乃至上半个世纪我们这个世界是一个大动荡大改组甚至是一个革命大发展的时代。穆罕默德·哈桑·哈利勒介绍了"阿拉伯之春"以后阿拉伯世界的政治动向，在阿拉伯之春之后，宗教势力后退，在利比亚、突尼斯、埃及第二次选举的时候，宗教势力已经无法维持住自己的阵营。人民提出了不要宗教意识形态，而要面包、解决失业问题、基本生计、民生等问题，而且提出了反对独裁。革命使得原来政府的威信大幅下降，人们对独裁有着巨大的厌恶。阿拉伯革命真正胜利的时代，是让伊斯兰宗教的力量和社会主义思想相结合。埃及也在实行私有制、公有制的结合，这也是埃及人民迈出的勇敢一步。阿拉伯之春之后的革命的确是让阿拉伯世界离社会主义更近了。

二、中国道路的制度潜能

对中国道路的制度能力,与会中外学者基本抱积极肯定的态度。与会学者对中国道路制度能力的讨论涉及中国的经济制度、政治制度、外交理念、文化类型、党的性质和品格等各个方面。

第一,中国道路的经济制度具有克服金融资本内在矛盾的能力。中国道路建立了社会主义市场经济制度,充分利用了资本的生产性逻辑,同时公有制为主体的多种经济成分并存、国家的积极调节,又使中国模式克服了金融资本的悖论逻辑,使我国的社会主义现代化可以呈现出不同于西方国家的成功经验。俄罗斯科学院哲学研究所研究员舍甫琴科认为,从资本主义到共产主义的这么一个演进的过程中充满了各种辩证法。社会主义建设需要成功地解决经济和市场机制的关系。林毅夫教授认为,中国方案的要义在于:基于马克思主义实事求是的原则,充分利用发展中国家自身的"比较优势",形成"竞争优势",实现了经济的持续发展。(1)成为一个工业化、现代化的民富国强的国家,是所有发展中国家的共同期望。但真正能够实现这个目标的发展中国家凤毛麟角。中国改革开放40年来,人均GDP按照世界银行的统计数字从156美元到现在的人均9480美元,是中国从站起来进入到富起来的过程。中国的发展对其他发展中国家的工业化、现代化有借鉴意义。(2)中国实际上是在过去40年当中唯一没有出现金融危机的国家。

一个国家、一个社会，经济要发展，收入水平要提高，劳动生产力水平需要不断提高，技术必须不断创新，产业不断升级，从附加价值比较低的产业配置到附加价值比较高的产业，这是提高劳动生产力水平、增加收入的必然机制。理论上一个发展中国家如果懂得去利用与发达国家间的技术差距，技术创新的成本和风险会比发达国家低，经济发展的速度可以比发达国家高。(3)中国在1978年以后的高速增长，一个主要的原因是充分利用了跟发达国家产业和技术的差距，作为技术创新和产业升级的源泉，取得了过去39年平均每年9.5%的增长。(4)中国改革开放后，才去发展那些符合比较优势的劳动密集型的加工制造业，允许民营经济和集体经济的发展，外资进入到这些符合比较优势的产业，设立经济特区。在经济特区里实施一站式服务，很快把交易成本降下来，发展符合比较优势的产业，总成本低，符合比较优势的产业很快变成竞争优势产业，出口增加非常快，积累了剩余资本，取得了40年高速增长。(5)发展中国家，应看自己现在有什么，根据自己有的东西，要把它做大做强。发展中国家有什么？从它的要素来讲，一定是人和资源。发展中国家什么东西能做好？一定是劳动密集型产业。在政府的因势利导下把它做大、做强，一步一步来发展，按照比较优势发展，就可以充分利用竞争优势。总之，需要基于马克思主义实事求是的原则，充分利用发展中国家自身的"比较优势"，形成"竞争优势"，才能实现经济的持续发展。林毅夫教授批驳了西方经济学认为社会主义制度没有促进社会发展能力的偏见。西方主流的理论认为，社会主义国家之所以发展不好，是因为社会主义的制度造成的。林毅夫教授认为，苏联等社会主义国家的失败，不是社会主义本质的问题。苏联模式忽略了社会主义国家也要遵循一个比较优势的赶超战略。二战之后的社会主义国家由于受资本主义国家包围，发展违反了比较优势，经济发展的绩效普遍不好。中国政府以解放思想、实事求是的方式来推动改革和开放，使中国可以长期维持高速增长。中国改革开放的快速发展证明，在社会主义制度之下，如果有正确的发展和转型战略，社会主义国家可以比资本主义制度下的国家发展得更好。

第二，中国政治制度保证了国家能力，克服了新自由主义极小政府所带来的问题。李玲教授认为，我们改革成功的原因之一是国家的有力主导。改革开放中的很多政策，都是由中央推动，在地方上去探索，地方探索出经验来了以后，能够上升为国家的模式，能够推广。比利时工人党中央委员科特尼耶从西方的视角对中国经验提出了评价，他驳斥了那种认为以中国共产党的领导为核心的中国政治制度在制度优越性上低于西方政治制度的看法，他认为西方所谓的民主体制无力应对社会发展中的各种矛盾和危机；在经济危机之后，西方政治陷于混乱，中国反而表现出足够的灵活性和实力；中国共产党的领导不缺乏群众基础；中国表现出了集体主义的强大优势，而不仅仅是强调个人利益和商业的利润。刘进田教授认为，现代性的历史结构由民族、资本和国家这三个要素组成。毛泽东和邓小平分别完成了民族和资本的构建，还缺少政治国家的构建。习近平将完成"国家"这个要素的构建任务。

第三，中国道路的外交理念是化解矛盾而非激化矛盾。德米特里·施拉潘托克认为，中国现在已经是全球大国，中国通过经济合作和发展吸引其他国家；中国通过与世界各国实现经济交流，等待发展机遇，实现中国崛起。张国祚教授认为，苏联解体后，世界呈现出多极化，中国的综合国力越来越强，很多重大的国际问题，比如朝核问题、南海问题等，中国都有巨大的发言权。中国是经济全球化的受益者，中国的经济政策也非常有利于全球化，中国所提出的"一带一路"着眼于与沿线国家的互利共赢。比利时工人党中央委员科特尼耶认为，中国要建立一个多极化的世界，美国却要继续捍卫美国霸权。在欧洲，目前没有一个统一的声音，和中国修好还是与美国结盟，不同阶层有不同的看法。但中国国力不断增长，在新的国际秩序中必将扮演更重要的角色。

第四，中国道路在核心价值观上强调人的全面发展而不同于新自由主义的抽象人性论。新自由主义从抽象人性论和形式自由出发，解决不了形式自由背后资本积累所导致的社会冲突，因为资本本身是在形式自由的基础上运作的，资本积累造成的问题也是在形式自由的基础上产生的，因而形式自由说明不了资本、对付不了资本，也解决不了资本积累所导致的问题。如姆鲁·图阿松认为，要想保持正确的发展趋势，就需要对新自由主义进行新的解构。王东教授认为，资本主义危机的背后是哲学的危机，我们要创新并拯救最深层的本质，中国最大的创新应该是直接理论创新，给世界一个新的世界观、新的价值观；我们要进行理论创新，迎接东方的文艺复兴。特里克·德雷认为，中国道路的一般性意义在于，中国不仅在中国内部强调以人民为中心，而且在世界范围内也推动以人民为中心而建构起来的人类命运共同体。

第五，中国道路的领导力量是一个能够自我革命的使命型政党。塞密赫·考拉伊认为，苏联之所以失败，是因为当时执政党的无能，无法应对当时的社会挑战。在中国，国家要调节不同阶级的冲突，防止无政府化的状态，就必须保证中国共产党的纯洁性。反腐斗争在各个层面开展，这应该认为是对党内资本主义势力的打击，从某种程度上改变了生产关系。在资本主义社会当中也有反腐的斗争，但其实是一些并非根本性的措施，因为资本主义本身就会滋生腐败。反腐、崇尚社会主义的价值观，能创造出新的社会风尚，从而能够让我们达到全新的人的全面发展的境界。艾克·考普夫认为，中国共产党在习近平总书记领导下取得了伟大成就。中国的社会主义是一个真正的社会主义，是21世纪四分之一或五分之一人类的社会主义。王东教授认为，马克思的思想在中国社会中出现一些新的问题，那就是官本位的东西没有根本破除。王东教授认为，苏联模式失效，最根本的问题还是官僚腐败；习近平总书记铁腕反腐的态度是坚决的；中国道路的最大特点是中国共产党领导。闫志民教授认为，中国特色社会主义制度是一个具有极强的学习吸收能力和极强的自我变革能力的优越的社会制度。中国特色社会主义制度这种自我变革与自我发展的能力，源于中国共产党人对体制改革的深刻认识、高度自觉和职责坚守。

三、中国道路的世界历史意义

中国道路提出了社会主义市场经济,有能力超越金融资本的内在矛盾;中国道路从政治上建党,提振了国家能力;中国道路提出了人类命运共同体的倡议,展现出对全球化新阶段的责任和担当;中国道路以马克思主义确立文化领导权,克服了新自由主义的抽象人性论的形式主义特征;中国道路提出党的领导是中国特色社会主义最重要的本质,提出从政治上建党的任务,中国共产党是使命型和自我革新型政党。中国道路的上述制度结构,构成了不同于金融资本主导的新自由主义制度的另外一套发展制度,这一制度对在新自由主义金融帝国秩序下探索的人群和国家具有重大的历史意义。具体说来,中国道路的历史意义在于:

第一,巩固和发展社会主义阵地的制度价值。闫志民教授认为,马克思首先提出在比较落后的国家,也就是在当时的俄国,有可能走出一条与资本主义不相同的现代化发展道路。马克思曾认为,世界的东方国家要走向现代化,不一定要经过资本主义的充分发展。列宁说历史发展的一般规律并不排除它在个别的发展阶段上,在发展的形势和发展顺序上的颠倒,而且是以这种颠倒的特殊性为前提的。列宁领导的十月革命,开创了经济文化比较落后国家开始走向现代化的道路,但是真正把这条路走成功了的是中国。陈红对比了戈尔巴乔夫的改革和中国的改革。中国的改革开放成功了,戈尔巴乔夫的改革却失败了。戈尔巴乔夫改革失败的第一个原因，改革中强调的人是抽象的人；第二个原因，戈尔巴乔夫对苏联的社会主义制度、对马克思主义以及苏联共产党都存在否定态度。

第二，中国道路对落后国家现代化探索具有垂范意义。与会学者认为，中国道路在工业化、解决贫困问题等方面，对落后国家具有普遍的意义。大卫·科兹教授肯定了毛泽东时代在工业基础、教育和健康方面所取得的成就。艾维塔·希梅内斯认为，解决菲律宾的贫困问题，需要借鉴中国经验。贫穷问题是菲律宾的重要问题。经历了数百年的殖民主义以及这种半殖民的状态，菲律宾仍然是掌握在几个大家族的手里，社会经济结构也是由这些大家族支配的。现在75%的菲律宾人口都属于低收入、低阶层的人口。菲律宾虽然从美国学来了民主制，但是并没有阻止菲律宾出现土地集中和官僚主义等问题。中国经验在减贫方面非常值得菲律宾学习。到2015年的时候中国非常成功地让6亿人脱贫，中国的贫困人口从90年代的70%降低到了2014年的百分之二十几。中国能够取得这样的成绩，是因为中国把减贫作为一个重要的国家政策，而且进行了很重要的经济发展措施促进经济现代化、工业化，促进科学技术的发展。所有的这些做法都应该是菲律宾作为榜样来学习的。马克思主义在中国的应用应该成为一种引导，菲律宾要寻求适当的经济发展模式，学习中国经验，大力减贫。拉提芭·阿德南·阿布·古什认为，马克思主义在中国的实践被证明是十分成功的，中国在扶贫等各个领域取得的长足的进展，给世界各国被压迫人民带来了希望，也提供了模板。

第三，中国道路是中华文明乃至东方文明复兴的载体。中国模式立足于中国几千年传统文化的基础上，这个传统文化最突出的核心就是"和合文化"，中国非常强调社会和谐，而且这个社会和谐是马克思追求的未来社会重要特征，就是和谐社会、社会和谐。王东教授认为，中国不是西方意义的国家崛起，而是中华文化的复兴。文明体系不是单一的，5000年前就是两大源头：一个是环地中海体系，以地中海为核心发源地；一个是环太平洋体系，从中国这里发展出来。霸权体系主要是环地中海体系建立的，以中国为主要发源地的中心区域的环太平洋体系，自古以来就基本不搞对外征服，不搞霸权。平等共同发展，这是中华民族的和平精神、仁爱精神的体现。魏波教授认为，可以从社会主义实践的角度去定义中国复兴。中国本位以及现代化取向，这是理解社会主义的两个基本的立足点。中国文明发展的道路在近代遇到了重大挫折。从文明史角度来看，中华民族复兴的基本轨迹应该理解为自我的演化、否定和变革的过程。从文明视角来看，21世纪中国的复兴必然是文明的复兴，这绝不仅仅是建立在GDP基础上，更多的是站在新的思想、制度、文化、新的文明探索基础上，这是中国发展道路的一个基本逻辑。李宗桂教授认为，中华文化的核心价值，是讲仁爱、重民本、守诚信、崇正义、尚和合、求大同。我们要根据自身国情和历史传统，包括世界的态势，构建一种新型的，具有更强的融合性、包容性的思维方式。中华民族精神能够为人类命运共同体的构建提供资源。成中英教授认为，构建人类命运共同体，来源于中国传统文化中生命共同体的思想。中国传统文化中的生命共同体思想内含天人合一的思想，即天地生人、人能弘道。人为天地立心，为生民立命。"命"就是我们共同的道路、共同的根本，因而生命共同体就变成了一种命运共同体。人类生命共同体的重要含义是人类要珍惜生命存在的价值，要汲取宇宙内在的生命，来使这个生命产生更多的价值。中国改革开放40年取得重大成就的原因在于对生命的尊重，对人与人关系的看重与深刻的把握。要有一种生命自觉的认识，以此产生整个族群的生存、发展、繁荣之道。中国的现代化发展，一方面要利用天工开物，创造新的机械与工具为强国与富国之用；另一方面，要以人类生命价值与道德精神为引领。中国现代化与中华文化复兴的基本结构包含了自然生态、社会伦理、科学知识、经济发展、社会意志、世界目标和领导能力。中国所具有的和谐化的辩证法是自然的、融合性的。中国的思维方式是易学和谐化的辩证法，超过了黑格尔的三分法。中国文化的复兴是人类文化的复兴，我们要认识到中国文化在整个人类历史发展中具有重大的意义。中国人要自我认定，要自我主宰、自我管理，追求一个共同的善。只有经过马克思主义的领导力和组合力，儒学才能在当今发挥重要价值。马克思主义与儒学的驱动力代表着中国发展的驱动力。儒学与马克思主义有两次碰撞，第一次是儒学感受到马克思主义的重要性，第二次是马克思主义感受到儒学的重要性。当今必须要让马克思主义认识到儒家的重要性。拉提芭·阿德南·阿布·古什认为，马克思主义的意识形态首先要与本国的文化传统和具体国情相适应，在此基础上制定一个面向未来的发展理念。各国都要结合自己的文化来使马克思主义本土化。

第四，中国道路为西方文明的自我调整提供了参照和坐标。章忠民教授认为，有三大类型的现代化模式：第一种是西方的模式，第二种是苏联的模式，第三种是超越于西方模式和苏联模式之上的中国道路，也可以说中国现代化模式。中国模式既发挥了市场有效配置资源的优势，同时又避免了市场失灵的劣势，对其他国家尤其第三世界的国家是一个很好的借鉴。宋朝龙研究员认为，西方文明的问题在于，在原子论、抽象人性论、抽象契约论的文化基因下，西方社会奉行自由放任的经济政策、最小政府的国家制度，实际上导致了金融资本对个人、社会、国家的自由支配，使金融资本的非生产性积累、剥夺性积累、投机性积累、冒险性积累畅通无阻。在金融资本的放纵性积累下，人类文明正陷入系统性危机。在这样一个时刻，融合了马克思主义和中华文明精髓的中国道路有可能为西方文明的自我调整提供一个制度参照。

第五，中国道路具有引领全球化新阶段的制度潜能。与会学者认为，中国提出人类命运共同体，顺应了时代发展，获得了广泛的共识和支持。国际上支持人类命运共同体倡议的越来越多，而支持新自由主义金融霸权秩序的国家越来越少。菲律宾国立大学国家关系学教授如姆鲁·图阿松认为，1997年的亚洲经济危机使得发展中国家都吸取了非常惨痛的教训。财政主权转化为发展型国家，因此也具有了非常重要的意义，而到了21世纪新自由主义对于新兴社会和发展型国家的影响也逐渐削弱，发展已经成为新兴社会和新型经济体的中心，因此区域合作也以新的形式加速发展。当前提出的新型大国关系和命运共同体，符合中国倡导的和平共处、平等互利、互不侵犯、互不干涉的开拓性原则。中国在建设和平环境方面发挥了典范作用和关键作用，其本身的经济增长在许多发展中国家也产生了积极的影响。第三世界论坛理事本纳德·福诺认为，非洲的发展需要引进先进理论的指导。非洲工业基础薄弱、政治不稳定，中国可以通过体制上的、政党上的交流为非洲提供更多帮助。在向非洲提供支持的时候，不仅要支持所在国家的政府，而且要在其他层面上提供帮助；最好是能够把发展和共产主义信仰的传播结合在一起。拉提芭·阿德南·阿布·古什认为，巴基斯坦直到现在仍然遭受殖民者的入侵，在新时代，中国可以通过"一带一路"建设发挥更大的作用。世界应该是一个大家庭，各国人民应该团结起来，共同应对来自殖民者的入侵。世界各国应该充分发扬国际主义精神并建立伙伴关系。穆罕默德·赛伊法拉·阿布尔纳加认为，埃及民主社会党从21世纪以来一直在学习中国共产党取得的各种成就与经验。中国的经验是先从贸易开始发展经济，然后引领全球。全球化应该是共通的，应该在共同体的基础上实现互利互惠，而不是零和博弈。中华人民共和国可以从中东和西亚、北非国家的国情中受益，来建立这样一个命运共同体。中国是社会主义发展的模板和榜样，并实现了可持续发展，赢得了世界的赞赏和目光。其他发展中国家都可以从中国经验中受益，不是完全去照搬，而是可以从中国的模式中受益匪浅。穆阿塔法·哈夫纳维认为，中国对发展中国家有着整体的指导作用，埃及共产党一直在探讨、学习中国的经验。所有亚洲国家的探索，尤其是中国的探索，这样一种探索的范围应该扩大，应该从中国扩展到其他的周边国家。中国如何去化解大国之间的矛盾是非常重要的。在联合国内部的政策方面，中国体现了自己的大国形象。埃及共产党希望中国的发展能够继续响应各国人民的号召，增加在国际社会各领域中的责任、存在和影响。

四、小结

综上所述，中国道路是在新自由主义和金融资本主导的全球化遇到系统性危机的时代走向并接近全球舞台的中央的。中国道路在经济制度、政治制度、外交理念、文化类型、党的品格等方面，形成了独特的制度结构。中国道路具有巩固和发展社会主义阵地的制度价值、具有对落后国家现代化道路的垂范价值、具有复兴中华文明乃至东方文明的载体价值、具有为西方文明的自我调整提供参照和坐标的价值、具有全球化新阶段的引领价值。

第十一章　世界经济变局下中国道路的制度价值

——国外左翼学者对中国的认知、评价和建议

随着世界经济格局发生深刻变化，中国道路的成就、制度属性和意义成为国际左翼学者研究的重点对象。国外学者对中国道路的认识主要围绕三个关键词：经济发展、苏联模式和新自由主义。经济发展是中国道路最为耀眼的成就，而这种成就的取得与中国摒弃"苏联模式"以及抵制新自由主义有关。中国道路具有可供其他国家学习借鉴的普遍性。国外左翼学者对中国道路寄托着希望，也提出了一些建议甚至忠告。本文的写作以"当代中国与发展中国家现代化"国际学术研讨会国外学者发言以及会后对国外左翼学者的专访为材料基础，涉及的国外学者有：美国学者大卫·科兹教授，俄罗斯学者尤里·瓦西里耶维奇教授，法国学者丹尼尔·塞瑞拉，印度学者包文德尔·辛格·提瓦纳教授、萨拉邦德助理教授，巴西学者埃米尔·萨德教授，芬兰学者佩蒂·哈基宁研究员，希腊学者斯塔·马夫罗迪亚斯（Stavros D. Mavroudeas）教授，爱尔兰学

者特伦斯·麦克唐纳教授,韩国学者赵英男、李龙洲、金允培、具伦希、赵献珍、金镇英教授等。

一、世界经济的变局

对美国金融危机以来,西方世界日益呈现和凸显的百年未有之大变局的认知,是国外学者评价中国道路的参照系。英国脱欧、特朗普批判新自由主义的"政治正确",右翼民族主义、民粹主义兴起,西方世界的政治生态发生了巨大变化,全球化陷入了危机。对于西方世界面临的变局和危机,国外学者有着直接的体会和认识,他们不仅从现象层面予以揭示,还从资本主义的制度根源解释导致这些问题和危机的根本原因。

第一,西方世界的变局是金融资本积累所致体系性危机的表现。法国加布里埃·佩里基金会秘书长丹尼尔·塞瑞拉将民粹主义[①]视作西方经济、政治和社会等多方面危机综合作用的结果和集中表现形式。他以法国为例,认为自己这代人要同时养活父母和子女上下两代人,人民的住房和医疗成本持续上涨,失业问题也看不到改善的希望。经济危机和社会危机最终

[①] 民粹主义是 2008 年美国金融危机以来西方社会兴起的一种思潮和政治运动。潘维认为,英文"populism"是精英主义"elitism"的反义词,准确的翻译应为"平民主义"而非"民粹主义"(参见潘维:《"平民主义"错译成"民粹主义",该纠正了》,载《环球时报》,2020 年 1 月 2 日,第 15 版)。有学者认为民粹主义有左右翼之分,也有学者主要是在民众运动被右翼政治势力所左右的意义上使用民粹主义(参见朱安东:《危机中的资本主义:新自由主义、民粹主义和法西斯主义》,载《马克思主义与现实》,2019 年第 5 期)。

酿成政治危机，民粹主义的兴起与此紧密相关。2008年国际金融—经济危机是从资本主义体系的核心国家美国爆发并蔓延的，政府置人民贫困于不顾，用巨额资金挽救大金融机构。这些都在政治观念上对民众产生巨大冲击，激发了民众的愤怒，为民粹主义的兴起提供了土壤。韩国瑞永大学赵献珍教授认为，发生综合性危机的根本原因在于西方国家的富足程度下降，市场需求急剧减少。芬兰社会保障中心高级研究员佩蒂·哈基宁认为，一方面，经济危机引发了西方民众对其政治价值观的信仰危机；另一方面，苏联解体、东欧剧变后，西欧国家中左翼党派力量弱小，美国甚至没有左翼政党。这些都为民粹主义的兴起提供了条件。韩国首尔国立大学国际关系研究生院教授赵英男从民主化倒退和中国崛起两个角度，分析当代西方世界变化的原因。他认为，西方国家对"普世价值"的坚持远不如其对自身利益和经济发展的重视，中国崛起对世界的权力平衡也造成了很大影响，西方对新自由主义的普世主义发生怀疑，民粹主义随之兴起。麦克唐纳从马克思主义的资本主义分期理论出发，把目前西方的变局放到资本主义的发展阶段中来理解。资本主义的发展经历了自由竞争阶段、垄断阶段和新自由主义阶段。每一阶段都以危机的出现宣告结束。二战后是资本主义的一个黄金时期。20世纪70年代，资本主义陷入了危机。此后，资本主义有一个复苏，这就是新自由主义阶段，这一阶段远不如二战后的黄金时期。这一阶段，与经济增长相伴随的是严重的贫富分化。在西方社会，这种生活水平上的巨大差距被戏称为全民中的"百分之一"现象，西方资本主义体系更因全球金融危机而陷入了困境。金融危机宣布了二战后资本主义的发展告一段落。希腊马其顿大学政治经济学教授斯塔·马夫罗迪亚斯批判了全球化话语背后的帝国主义现实。他认为，过去几十年来世界一直流行着关于经济全球化的话语。这种话语导致人们认为民族经济的时代结束了。然而，经济全球化未能兑现提高人民生活水平、减小贫富差距的承诺，经济全球化的成果没能在各个国家之间均衡地分配。实际上，全球化的话语背后真实存在的仍然是资本的帝国主义。

第二，西方世界目前应对危机的方法治标不治本。印度德里大学经济学系助理教授萨拉邦德认为，为了应对2008年国际金融危机，西方国家提出了替代性政策；但实际上，这些替代政策只是形式上有变，而在实质内容上，往往只是以不同的方式延续其维护大资本利益的既有政策。特朗普在总统大选中曾对工人多方承诺，但人们发现，美国工人并没有因特朗普的当选而摆脱越来越沉重的压榨。在对外关系上，特朗普政府的政策也是为了维护美国大资本的利益。特朗普试图迫使其他国家接受更高的贸易赤字和更低的账户盈余，结果遭到了许多国家的抵制，也包括中国的抵制。印度另一位学者，旁遮普大学经济学系教授包文德尔·辛格·提瓦纳认为，无疑，西方世界的变局始于2008年美国的金融危机，在那场危机中，大量的银行倒闭，其后续影响至今还在发酵、延伸。危机带来的失业率居高不下、经济增长滑坡等问题无法解决，最终加剧了国际关系的紧张。美国和中东国家的矛盾加剧，也试图对外转嫁国内矛盾。经济施压、贸易摩擦乃至军事干预和战争，都成为解决危机的手段。伊朗、叙利亚和伊拉克问题即与此相关。俄罗斯莫斯科国立大学经济学系教授尤里·瓦西里耶维奇指出，由国际资本主导的经济全球化产生了如下基本矛盾：一方面资本流出母国追求更大利润，另一方面资本母国的政府又必须为本国公民提供就业岗位、养老服务和医疗服务。两个方面之间是一个直接的矛盾。特朗普极力反对、抵制经济全球化，试图让国际资本回流美国。然而，资本逐利的本性决定了特朗普不可能让美国资本流回，特朗普也改变不了经济全球化的趋势。美国马萨诸塞州立大学经济学荣休教授大卫·科兹认为，近年来西方涌现出来的政治人物和政治力量，如特朗普和约翰逊，以及法、意等国家的右翼民族主义政党，并没有切实解决民众关切的问题。科兹教授更倾向于用"右翼民族主义"这个概念来描述当前西方国家中的所谓民粹主义。右翼民族主义将责任推脱给其他民族、种族或少数族裔头上。科兹教授还把这次西方社会的危机与1929—1933年大危机相比较。科兹教授认为，2008年国际金融危机直接导致了全球经济的长期停滞和不平等现象加剧，引致中产阶级和底层群众的强烈不满，这与20世纪30年代的情况十分类似。20世纪30年代，资本主义在深重的危机中，有向法西斯主义转变、实行罗斯福式的改革和转向社会主义三种可能的发展道路。然而在当前，向社会主义转变并没有提上政治议程，目前在资本主义体系下迫切需要争取的是在工人权利、利益共享和绿色政策方面进行改革。

第三，国际经济正处在大变局之中，具有从一种格局转向另一种格局的过渡性特征。爱尔兰国立大学经济学系荣休教授特伦斯·麦克唐纳认为，西方目前要解决的问题是如何进入资本主义的新纪元，以告别经济全球化的新自由主义时代；民粹主义是否继续主导英美两国政坛，这还需要观察，目前还不能确定。拉美社会科学理事会前执行秘书长、巴西里约热内卢州立大学教授埃米尔·萨德指出，当前英美两国都是反对全球化的先锋。例如，特朗普本着"美国第一"的思想，认为本国国家利益更为重要，拒绝继续担任西方集团的领袖，进而导致美国与欧盟、日本之间的一系列冲突。这不是说美国会自动放弃领袖地位和对世界事务进行干涉，而是衰落的美国要求获取与其现有财力所能承担的责任和义务不相匹配的更多权利或好处。在萨拉邦德看来，英国局势也在变化之中。英国工党新领导层正试图提出一种替代方案；相应地，保守党领导层也发生了变化，产生了约翰逊式的民粹主义。麦克唐纳认为，在目前看来，英国脱欧和特朗普的政策实际都是对外推行民族主义和经济逆全球化，对内继续执行新自由主义政策。然而，英国与美国之间也存在具体区别：对移民问题的担忧而非彻底的经济保护主义，是英国脱欧的主要原因；而特朗普的移民政策却包含在其经济保护主义的主张之内。韩国瑞永大学教授具伦希指出，基于既得权力阶层同其反对阶层之间的矛盾，英国脱欧、美国出现反移民浪潮的原因在于两国既得利益者认为，这样做对其非常有利。韩国的此类矛盾冲突不如英美尖锐，但也并非完全不存在。提瓦纳谈到，在西方世界为应对全球经济变局而施压中国的同时,印度也未能独善其身。例如,美国为促进贸易增长,要求印度打击恐怖活动并为来自美国的商品开放市场,这给印度带来了很大的压力。塞瑞拉认为,全球化是不均衡的,例如中国因劳动力成本优势而得益于全球化,而金融市场和资本家对经济全球化的利用却使法国工人阶级损失惨重。法国工人权益近一个世纪以来的进步,都来自社会主义和共产主义旗帜下的斗争。自20世纪90年代以来,工人利益则因增加工时和延迟退休而受到极大损害。面对经济、社会、政治以及气候变化等全球性问题,继续以私有化作为解决问题的手段已经是不可能的了。

二、中国道路的成就与制度属性

国外左翼学者对中国道路及其制度属性具有浓厚的研究兴趣。他们对中国道路的认识主要围绕三个关键词:经济发展、苏联模式和新自由主义。其中,经济发展是中国道路最耀眼的成就,这既与中国放弃苏联模式有关,也与中国坚决抵制新自由主义有关。在超越苏联模式和新自由主义制度模式的意义上,中国道路具有可被其他国家学习借鉴的普遍性。

第一,中国道路取得了举世瞩目的成就,在国外左翼学者中取得了共识。国外学者评价中华人民共和国70年发展成就,多从经济增长速度、基础设施建设水平、经济结构、文化教育事业、社会福利事业等方面入手。塞瑞拉和麦克唐纳表示,中国经济在短短几十年间取得了巨大的成就,与其他发达国家相比，中国的发展速度尤其引人注目，堪称奇迹。萨德指出，中国人民通过革命战胜种种压迫而取得民族独立，并在非常困难的情况下，实现了经济社会的全面发展，堪称世界历史中的壮阔图景。反观拉美国家，一直以来深受美国霸权和新自由主义之害，国民经济命脉长期被外国控制，正迫切寻找出路和解决方案。中国30年来没有发生过较大危机，经济不断发展，人民权利也得到保障。俄罗斯莫斯科国立大学经济学系教授尤里·瓦西里耶维奇去过中国很多地方，30年来的巨变，尤其是基础设施方面的建设成就给他留下了深刻印象。他认为，中国在基础设施建设方面已经走在世界前列。哈基宁指出，中国并非仅仅关注经济总量和贸易数额的增长。在经历了70年发展后，除经济领域外，中国的社会文化事业和教育事业特别是高等教育，都有了长足进步。国家整体现代化水平实现了较大提升。作为中国的近邻，韩国学者也深切感受到了中国经济发展的影响。韩国既是中国的周边国家，又受美国影响较大，这种特殊性使韩国学者在比较中国的发展成就时，往往将美国和日本等国家作为参照物。韩国学者赵献珍表示，中美贸易摩擦反映出中国已经可以和美国相抗衡，从侧面体现出中国在经历70年的发展后，国家实力有了很大提高。赵英男表示，在经济增长率、增长持续时间、人口规模和经济体总量等指标上，中国的发展为日本和韩国望尘莫及。韩国瑞永大学教授金允培比较关注中国国防力量，他认为，中华人民共和国成立70年来，国家的军事力量有了质的飞跃，有力地维护了本国和地区和平。

第二，中国道路包含着若干发展阶段的区别及其相互之间的有机统一。多数外国学者认为，中国改革开放前后两个时期具有内在的一致性和统一性。前一个阶段为后一个阶段准备条件，后一个阶段则正确利用了前一个阶段积累的优势；正是二者的相互作用，才成就了今日的中国。塞瑞拉和科兹认为，改革开放前，中国建立了较为完备的工业体系，打牢了工业发展基础；如果没有中央计划经济体制期间所规划建设的工业体系，改革开放后的快速增长就没有客观的物质基础。萨拉邦德提出，改革开放前后两个历史时期具有同等重要的地位。在认同改革开放前后中国发展道路具有内在一致性的同时，国外左翼学者也比较注重分析两个时期中的差异性。正是这种差异性，才形成中国道路的内部阶段性划分。不仅中国改革开放前后形成了阶段性的区别，学者还更详细地区分开了中国改革开放之后的两个阶段，即1978年到1992年的阶段以及1992年至今的阶段。还有学者进一步分区了十八大以来的新阶段。麦克唐纳从积累的社会结构（SSA）理论出发，对改革开放以来的中国经济成就进行分析，他以1992年为界，把改革开放以来的时期划分为两个小时期。在改革开放前后乃至在1992年前后，中国进行资本积累的方式都是不同的。在1978年之前，中国的积累方式与苏联类似，生产主要依靠社会动员，集中力量发展重工业。在1978至1992年，中国更多地效仿匈牙利和南斯拉夫的模式，建设公有制主导下的市场导向型、激励型经济体制。1992年以后，自由的劳动力市场发展起来，国家对社会福利、退休金和医疗方面的干涉越来越少。麦克唐纳关注不同历史阶段中的差异,有利于丰富对历史的理解,但如果将这些差异绝对化,反而不利于对历史的整体把握。

第三,中国道路的经济成就源于中国市场经济的社会主义性质。哈基宁指出,中国试图通过政府干预克服市场自身固有的弊端,体现了社会主义的原则。萨拉邦德认为,中国政府的积极作为是中国发展高于印度的主要原因。他从基础设施投入、保障就业和平衡地区发展差异等角度,比较中国和印度两国政府在经济社会发展中扮演的角色,称赞中国政府扩大公共项目开支,不断提高交通通信设施建设水平,保障充足的就业率,通过一系列政府干预措施缩小地区发展差距。提瓦纳和萨拉邦德一样,他们认为,在改革开放前30年,中国建立并巩固了社会主义制度,为改革开放以来的快速发展奠定了基础。他们尤为关注改革开放前30年中国在农业和农村方面的政策,这与印度自身的国情密切相关。1947年,印度摆脱英国殖民统治取得独立,比中华人民共和国成立的时间还早,但印度当前的发展水平不如中国。印度没有像中国那样实行彻底的土地改革,这极大地影响了印度农业乃至整个经济的发展。韩国瑞永大学教授金镇英指出,资本主义社会流传着"社会主义最终会崩溃"的神话,但是在苏联模式失效后,中国用自身发展成就证明了社会主义是可行的,"社会主义失败"论反而自己失败了。因此,坚持走适合本国国情的社会主义道路,是中国取得成功的主要原因。金允培也认为,在学习借鉴和坚持自我方面,中国道路实现了平衡,体现为一种开放的社会主义。在瓦西里耶维奇看来,中国改革开放可以视为列宁新经济政策在中国的具体实践。单从经济层面讲,中国道路在激励机制、利用市场建设社会主义和吸引外资方面取得了较大成果。与此同时,在政治层面,中国也确保了无产阶级政党对经济发展全过程的管理。

第四,中国道路在特殊性中又体现了普遍性。提瓦纳和萨德认为,在谈论中国道路时,苏联模式是绕不开的话题。苏联官僚体制扼杀了经济的活力,而中国引入市场机制正是为了避免重蹈苏联的覆辙。萨德认为,不考虑苏联的失败,就不能理解中国道路。苏联模式的国家主义和官僚主义过分限制了市场和民间的活力,最终不利于生产力发展。从某种意义上讲,苏联模式的失败为社会主义实践打开了新的发展空间。科兹指出,市场并非万能,政府决策亦有其不可或缺之处。市场经济对解决全球气候变化问题无能为力,促使人们转向社会主义运动。由二战时期美国举国动员、备战参战的事例可知,与市场经济相比,计划经济在一些关键历史时期和重大问题上更有利于解决问题。美国对中国崛起的抗拒和阻挠,不仅仅是因为中国整体实力对美国构成了威胁;更重要的是,中国的发展壮大代表着一种社会主义发展道路的崛起,进而对整个资本主义制度造成威胁。赵英男认为,中国道路是东亚模式的中式变体,中国的特殊性在于外国投资的比例远高于其他国家或地区。这主要是因为海外华人华侨群体的投资和中国巨大市场对外资的吸引力。所谓中国道路与东亚实行资本主义制度的国家和地区,在20世纪实行的经济发展方式之间存在诸多共性,如强调发展至上、实行国家主导、主张社团主义和坚持属于自己的意识形态等。赵英男教授关注这些共性是有益的，但由于忽略了两种社会制度的本质差异，进而导致其观点忽视了中国道路和中国制度的社会主义属性。

第五，国外学者对中国道路认知上存在的若干误区辨析。研究中国道路在制度层面的普遍性与特殊性，应避免可能产生的三点理论误区。一是将中国道路和中国制度片面理解为一种特殊的经济发展方式，导致其丰富内涵狭隘化。二是割裂改革开放前后两个阶段的联系，仅仅将前一阶段视为后一阶段的条件，以致不能真正把握和揭示中华人民共和国 70 年发展历程的完整逻辑。三是忽视社会主义市场经济的社会主义属性。必须意识到，部分国外学者提到的所谓中国道路的特殊性，实际上是指中国采取的措施相对于新自由主义或苏联模式的差异性，并没有上升到中国自身发展特点决定的必然性高度，而他们谈论的中国道路的普遍性，其实是某种潜在的共性，即其他国家可以与中国采取相同或类似的举措。这种认识的局限在于，没有看到中国道路的社会主义制度属性，没有认识到中国道路的特殊性是代表普遍性的特殊性，进而割裂了特殊性和普遍性的联系，使二者出现了界限分明的对立；而特殊性向普遍性的转化，就成了少数变成多数的过程。这就在实际上既不能说明中国道路的特殊性，也不能说明中国道路的普遍性。国外学者讲的所谓中国道路，较多侧重于中国经济发展方式，较少指涉中国实行的一整套社会主义制度和道路。对此必须强调，中国道路的中国特色固然重要，但社会主义才是中国制度和中国道路的本质属性。仅仅从改革开放的角度理解中国道路，就会陷入对改革开放前30年的否定；仅仅从市场经济角度理解中国道路，又容易造成对其丰富内涵的狭隘化，乃至忽视中国是人民民主专政的社会主义国家，忽视社会主义市场经济的社会主义属性。以瓦西里耶维奇的观点为例，他认为苏联解体的教训在于：不应仅仅关注社会底层，还应争取社会精英阶层；社会主义革命看似由穷人发动，但实际上是中产阶级确立了社会主义社会；当下中国的一系列政策主要面向支持中产阶级，这将使中国真正实现现代化。瓦西里耶维奇从苏联解体得出"社会主义社会的支柱是中产阶级"这一结论，认为中国的成功在于党领导国家支持中产阶级。其实，社会主义的本质是实现以人民为中心的共同发展；增加人民收入、实现发展成果由人民共享，与以中产阶级为中心的思路截然不同。

三、中国道路进一步发展的空间

在过去70年里，中国取得了巨大成就，但仍存在不足。中国未来的路怎么走，国际社会如何看待中国参与经济全球化，中国在参与全球分工中面临哪些问题和挑战，对这些问题的回答也规定了中国道路进一步发展的方向和空间。

第一，巩固社会主义制度的基础。大部分国外学者认为，中国应坚持马克思主义指导，坚持中国特色社会主义道路。瓦西里耶维奇谈到，部分俄罗斯人以为中国特色社会主义道路的实质就是资本主义，因为很多中国年轻人日益表现出片面追求物质享受的趋向。因此，中国应加强对下一代青年社会主义品质的培养和教育。瓦西里耶维奇鉴于苏共教训提出，中国40年改革开放带来的新问题，如显著增大的收入差距，都是难啃的硬骨头。这意味着，中国的改革开放已经进入深水区，如何解决这些问题是对中国共产党和中国政府的考验。中国应系统总结苏联蜕变的经验教训，始终坚持和发展社会主义。科兹建议中国继续走适合本国国情的发展道路，坚持马克思主义指导和社会主义原则，为社会主义的更高程度的发展准备条件。改革应使普通劳动者能从中获益而不是受到伤害，要以美国推行新自由主义导致社会贫富急速分化为鉴戒。韩国学者赵英男也提出，中国在经济发展和社会发展问题上，要坚持走自己的路，切忌迷信他国经验或模式。赵英男关注当代中国全面依法治国的举措，认为法治国家的基本标准是法律至上，只有这样才能依靠法律控制国家权力和保障人民权益；总体来看，中国的法治建设还处于较低水平。萨拉邦德建议中国扩大社会主义民主，确保人民群众对企业和社区决策的参与，等等。麦克唐纳认为，中国目前对毛泽东时代的看法存在某种程度的扭曲，对其批评过多，但对其发挥的积极作用和其中的积极因素关注不足。要客观评价毛泽东及其所处的时代，从中汲取更多有益经验。对中华人民共和国70年发展历程的回溯并不会改变当前的中国道路，正是70年的丰富实践为中国决策者提供了丰富的理论指导。

第二，处理好收入分配等结构性问题，巩固国内市场。在收入分配和社会公平正义问题上，科兹认为，中国国内收入分配差距扩大不利于社会稳定。哈基宁主张中国发挥税收对收入分配的调节作用，对富人多征税，以补充公共开支。提瓦纳表示，发展中国家看重中国道路带来的农业和制造业的高增长率，但中国道路仍存在不足，如不平等问题，也值得关注和重视。韩国学者从韩国文化产业和教育事业发展的经验教训出发，认为韩国过去由于欧美文化的强势输入，进步主义大行其道，以致人文关怀普遍缺失，传统文化也无人问津。韩国政府进行了大量投入，情况才有所改善。如果较早重视这些问题，就可能避免过多资源的耗费。中国不仅要重视人文学科发展，还要警惕教育的过度市场化。印度和巴西学者指出，当前以美国为首的西方话语体系难以解释中国的巨大成就，这是打破西方话语垄断和话语霸权的良好时机，希望中国积极总结发展经验，以便其他国家更好地学习借鉴。

第三，积极参与全球化的构建。当前，中国发展制造业的劳动力成本优势不再突出，资源环境问题也日益严峻。提瓦纳建议中国在兼顾国际市场和国内市场的同时，注重扩大内需，深耕国内市场，让技术进步和生产率提高的红利惠及更多人民，从而提高人民的购买力，实现更长远的发展。具伦希和赵献珍建议中国加强生产领域创新，重视可持续发展。哈基宁认为，"一带一路"倡议和构建人类命运共同体是非常具有建设性的积极主张，体现了中国愿意与其他国家合作共赢的友好态度。针对有人将"一带一路"倡议视作"旧殖民主义翻版"的观点，科兹教授指出，今天的中国经济依赖于深度参与全球经济，但中国的社会主义属性决定了中国不会也不愿控制其他国家。麦克唐纳指出，积极参与经济全球化是中国实现和平发展的必然选择。满足人民需要和实现自主发展,是参与国际贸易的国家所不得不面临的两个问题。按照常理,美国等较发达的经济体更倾向于自由贸易,中国等相对落后的经济体更强调独立自主,但现在的事实与之迥异。这或许与两国所处的竞争地位有关。中国经济的信心和实力反映在中国对自由贸易的坚持和重视上。在某种意义上,经济主张反映着实实在在的经济利益,并非完全抽象的政治理念问题。因此,麦克唐纳对中国在国际贸易中的角色转变,如提出"一带一路"倡议丝毫不感到意外,并认为是中国发展水平接近西方的自然结果。提瓦纳认为,中国通过"一带一路"倡议使许多国家实现互联互通,不仅将众多国家联合起来,还对世界政治经济格局产生重大影响。萨拉邦德进一步提出,"一带一路"倡议为许多国家,特别是欧亚大陆的发展中国家,提供了一套参与国际经济的新路径。

第四,在对外经济关系上,更进一步凸显中国价值观的普惠性。我们要认识到,中国倡导的新型经济全球化不同于国际金融寡头、国际金融资本主导的经济全球化,而是针对其弊端提出的。只有从这个角度出发,才能说明中国方案为什么优于形形色色自由主义霸权、保护主义和民粹主义。中国不是用"中国优先"取代"美国优先"。韩国学者表示,一些国家因此在国家安全和经济发展的抉择上陷入了两难,经济上不得不靠中国,但安全问题则指望美国。而金允培则谈到,中国在展现国防实力的同时,还突出了自身维护世界和平的意愿。印度和俄罗斯学者认为,作为"一带一路"和构建人类命运共同体倡议的发起国，中国本身从中获利最大，因此，中国应更多考虑其他国家经济自主发展的利益，否则就容易像欧洲共同体市场那样，起初看起来很美好，但结果并没有使所有国家都享受到经济发展带来的好处。对于国外学者的相关建议，中国应持分析的态度，除了虚心听取意见和建议，还应保持定力和自主性。

四、中国道路所承载的历史意义

在第三世界广大国家发展面临困局、苏东地区陷入长期的结构性衰退、西方发达国家自身也面临深刻危机的条件下，中国道路在世界经济变局中的制度潜能、中国道路所承载的历史期待和历史意义，自然引起了国外左翼学者的关切、思考和议论。

第一，中国改变了资本主义国家中公共权力完全屈从于金融资本的被动角色。萨拉邦德指出，中国公共部门在经济发展中发挥着基础作用。首先，中国各级财政投资有助于刺激需求。中国旅游业的发展就得到了各级政府的大力支持。政府的公共政策是目前中国顺利推进大型基础设施建设项目的主要动力。相对其他发展中国家，中国的基础设施建设投入更多，做得也更好。公共部门在通信设施和交通设施等方面的投资建设，有助于降低企业的生产成本，有助于提高人均收入。中国的人均收入比印度高很多。中国政府还积极推动基础设施建设"走出去"，也产生了良好的效果。其次，在就业方面，公共部门的积极作用可以确保就业率更加稳定。再次,在技术创新方面,中国公共部门也参与其中,使得发展进程更加有序、技术进步更加快速。最后,在解决区域发展不平衡方面,公共部门的参与更是不可或缺。中国公共部门的参与极大地促进了区域之间的平衡。相比之下,印度政府更青睐私营部门而不是公共部门。印度抑制公共部门发挥作用,公共部门影响总需求的能力日趋减弱。其实,公共部门对资本主义的积累起着很大作用,在需求受限制的经济体中,公共部门的积极举措(包括财政政策)有助于增加总需求。萨拉邦德强调,私人部门难以开展大规模基础设施建设的原因在于,基础设施投资需要大量固定资本,且投资回收期较长。印度政府往往把基础设施项目交由私人企业建设运营,即那些私人控股达到51%以上的企业。很多企业在中标后,通常会跟政府再次进行谈判,以便得到一个更有利的条件。此外,1991年之前,印度公共部门在改变工人就业条件方面起到了一定作用;1991年之后,印度公共部门的重要性越来越低,在工人就业方面所起的积极作用也越来越小。与印度相比,中国一些中型国有企业与国有大企业进一步联合,使公共部门集中度更高。

第二,中国积极利用市场的同时,避免了广大发展中国家所陷入的新自由主义陷阱。提瓦纳教授指出,1949年中华人民共和国成立之初实行计划经济体制。1978年改革开放以来,很多发展中国家包括印度开始了经济全球化和金融自由化进程;中国与美国正式建交,并加入世界贸易组织,逐步融入全球市场。在20世纪80年代,中国以设立经济特区的方式,逐步向外资开放。这些举措都对中国产生了直接或者间接的影响，尤其是创造了大量就业机会，但中国并没有否定政府宏观调控的积极作用。目前中国已经成为全球第二大经济体，制造业取得巨大进步，并成为全球出口增长最快的国家之一。近几年来，全球 GDP 的增长主要源自美国和中国，且中国占比增长非常快。当然在这个时期不可避免地出现了中美之间的贸易摩擦，但就中国自身而言，中国实现了举世瞩目的发展成就，成为世界上最为主要的经济力量和政治力量。萨拉邦德认为，中国改革开放并不是朝着新自由主义方向前行，中国经济的体制特征和绩效表现，都表明中国没有陷入新自由主义的发展陷阱。塞瑞拉认为，在过去短短几年内，经济全球化进入了新时期。中国在过去更多地扮演着被发达国家"利用"的角色；发达国家通过与中国的进出口贸易获利颇多。但现在，单方面"利用"中国的日子结束了，来自中国的竞争日趋激烈。资本主义的发展因此而遇到严重问题。

第三，中国道路客观上制衡了西方金融资本的新帝国主义霸权。塞瑞拉指出，首先，中国及其他新兴市场经济国家的崛起，对于制衡美元霸权和优化全球资源分配产生推动作用。20 世纪 90 年代，在西方主要国家特别是美国的主导下，出现了全球产业链牵引的贸易自由化和资本自由流动浪潮。在这样一种极具竞争性格局的世界当中，南方国家在国际货币基金组织的压力下被迫进行了结构性调整。中国不仅抵挡了来自西方国家的压力，还在世贸组织谈判中为自己争取了很多权益。其次，中国积极参与构建公正合理的国际政治经济新秩序。中国加入世界贸易组织推动了整个世界秩序向多极化方向发展。中国在金融体制改革方面的探索，对于所有国家尤其是发展中国家来说，起了很好的表率作用。在金融、投资等领域，中国和其合作伙伴进行了基于共赢的广泛合作。不同于西方国家主导的合作形式，中国强调不论国家大小强弱，都应在平等对话的基础上开展合作，这也是多边主义在当今重新焕发活力的重要原因。中国不仅在经济增长方面取得了巨大成功，同时也向整个世界敞开大门，努力让经济发展成果惠及所有国家和人民。最后，中国积极融入世界经济体系，助推全球经济稳定发展。当今中国作为一个自主开放的主权国家，主动提出"一带一路"倡议、建立亚洲基础设施投资银行，获得了法国、英国及很多其他国家的积极响应，日益在世界舞台展现出负责任的大国姿态。萨德认为，过去40年中国没有发生明显的经济衰退，发展潜力不可限量，彰显了社会主义制度的优越性。同时，中国提倡互利互惠的新型国家关系，充分利用美国霸权衰落留下的国际公共产品空间。特别是法国和意大利积极响应"一带一路"倡议，从侧面反映了中国发展战略的成功。

第四，中国道路丰富了人类走向现代化的制度选择。在世界政治经济环境面临深刻变局的背景下，国外学者肯定了中国道路对现代化模式探索所作出的贡献，认为中国丰富了人类走向现代化的道路选择。塞瑞拉在法国共产党工作，长期研究适合法国和欧洲的发展道路，以期建设比资本主义更公正合理的社会形态。他指出，不论在历史还是当下，中国都具有十分特殊的地位。中国道路的发展将回答：我们如何转变思维来实现社会秩序的变革，而不是始终站在为资本主义道路辩护的立场上。"走自己的路"虽不是中国的专利，但只有中国真正开辟了属于自己的发展道路。萨拉邦德指出，中国道路是落后国家发展道路另辟蹊径的创举，开创了不同于新自由主义模式的新路。中国的政府机构在解决实际问题中所发挥的作用，完全不同于其他发展中国家。因此，中国的发展经验值得发展中国家学习，而目前已有许多发展中国家正在向中国学习。

第五，中国道路为全球性问题的解决提供了新的思路。塞瑞拉认为，中国道路的独创性在于正确应对全球化的机遇与挑战。数字革命和环境危机使当今世界的发展问题与20年前大为不同。中国作为一个发展中大国，正面临着能源、农业、气候变化等种种难题，必须通过国际合作加以解决。中国提出的"一带一路"倡议，以及金融领域的开放合作，正推动整个世界金融体系的发展与变革。在气候变化、环境治理方面，中国敢于直面挑战，并在巴黎协定以及其他重要国际场合展现坚定立场。中国的表率作用对所有发展中国家来说都非常重要。在当前塑造新世界秩序的过程中，欧洲加强了与中国的紧密合作，以找到应对人类共同挑战的最佳方案。不管是与北方国家还是与南方国家的合作，中国都变得越来越重要。国际社会现在需要加强合作来解决极端贫困、气候变化和教育等关乎人类生存发展的基本问题；但对抗正日益取代合作，使全球治理陷入困境。全球左翼力量需要联合起来，全力以赴地开展斗争；

反对抗和反压迫成为当今全球治理的关键命题。中国的发展战略或将成为解决当今全球普遍问题的重要突破。

五、结语

随着世界经济格局发生深刻变化，中国道路的成就、制度属性和意义成为国际左翼学者研究的重点对象。经济发展是中国道路最为耀眼的成就，而这种成就的取得与中国摒弃"苏联模式"以及抵制新自由主义有关。中国道路具有可供其他国家学习借鉴的普遍性，国外左翼学者对中国道路寄托着希望，也提出了一些建议甚至忠告。中华人民共和国的建设是在一穷二白的半殖民地半封建农业社会基础上起步的，改革开放前30年的社会主义革命和建设奠定了实现社会主义现代化的坚实基础，改革开放以来的40年则巩固和推进了这些经济成就，社会主义制度与市场经济的结合，是中国新型现代化道路的重要制度基础。中国道路改变了资本主义国家中公共权力完全屈从于金融资本的被动角色，在积极利用市场的同时又避免了广大国家所陷入的新自由主义陷阱，中国道路客观上制衡了西方金融资本的新帝国主义霸权，丰富了人类走向现代化的制度选择，为全球性问题的解决提供了新的思路。

第十二章　全球化转向时代社会主义市场经济对新自由主义的制度竞争力

——第二届世界马克思主义大会"经济学"专题评析

第二次世界马克思主义大会期间，中外学者对全球化转向时代社会主义和自由主义的制度博弈问题进行了热烈讨论。发言涉及这个主题的国外学者有意大利前总理马西莫·达莱玛、埃及经济学家萨米尔·阿明、美国纽约城市大学教授大卫·哈维、美国密苏里大学经济学教授迈克尔·哈德森、法国共产党前领导人皮埃尔·博洛丹、澳大利亚莫纳什大学教授克里斯·尼兰、法国《经济与政治》杂志编委弗雷德里克·博卡拉、俄罗斯莫斯科大学经济学教授亚历山大·布兹加林，国内学者有中国人民大学王伯鲁教授、上海财经大学丁晓钦教授、天津师范大学教授丁为民教授以及北京大学于鸿君教授、林毅夫教授、张辉教授、宋朝龙研究员和中国社会科学院助理研究员陈人江、宋丽丹等。从大会学者们的发言中可以综合出如下认识：金融资本的悖论逻辑支配着资本主义全球化的进程，也导致了资本主义全球化的危机与转向；金融资本的悖论逻辑是指，当金融资本在生产性积累领域不可避免地遇到危机时，金融资本试图通过扩大非生产性积累来解决危机，结果不但不能解决危机，反而扩大了危机；新自由主义的制度安排无力应对金融资本的悖论逻辑，而社会主义制度则具有克服金融资本悖论逻辑的能力；在全球化的危机与转向时代，社会主义应发挥其相对于新自由主的制度优势，引领全球化新阶段的社会发展和人类命运共同体的构建。

一、金融资本的悖论逻辑与全球化转向

与会学者讨论了金融资本积累的悖论逻辑及其与当下全球化危机和转向的关系。所谓金融资本的悖论逻辑是指，当金融资本的生产性积累遇到危机时，反而试图通过非生产性积累的强化来解决危机，结果饮鸩止渴，不但解决不了反而加深和扩大了危机。金融资本的悖论逻辑是造成全球化危机和转向的基本原因。

第一，金融资本的生产性积累。金融资本是从产业资本、商业资本和银行资本的垄断融合中产生的垄断资本。作为职能资本的垄断融合形式，金融资本是推动生产革命、流通革命和信用革命的主体，这是金融资本的生产性积累。美国纽约城市大学教授大卫·哈维认为，资本意味着生产的扩张、周转的加速，不断打破稳定性，越来越多的资本进入到瞬时能被消费掉的产品创造中去。消费也要跟着生产而加速，这就产生了消费

主义的文化。美国密苏里大学经济学教授迈克尔·哈德森认为，在过去 60 年内，有了很多的发明，例如互联网技术，诸多的技术创新为缩短人们的工作时间提供了可能。中国人民大学王伯鲁教授认为，资本与技术是近现代社会的两大驱动力量。在马克思看来，工艺学是连接科学与生产之间的桥梁，工艺学引导和支撑着生产活动的不断优化。马克思主要讨论资本的技术构成、资本的剥削技术、加快资本周转的技术、不变资本节约的技术等；总的来说，围绕更多、更快、更节省地获取利润或剩余价值的资本技术化，渗透到资本的众多职能形式和领域之中。法国共产党前领导人皮埃尔·博洛丹认为，信息传统和自动化，以及人工智能领域，是资本主义本质中的进步因素。澳大利亚莫纳什大学教授克里斯·尼兰认为，整个生产方式不断进行技术重组，这加深了资本的统治。法国《经济与政治》杂志编委弗雷德里克·博卡拉认为，资本主义把技术革命变成自己内在的逻辑。纽约大学政治系教授波特尔·奥尔曼教授指出，自动化是当代社会发生变革的一个核心原因。在一些发达资本主义国家人们每天工作时间下降到 6 个小时。他引述 2013 年牛津大学两位教授的研究成果指出，在美国的 702 个工种，有 48% 的工作岗位在未来的 10 到 20 年里会消失，被机器所取代。

第二，金融资本的寄生性积累。除了生产性积累之外，金融资本还借助垄断定价权、股票投机、地产寻租、国债操控、制造和利用危机对社会从事非生产性积累，也即进行寻租性、寄生性、投机性、剥夺性积累。上海财经大学丁晓钦教授认为，现在随着西方生产率的增长减缓，资本家越来越不关注怎么样做大蛋糕，而是关注怎么样去多分一些蛋糕。迈克尔·哈德森认为，金融资本主义的积累是基于租金和利息。金融资本主义好像代表了后工业化的时代，事实上回到了工业前的社会，即资本主义突然又回到了封建主义这样的一个积累方式上了，也就是回到经济成果被租金所吸收的经济形态中去了。金融资本主义甚至背离了李嘉图的理论，致使土地成本越来越高，但最终获利者肯定不是房屋的所有人而是银行；高昂的房价使得租金以及土地价格不断上涨，家庭背负更多的债务；除此之外，租金还从资本的借贷业务等渠道发展出来。俄罗斯莫斯科大学经济学教授亚历山大·布兹加林认为，金融资本是通过创造一些模拟物、一些商标，也即通过创造一些虚拟的符号来剥夺消费者。

第三，金融资本的悖论逻辑。笔者认为，金融资本的积累方式中包含上述生产性积累和非生产性积累两套逻辑，不仅如此，在金融资本的两套积累逻辑之间，也即在金融资本的生产性逻辑和非生产性逻辑之间还存在一个悖论逻辑，那就是：当金融资本的生产性积累出现危机时，它试图利用和强化非生产性积累来解决危机，结果不但解决不了危机，反而造成了更严重的经济危机。金融资本的内在悖论逻辑是造成经济危机的根源。金融资本两种积累逻辑之间的悖论关系，从金融资本的危机中可以清楚地观察到。埃及经济学家萨米尔·阿明认为，产业资本的积累造成了日益增大的贫富分化，导致生产过剩和资本过剩；金融化本来是为了解决产业资本积累过剩问题而产生的一种吸收过剩资本的方式，但是金融化并没有能够解决产业资本积累中的危机，反而造成了更深的、系统化的危机，造成了资本主义的长期衰退；实际上，从20世纪70年代起，资本主义就已经进入到第二波的大衰退之中。南开大学何自力教授认为，在20世纪70年代，西方资本主义经济制度被认为是一个很成功的经济制度，那时的经济增长速度、西方人的收入水平以及福利水平都显示出了很高的水准。经过了40年的发展演变，西方的资本主义经济进入了停滞常态化：经济增长速度长期低迷；失业率高起；在过去20年间，人们的收入水平基本上是处于停滞或下降状态；债台高筑，所有西方国家的政府都有严重的债务，越来越多的国家深受债务所困，债务危机成为2008年金融危机以后非常重要的一个形态；通货紧缩成为一个长期的现象，长期的通货紧缩不但影响人们的生活，更重要的是影响经济运行的动力；国家的竞争力下降，相对于新兴经济体来讲，发达国家的优势现在已经明显降低。美国马萨诸塞州立大学瓦米西·瓦库拉波哈拉姆教授认为，2008年就是我们称之为"21世纪的大萧条"：从表象上来看这里是有足够的需求，但是背后却是信贷的泡沫，或者说房产的泡沫，这些泡沫一旦破裂了以后，总体需求疲软的现实就会暴露出来。瓦库拉波哈拉姆教授认同布罗代尔的观点，即认为资本主义发展周期有两个阶段，即物质扩张和金融扩张阶段，一旦某一个资本主义体系从物质扩张阶段发展到金融扩张的阶段,这就意味着这个资本主义体系成熟了,预示着资本主义体系的秋天就要到了!

第四,金融资本的悖论逻辑推动着资本积累中心的国际转移。一个资本主义积累体系的成长,一般说来是适应生产力和国际分工的需求而发展起来的,在该体系的上升期,金融资本的生产性积累起主导作用;但是,当该体系积累到一定程度,当该体系的生产性积累成熟以后,金融资本试图通过向非生产性积累的转移来拯救危机,结果反而加剧了该体系的危机,这时候旧的体系遇到自身的限度,而新的、更适应领导社会生产和国际分工革命的积累体系将会趁势成长起来。瓦米西·瓦库拉波哈拉姆教授引述阿瑞吉的体系积累周期模型,认为引领全球化的每一个资本主义积累体系,在物质扩张的上升时期以后紧跟着一个金融扩张期,而一旦一个积累体系经过金融扩张发展到顶峰之后,就会发生积累中心的转移。第一个阶段我们看意大利的城邦时期,作为当时欧洲的金融中心,这些城邦建立了自己的霸权结构。当时,伊比利亚的一些政治力量也在崛起。后来权力中心转移到了荷兰阿姆斯特丹,新的秩序不断在扩张。在这个过程中荷兰不仅有商业权力,而且将这种政治权利内部化。意大利城邦慢慢地把他们的金融权力转给了阿姆斯特丹。再往后,英国崛起了,这就是马克思所说的工业资本主义;到了1870年以后,金融化又成为一种趋势,英国成为帝国主义。一战以后英国开始衰退。美国通过把交易成本内部化崛起成为新的霸主。资本会从既有的霸主流入到一个新兴的霸主，所以现在的情况就是美国的很多资本流入到东亚，这和之前霸权中心的转移有着非常相似的情形。但是，虽然说在过去的几十年经济的中心其实是在移向亚洲，但是金融和政治中心还都留在西方。现在还不能确定以美国为中心的资本主义是不是能够解决好这次危机，是否会转变为一个以亚洲为中心的资本主义。

第五，金融资本的悖论逻辑最终将把资本主义推向社会主义。迈克尔·哈德森教授认为，我们现在好像进入了资本主义的最后危机，因为在美国、在欧洲，现在累积起来的这个债务已经不可能还清。丁为民教授认为，这个危机沿着金融、经济、财政、主权危机的路径，扩展为拖累发达国家、冲击发展中国家的世界性的长期衰退和停滞。目前的政治危机、文化混乱和冲突就是在这个基础上发展起来的。哈维提出资本主义的空间修复可以包含两个方向：第一个向发达国家转移危机，第二个向发展中国家转移危机。而美国左翼学者约翰·魏斯柯认为，世界经济变动的特点是发达国家是趋同的，危机向发达国家转移的可能性越来越小，而向发展中国家转移危机的可能性越来越大。这样势必造成发展中国家特别是新兴发展中国家和发达国家的冲突。何自力教授认为，西方资本主义已经进入全面危机。自2008年以后，美国、日本、欧盟三个经济增长引擎全部熄火，未来的经济全球化已经不可能靠这三个引擎来拉动或者说推动了。美国社会矛盾激化，右翼政党上台。欧盟里面的五六个或者说七八个国家如意大利、西班牙、葡萄牙、爱尔兰等都会面临政治经济的动荡。垄断资产阶级要找自己的出路，当和平的手段不能摆脱困境时，则可能采取非常规的手段，比如战争的手段。当下西方资本主义经济停滞常态化的背景下，我们要严防发生新战争的危险。萨米尔·阿明认为，当下的资本主义制度，已经意味着资本主义的体系进入了一个非常长期的衰退之中。当前并不是和平竞争、民主和经济繁荣的时代，而是很多暴力冲突出现的时代，有可能导致革命。

二、金融资本悖论逻辑下新自由主义制度的无效性

新自由主义的制度安排无力应对金融资本的悖论逻辑，面对金融资本的肆虐及其导致的全面危机，新自由主义的原子论前提假设、自由放任主义的经济政策、中产阶级主导的橄榄型社会观念、极小国家的制度理念、历史终结论的意识形态等等，都面临全面的危机。

第一，新自由主义原子论前提假设的失真性。新自由主义把现实的人理解为抽象的人、自足的个体，它使人脱离生产关系，而进入一个由孤立个体组成的契约社会。它把自由意志之间的契约关系设定为唯一合法的社会关系，而契约关系背后的生产关系，是它理解不了、掌握不了也对付不了的。面对金融资本造成的生存危机，新自由主义关于个体自足的观念，也就

不攻自破了。何自力教授认为，新自由主义把个人主义的价值观夸大化，变成教条。新自由主义、个人主义的价值观不改变，就不可能在经济、政治上来及时地调整和改革，就不可能化解当下西方资本主义国家所面临的问题。萨米尔·阿明指出，资本系统化地对人实行去政治化，以控制文化。它让人们以为自己是一个自由的个人，实际上只是一个消费者；这是一种人们被迫接受的"柔性的法西斯主义"。亚历山大·布兹加林教授也对新自由主义把个人假设为抽象孤立个体的前提进行了批判。

第二，新自由主义的自由放任主义经济政策的失灵。新自由主义经济政策体系的基础是私有制和自由放任的经济政策，新自由主义认为，在私有制基础上的自由放任政策，会导致经济的自动均衡，会导致社会利益的最大化。但是，在现实世界中，新自由主义的政策体系只是放任了金融资本的自由积累，金融资本积累所导致的危机反过来证明了新自由主义经济政策理念的危机。迈克尔·哈德森教授指出，在新自由主义政策下，美国和欧洲经济被金融资本掌控了。布雷顿森林体系之后，美国废除了金本位，利率降到1%以下，由于利率降低，债券的价格上升。央行注入了更多资金，带来了通货膨胀，房地产价格不断被抬升。低息和比较宽松的贷款造成了金融泡沫。美国工人阶级要拿收入中的43%用于偿还住房抵押贷款，10%用于偿付税收，10%用于偿还贷款（或信用卡的贷款）。也就是说，美国工人阶级四分之三的收入都用于偿还贷款，用于偿还住房抵押贷款、信用卡贷款等。80%的美国银行贷款都进入了房地产业。对于普通人,可能需要30年的时间来偿还住房贷款。美国人最低收入比重的人当中,一生的储蓄也就三四百美元。工人要做什么都要去找金融机构借债,债务经济其实是最有利于金融资本的。

第三,新自由主义中产阶级主导的橄榄型社会观念的幻灭。一直以来,作为自由主义合法性的支撑,存在着一个中产阶级社会的观念,即认为自由主义的政策体系会带来中产阶级主导的橄榄型社会,而中产阶级是西方社会繁荣、政治民主以及自由主义价值观的基础。但是在现实中,金融资本的统治导致了社会分化和中产阶级的衰落。中产阶级的衰落在边缘国家以及半边缘国家往往表现得更明显。例如,深受新自由主义思潮影响的希腊,失业率高达30%,在年轻人中间失业率甚至高达50%,他们对未来是非常绝望的。何自力教授指出,社会的收入分配两极分化十分严重。西方中产阶级在没落,而且没落得相当厉害,少数人上升到了富有的阶层,大部分人沦为低收入者或者说贫困阶层。丁晓钦教授指出,美国金融危机以来,西方国家养老福利等不同程度的削减,教育经费缩减,公务员薪酬降低,大学学费上涨远远超过同期的CPI。这些都直接恶化了中产阶级的处境。中国社会科学院宋丽丹助理研究员指出,自从2008年大衰退以来,中产阶级陷入了深重的危机。在美国申请破产的人中,超过90%是所谓的中产阶级。贫富差距巨大,曾被认为是世界上最为平等的北欧国家其超过

50%的国民财富属于收入最高的前10%的人,自从2008年以来大多数欧洲国家,一半人口占有的国民财富一律低于10%,一般不超过5%。2014年世界上最富裕的85个人的财富相当于全球半数人口即生活在全球底层35亿人的资产总和。中产阶级和下层阶级变得更加贫穷,金融资本的统治使中产阶级不堪重负,在美国中产阶级是收入负债比最高的群体。69%的美国人存款少于1000美元①,中产阶级危机的后果导致了占领华尔街运动、席卷西方的青年抗议浪潮,等等。当代资本主义社会仍然是金字塔形的社会结构。

第四,新自由主义极小国家制度理念的破产。新自由主义认为,国家是必不可少的恶,个体是自足的、市民社会是自我均衡的,国家只是为市民社会的运行提供外在的保障,而不能干涉市民社会内部的自由。新自由主义认为国家应该最小化,应该极小化。新自由主义的国家理念削弱了公共权力,实际上是把大量应该由公共部门调节、监管和掌握的权力拱手交给了金融贵族。新自由主义理念中的公共权力无力遏制金融资本的非生产性积累,只能任由金融资本的悖论逻辑来自由支配市民社会,造成深刻的经济、社会、政治危机。金融垄断资产阶级也不得不求助于自身设计的极小国家来解救自身的危机,结果就使国家陷入一系列矛盾的困境。西方右翼政党和民粹主义的兴起标志着新自由主义最小国家观念的破产。丁晓钦教授指出,西方国家民众对资产阶级民主政治的信任不断下滑,对国

---

① 数字引自宋丽丹在第二届世界马克思主义大会上的发言。

家的前途和未来日益失去信心。2008年金融危机至今已十年有余，但是经济复苏依旧缓慢。为了应对损失，美国推出庞大的经济刺激计划，增强流动性；但是这些政策只是暂时的，对经济复苏的效果有限，国家为破产的私人垄断的信用背书，使财政赤字占GDP的比例迅速增长，埋下新一轮的隐患，引发了债务危机，政府信用下降。近两年的欧美经济虽然有所复苏，在财政政策和货币政策上仍然处于左右为难的危机，财政危机始终挥之不去。中国农业大学王娜副教授认为，金融危机发生之后，很多资本主义国家用大量的财政资金去挽救金融资本家，公共债务大量上升，而为了削减公共债务，又削减了社会福利开支。金融危机之后，西方国家施行货币量化宽松政策，使整个西方金融市场产生大量泡沫。如果继续采取扩张性政策，泡沫累积会更加严重，如果使用紧缩政策，金融泡沫破灭会使西方国家更难承受。这样的一个两难使整个西方国家的政策处于一种束手无策的状态。丁为民教授认为，资本主义制度自我调整的空间已经收窄了，资本主义转向调节主义很困难。美国新自由主义危机之后，凯恩斯主义并没有上台。其中有一个原因，就是美国的赤字、美国的债务已经达到历史最高点。美国没有足够的财力由原来的自由主义体制转变到调节主义的体制当中来。何自力教授认为，西方资本主义国家的三权分立制度已经丧失了它原来化解社会矛盾的功能。

第五，新自由主义关于"历史终结论"的终结。新自由主义认为，自己所主张的个人权利、自由企业制度、极小国家制度是最好的制度，这一制度既能保证每个人的自由权力，又能保证市民社会的最大利益和自动均衡，更能使国家成为公民自身的自由国家，因而，这一制度就是人类自由的实现形式，就是人类历史的终结。但是，新自由主义整套逻辑都抽掉了资本的逻辑，抽掉了资本统治市民社会和经济生活、支配公共权力和国家的事实。新自由主义关于历史终结论的观念是与资本主义经济周期的上升期相适应的，但是资本主义在自身悖论逻辑的作用下必然走向危机。随着资本主义内在危机的发展，新自由主义的"历史终结论"自然就站不住脚了，"历史终结论"自身被终结了。苏联解体后，1992年美国政治学家福山发表了《历史的终结及最后之人》，宣布新自由主义的社会制度是人类社会的终极社会形式。到2012年，福山又发表了《历史的未来》，观点发生了改变。意大利前总理马西莫·达莱玛指出，在柏林墙倒塌、苏联解体之后，西方的文化气氛是由新自由主义主导的。世界将会在资本主义和自由主义之下生存，市场也会结束社会冲突，这些就是自由主义霸权的基石。它植根于20世纪80年代所谓的里根总统和撒切尔夫人提出的这样一些理论。经济全球化在这样一个没有受到反思和批判的资本主义概念基础之下发展起来了，左派也受到了这种文化的影响，于是有了所谓第三道路这样思想的提出。实际上今天的世界，看起来跟新自由主义的先知们所预言的有很大差异。2007、2008年的金融和经济危机后，民族主义者和其他的保守主义者开始抬头，新自由主义全球化的危机风险最终导致一个右翼的解决方案，而这有可能会开启一个危险的时代，这个时代充满了冲突、充满了紧张，而最终可能会导致一场新的冷战。巴勒斯坦学者法特稀·阿尔卡利布以及喀麦隆第三世界论坛的本纳德·福诺教授，也批判了新自由主义的历史终结论。

三、社会主义市场经济克服金融资本悖论逻辑的制度能力

社会主义市场经济既可以充分发挥资本的生产性逻辑，又可以遏制资本的非生产性逻辑，因而克服和超越了金融资本的悖论逻辑，具有担负起后发国家现代化以及引领全球化新阶段的制度潜能。

第一，社会主义市场经济对资本生产性逻辑的发挥。北京大学张辉教授指出，中国取得巨大成就，归功于马克思主义经济学里面对生产首要性一贯的坚持。马克思关于生产、分配、交换和消费之间关系的论述中，一直强调生产的首要性。中国从建国包括改革开放以来一脉相承，始终以生产的首要性为基础。改革开放之后，从 1978 年到 1988 年，中国推进工业化的速度，按照劳动效率来看，是每年 0.5 个百分点，按照完成 100 个百分点的话，中国需要两百年才可以完成工业化进程。1998 年，我们又测度，劳动效率改善的速度大概 5 个百分点，按此速度，中国如果完成工业化大概只需要 20 年。综合 1998

年之前和之后,从 1979 年改革开放开始大概需要 45 年。中国的发展速度特别是 1998 年之后的发展速度,是美国同期也即经济加速阶段速度的三倍多,是日本经济加速阶段即五六十年代的两倍多。中国这么快速发展的原因是什么？就是我们始终以生产为中心。美国马萨诸塞州大学大卫·科兹教授认为,毛泽东治理中国的时代,中国的工业慢慢成形,为中国未来发展奠定了很好的基础。1949 年—1978 年,中国工业产出上升了 16 倍。中国人的教育程度比较高,女性在国民经济和社会中扮演了非常重要的角色。这些为中国 1978 年之后的发展奠定了非常好的基础。北京大学林毅夫教授认为,苏联等社会主义国家的失败,不是社会主义本质的问题。二战之后的社会主义国家由于受资本主义国家包围,发展违反了比较优势原则,经济发展的绩效普遍不好。中国改革开放的快速发展证明,在社会主义制度之下,如果有正确的发展和转型战略,社会主义国家可以比资本主义制度下的国家发展得更好。

第二,社会主义市场经济对资本非生产性逻辑的遏制。在新自由主义经济政策体系下,金融资本的积累导致经济脱实向虚,不动产价格上涨,股票投机盛行,寄生阶层势力日益壮大。只有在社会主义制度下,才能在公有制的基础上真正解决金融的非生产性积累问题。萨米尔·阿明指出,过去的 70 年,中国虽然经历了很多曲折,但是农民阶级、工人阶级、中产阶级之间形成了联盟,联盟的基础是土地非商品化。中国目前正面临加入金融全球化的压力,国际金融资本要求中国放弃

"土地非商品化"的原则。如果中国放弃了这个原则,也就没有希望了。迈克尔·哈德森教授指出,在《资本论》第三卷,马克思认为,社会不需要土地所有者。学校、铁路、医院都应由社会共同拥有,不去盈利,以降低成本,增加竞争力。社会主义政府投资于一些公用事业如道路、电力等部门,建好基础设施是政府的目标,不是为了获得利润,而是为了降低生活成本,降低经商的成本。马克思认为,资本增加竞争力的途径有两种:一是减少工人的工资,二是反对银行和地主。基于租金的金融,不是真正的资本。金融资本主义最后摧毁了美国的工业,中国之所以取得如此大的成功,因为中国有着非常强大的工业资本。

第三,社会主义市场经济对金融资本悖论逻辑的超越。中国建立了社会主义市场经济制度,充分利用了资本的生产性逻辑,同时公有制为主体的多种经济成分并存、国家的积极调节,又使中国模式克服了金融资本的悖论逻辑,使社会主义现代化可以呈现出不同于西方国家的成功经验。科兹教授指出,自由主义经济学家认为中国发展的障碍在于国企规模过大、政府过度干预经济,他们认为政府部门应该让私有部门来解决问题,自己不应该进行投资。在马克思主义看来,政府应该继续通过对金融领域的管制来引导经济的发展,同时要管制国际贸易和投资,要对基础设施进行更多的投资。张辉教授认为,1949年中华人民共和国成立后,制定了一个工业化的总路线。中国原有的重工业基础为经济腾飞做出了重要贡献。在改革开放之初，中国已经建立了一个完备的工业体系。虽说和当时的世界生产力水平有差距，但是是基本齐备的。改革开放之初，推进现代化建设的时候只是一个结构调整，不存在由轻工业到重工业发展的困难。北京大学于鸿君教授认为，中国模式成功的秘密在于：根据经济发展的不同阶段，中国选择不同的经济体制。贫穷落后的社会主义大国在实现工业化的初期阶段选择计划经济体制是最好的制度安排，在中期和后期阶段选择市场经济体制是最好的安排。计划经济体制有利于大型水利工程建设、大规模垦荒、全民扫盲等公共产品和准公共产品的生产。中国在计划经济体制下取得了了不起的发展成就。但是，计划经济也存在弊端，一是需要具备充分完备的决策信息，二是需要不断产生充分的激励机制。中国在工业化中后期到来时，及时推进市场化改革，逐步建立并完善了社会主义市场经济体制，实现了经济体制选择的趋利避害和扬长避短。企业和消费者根据市场信息快速作出反应，并且市场主体始终包括充分的激励，这有利于满足社会多元化需求和多样化偏好。中国经济体制在不同时段的正确选择，保证了中国经济70多年的持续发展。

第四，社会主义市场经济担负后发国家现代化的制度能力。克服了金融资本悖论逻辑的社会主义市场经济，具有推动工业化和现代化的制度能力，有能力担负起后发国家现代化的使命。科兹教授认为，一个积极政府，对中国经济的高速增长来说非常重要。在电信、能源、金融、教育和基础设施等领域，政府都起到了非常重要的作用。政府对贸易、投资的管控都可以帮助中国不断发展。国有企业在技术开发中扮演非常重要的作用。国有企业是经济的自动稳定器，尤其是在经济比较困难的时候，国有企业"稳定器"的作用更重要。私营企业只有一个目标，那就是追寻利润，而国有企业不仅需要追求利润，还要考虑到员工利益、消费者的利益、社会利益，从更加宏观的角度给人类发展带来积极影响。要解决中国崛起道路上的障碍途径，可以建立累进税政策，可以建立强大的工会，可以设定一个更高的最低工资，增加更多的医疗和教育投资，强化环境污染治理，发展更多的可再生能源，使用公共交通，减少对汽车的依赖。所有这些都需要政府积极地起作用。中国国有企业仍需要进一步改革与发展，但这需要依据马克思主义的学说进行指导与管理，这样国有企业才能够继续为中国崛起带来益处。自由市场不可能解决住房问题，社会主义国家可以建造更多的经济适用房，这种项目可以满足人们最基本的需求，可以解决房地产的泡沫问题。国有企业可以担负更多的社会责任，在提高劳动者收入、保证商品质量、稳定就业、保护环境等方面，国有企业有着私有制不能具有的优势。大型国有企业对中国的崛起有很好的推动作用。

第五，社会主义市场经济担负全球化新阶段的制度能力。金融资本主导的全球化不可避免地会陷入结构性的危机，金融资本引领全球化的发展只能达到一定的阶段，金融资本自身造成对全球化的否定，当下西方以美国带头的反全球化、逆全球化的现象正是金融资本引领全球化的能力限度的表现。另一方面，社会主义制度经过曲折的探索，终于探索出了一个既不同于传统计划经济模式又明确拒绝新自由主义模式的社会主义市场经济道路，成为全球化新时代的一个重要的制度选择。大卫·哈维认为，环保主义者认为不挑战资本而能解决环保问题，这是不可能的。而且，对资本主义的挑战，不是涉及资本主义的某一个方面，而是要挑战整个的资本系统、要去找到另外的、系统性的解决方案。萨米尔·阿明认为，在全球化的资本主义框架之内，后发国家要追上这些西方发达国家是不可能的，社会主义的转型将会不可避免地在后发国家中发生。何自力教授认为，随着发达资本主义国家经济停滞常态化的来临，世界经济格局发生了重大变化，变成了多极化的格局。多极化的时代为中国在世界经济舞台上发挥作用，提供了千载难逢的机会。中国模式和中国道路作为马克思主义指导下的一种社会主义模式，可以在世界经济乃至人类社会发展的未来道路上发挥引领作用。丁晓钦教授认为，21世纪以来中国国际地位和国际影响力日益增强，帮助其他国家应对金融危机，带动了世界经济的增长，对很多资源和出口国的经济也做出了巨大的贡献。大卫·科兹教授认为，过去几十年、几个世纪以来，全球都是由资本主义统治的，也许未来会发生变化。特朗普总统用的咄咄逼人的政策，以寻求主宰全球。在中国领导人类命运共同体路径上肯定还有很多类似的困难，不过未来还是值得我们去努力的。人类命运共同体是非常有远见卓识的使命！

四、结论

社会主义市场经济制度，充分利用了资本的生产性逻辑，同时，土地等不动产资源的非金融化、公有制为主体的多种经济成分并存、国家的积极调节，又使社会主义市场经济具备了克服金融资本悖论逻辑的制度潜能，具有了超越新自由主义的制度竞争力，为全球化转向时代的制度竞争和制度选择指引了方向。在资本主义遇到体系性危机的时候，两种制度的博弈没有削弱，反而更加激烈。社会主义市场经济应发挥其作为社会主义的制度优势，推动全球化新阶段的发展，引领人类命运共同体的构建。萨米尔·阿明认为，现在全球范围内有一个美日欧联合的帝国主义，还有一些附属盟国，它们依然在维持其传统的帝国主义优势。苏联、后来的俄罗斯以及其他一些国家为了被西方接纳而作了让步，但最终其实都被毁坏了。中国也会面临这个帝国主义联合体的各种压力。美日欧集团永远都不会接受中国成为世界格局中的一个主要力量，即便中国变成资本主义国家，也是如此。帝国主义联合体的地缘战略是针对中国的，它们要消除中国的优势，始终打算把新疆和西藏从中国分裂出去。它们要中国加入金融全球化，如果中国那么做的话，将会带来灾难性的后果，中国的发展成果将会付之东流，中国将会遭遇俄罗斯那样的结局。只要中国没有加入金融全球化，中国就可以避免目前危机所带来的一些变迁和振荡。迈克尔·

哈德森教授指出，我们在俄罗斯所见到的，不是一般的生产性资本主义，而是金融资本主义。俄罗斯的寡头不是花钱来建工厂，而是把钱用来买工厂和控制工厂，然后把这些工厂又变成了房地产项目。在俄罗斯出现这种金融资本主义情况，是我们所应该吸取的一个历史教训。西方自由主义经济学家所拒绝的不是马克思主义，而是18—19世纪的古典政治经济学。古典政治经济学要革除土地的私人所有权。法国共产党前领导人皮埃尔·博洛丹认为，苏联的瓦解宣告了苏维埃模式的失败。21世纪马克思主义，想要理解世界并改造世界，就要辩证地理解资本。我们不能忽略资本主义的历史价值，另一方面也不能忽视资本主义与人类社会发展相矛盾的本质属性。大卫·科兹教授认为，自由主义和社会主义的竞争没有随着苏联解体而结束。在两大阵营的竞争中，在社会思潮、经济政策等层面的竞争中，中国担负着重要角色。马克思主义和自由主义在经济学等思潮中的竞争，也就是社会主义和资本主义之间的竞争。曾经有很长时间，西方经济学家一直不承认中国有很快速的增长，他们认为中国的快速增长是经济统计错误的结果。后来，当他们不得不承认中国的快速增长时，他们又认为这个快速增长应归功于私有化和自由化。他们认为国有企业和政府计划，对中国崛起是一个障碍。他们主张所有的国有企业都私有化，彻底消除政府的干预，减少公共的投资。他们认为这样才可以解决不平衡、不平等的问题，才可以解决环境污染的问题。这些主张其实都是错误的。所有的这些政策主张都会带来恰恰相反的结果，会使所有的问题更加恶化。如果国企都私有化，则会进一步导致管理人员和工人之间收入差距越来越大，环境污染也会越来越严重，因为私有企业更善于规避政府的环保政策。如果政府完全不干预市场，则会导致金融领域越来越参与到投机活动之中。与此同时，会有更多的腐败现象出现，中国的经济将会不断下滑而不是上升。如果减少公共领域的投资，事实上也会导致私人领域的投资减少。新自由主义的观点是来自于美国、英国这些经济强大的国家，它们有很多的渠道可以让新自由主义思潮来到中国。如果中国尊崇新自由主义思潮，走上了新自由主义的道路，中国的崛起将会终止，而中国尊崇马克思主义、走社会主义的道路，则不仅自己可以拥有美好的未来，也可以为全世界指明道路！

第四篇　中国道路与人类命运共同体

第十三章　人类命运共同体构建的价值观基础

——第二届世界马克思主义大会哲学专题评述

第二届世界马克思主义大会于 2018 年 5 月 5 日在北京大学召开。大会主题是"马克思主义与人类命运共同体"。大会期间，中外学者就人类命运共同体构建的价值观基础展开了深入讨论。

一、关于传统文化中的伦理性价值观

中国传统文化包含着讲仁爱、重民本、守诚信、崇正义、尚和合、求大同等优秀文化因素，其特点是强调整体的和谐与自由。这些因素包含着丰富的伦理性自由的思想，对于克服近代西方以抽象人性论为基础的自由主义价值哲学的局限，有其重要参考价值。

第一，传统文化伦理性价值观对个体人格的规范。成中英教授认为，中国所具有的和谐化的辩证法，是一种自然的、融

合性的辩证法。中国的思维方式从易学和谐化的辩证法出发超越了黑格尔的三分法。中国文化的复兴是人类文化的复兴,我们要认识到中国文化在整个人类历史发展中具有的重大意义。中国人要自我认定,要自我主宰,自我管理,追求一个共同的善。北京大学哲学系彭燕韩教授认为,中国从儒家以来的文化特别谈到和谐的重要性,强调民族的和谐、家庭的和谐。中庸平衡是中国古代很重要的思想。李宗桂教授认为,中华文化对构建人类命运共同体具有指导意义。中华文化讲仁爱精神。仁者爱人,对人以爱,泛爱众,普遍地去爱众人;己欲立而立人,己欲达而达人,己所不欲、勿施于人。仁爱原则还包括"民胞物与",就是天下的人民都是我的同胞兄弟,万事万物都是我的亲密伙伴,天人合一,天人一体,四海一家。仁爱精神包含着人道主义,人与人要以真诚善良之心相互对待,要以视人如己的原则对待别人。

第二,传统文化伦理性价值观对经济关系的规范。李宗桂教授指出,董仲舒很清晰地讲到要调整均衡。富者田连阡陌,贫者无立锥之地,这是不好的。应该缩小差距,这不是搞平均主义,而是调节、均衡。使富者足以示贵而不至于骄横;使贫穷者足以养身而不至于忧。这样一个思想,在当代中国,在当代世界,都有值得借鉴的价值,需要给予创造性继承和创新性发展。

第三,传统文化伦理性价值观对政治生活的规范。李宗桂教授指出:在《吕氏春秋》里面就专门反对私天下,反对君主把天下看成是自己一家的私有财产。《礼记》讲,天下为公,选贤与能,不独亲其亲,不独子其子。中国传统政治文化强调政治正当性。中国古代的汤武革命,就很强调自身的正当性。如果政治统治以不公正破坏仁义,导致不仁不义,那么下面就可以起来造反。汤武革命,就是顺乎天而应乎人的正当革命。中华文化还具有以民为本的人文精神。尚书讲民为邦本、本固邦宁;孟子讲民贵君轻;荀子讲载舟覆舟。由于民本思想的支撑,中国古代的专制可以叫作开明专制。中国秦汉以后的专制社会,相对于西方中世纪要温和、要人道一些,不像西欧中世纪那么残暴、独断。中华传统文化强调仁政,讲王道而不讲霸道。要以德服人,以力服人是口服而心不服。中华文化求大同。《礼记》讲大道之行,使老有所终,壮有所用,幼有所长,等等。各尽所能,各安其分,各展所长,社会和谐相处。近代康有为写了《大同书》。孙中山先生提出来大同理想,博爱、大同、天下为公。

第四,传统文化伦理性价值观对全球交往的规范价值。王永贵教授认为,作为对现行世界秩序探寻的中国贡献,人类命运共同体既是中华民族传统思想的现代性继承,也是马克思世界历史思想中国化的必然结果。当代中国智慧既是中华民族传统智慧在现代的继承,又是与马克思主义学说相结合的产物。王东教授认为,中国不是崛起,而是中华文明复兴。文明体系实际上不是单一的,5000年前就是两大源头,一个是以地中海为发源地,形成环地中海体系;一个是以中国为主要发源地,形成环太平洋体系。霸权体系主要是环地中海建立的,以中国为主要发源地的环太平洋体系,自古以来就基本不搞对外征服，不搞霸权。平等共同发展，这是中华民族的和平精神、仁爱精神的体现。李宗桂教授指出，大同理想就是天下是天下人的天下，不是某一个国家、某一个民族的天下，而是全世界的天下。中国传统文化讲和而不同，有包容精神。万物并育而不相害，道并行而不相悖，非常深刻地反映了中国文化的包容性。尚和合，万物并行而不相害，就是在全球范围内，我们要坚持自己该坚持的，同时也让别人坚持他要坚持的。费孝通先生讲各美其美、美人之美、美美与共，天下大同。中国传统文化中的这些优秀因素，对指导人类命运共同体的构建具有重大的规范价值。孙熙国教授认为，中国文化强调"万物并育，道并行"，要合作，要共赢。中国文化强调"和而不同"，就是互有差异，但又能一起合作，特别富有生机和活力。基于这样一种思路，中国人特别强调改革开放。合作是人类的未来，和则两利，斗则两伤。

关于近代西方的自由主义价值观。如果说产生于前资本主义时代的伦理性价值观包含着整体和谐的要素，而其缺点则是缺乏个性自由的倡导。这一局限，正好为另一种价值观所克服和弥补，这就是产生于近代西方的自由主义价值观。这种价值观强调个体本位、个人权利，但又遮蔽了资本的逻辑，遮蔽了物化的社会权力。

第一，自由主义价值观对个体价值的肯定方式。韩立新教授介绍了曼德维尔、斯密、黑格尔对这种价值观的宣扬。近代英国古典经济学家曼德威尔，在其《蜜蜂的寓言》中描述道：蜜蜂可以完全按照自己的轨迹乱飞，而这样乱飞的结果却就构建了一个完美的、有序的蜂巢。斯密在《国富论》中认为，个人追逐私人利益，可以通过一只看不见的手，促进社会的整体利益。黑格尔所理解的市民社会，类似曼德威尔和斯密所理解的共同体，在他看来，家庭是一种伦理的统一形式，市民社会则是一个伦理的分裂形式。这样一个伦理的分裂形式，是人类发展所必不可少的，因为没有这样一个阶段，个体是没有办法发展起来的。在市民社会中，个体可以追逐自己的私人利益，可以使私人利益最大化，可以激发出个体的潜能，使个体获得最大限度的发展，这比之古代个人的发展要完善得多。国外的马克思主义学者尖锐指出了自由主义价值观中个人价值虚假性的一面。埃及著名经济学家萨米尔·阿明认为，资本系统化地对人实行去政治化，以致控制文化，它让人们以为自己是一个自由的个人，但实际上只是一个消费者，而非一个公民或者是生产者；这是一种"柔性的法西斯主义"。之所以说它是柔性的，是它并不需要人们主动支持，而只能被动接受。俄罗斯莫斯科国立大学教授亚历山大·布兹加林指出，按照自由主义观点，全世界没有穷人，只有懒人。如果你是穷人，是因为自身努力不够。这个观点是错误的。俄罗斯有很多普通老师，他们在贫困的乡村工作，他们可能一个月只有几美元的工资，但他们的工作却非常努力。另外，还有很多富翁，但他们犯了很多罪。苏联解体后，俄罗斯有很多资本罪恶的例子。这些现实都不能从自由主义的假设中得到解释。

第二，自由主义价值观对经济关系的制度安排。魏小萍研究员从回馈正义和平等正义的角度讨论了形式自由观与经济发展的关系。她认为，回馈正义是自由主义理论的立论基础，回馈正义也就是回报正义，是对劳动主体在对象性活动中与其活动结果正相关的判断，是多劳多得、少劳少得、不劳不得。回馈正义与社会发展动力机制是正相关的。以个人为本位的回馈正义是自由主义理论的默认基础，是资本主义生产关系所蕴含的动力机制所在。无论是新老自由主义还是自由主义左右翼对这一默认基础并没有疑义。她认为，在资本主义生产关系下，回馈正义有自身的限度，包含着自身的悖论，在现实中往往成为一种虚幻的形式。马克思与自由主义的分歧，并非产生于回馈正义的原则，而是将问题的解决路径寄希望于资本主义生产关系的变革。国外的马克思主义学者比较强调自由主义价值观对资本逻辑的遮蔽，认为自由主义价值观造成自由放任的经济政策。马西莫·达莱玛认为，没有管制的资本主义导致了矛盾、不稳定以及战争的风险。新自由主义造成的积累危机，迫切需要重新启动国家在资源、机会、再分配、投资、医疗保健、劳动力保护等问题上的作用。

第三，自由主义价值观对政治国家的制度设计。韩立新教授以黑格尔为例，介绍了自由主义的国家观。黑格尔认为，国家必须是近代个体极度发达之后所组成的国家。如果个体、主体不完善、不成熟，由此所组成的国家并不是真正意义上的国家，充其量是一个封建国家，是一个奴隶国家，甚至是一个根本不能称之为国家的国家。因此，黑格尔批评柏拉图和亚里士多德，说他们所描述的国家并不是国家，因为那里个体没有发展起来。古希腊的国家不能容纳苏格拉底这样的个体和主体性，是不稳定的国家，不是真正意义上的国家。黑格尔认为，亚细亚根本就没有个体的独立，在个体不独立的情况下，没有办法产生真正的共同体，真正的国家也没有办法形成。在这个意义上，黑格尔承认近代的市民社会对于形成真正国家的意义。当然，黑格尔也看到了近代国家自身的矛盾。在追逐私人利益的市民社会中建立起来的契约型国家，实际上不可能真正解决利益冲突。正因为如此，黑格尔把这样一个国家称之为外部国家。马克思在1844年的《巴黎手稿》中批判了资产阶级国家，认为这样的国家不是真正的共同体。在《黑格尔法哲学批判》中，马克思认为，资本主义国家表面上宣扬其代表了普遍利益，但是国家只不过是统治阶级利益的反映，所以他把这种国家称之为虚幻的共同体，是一个虚假的共同体。马西莫·达莱玛指出，美国的政治体系越来越类似于一美元一票，而不是一人一票。政治系统并没有纠正市场的失灵，而是在加强市场的失灵。

第四，自由主义价值观对全球交往的塑造方式。自由主义价值观实际上是资本的自由观，而资本的发展必然要冲破民族界限，走向世界统治。韩立新教授认为，马克思在经济学手稿中，描述了一个物如何从一个普通的东西上升为商品，在商品上交换价值如何成为货币，最后上升为资本，资本再结合雇佣劳动和土地所有，最后在国内实现统治，走向国际贸易，再走向世界市场。资本一旦成为物的世界的主体之后，就会以不可遏制的力量来席卷国内、国际以及整个世界。马克思肯定了资本的文明作用，因为它可以摆脱原有的血缘关系、地域关系、种族关系，摆脱过去地域的和民族的狭隘局限性，使人得到一定程度的发展。但马克思更控诉了这个资本共同体，认为只有在共产主义条件下才能实现世界的合理发展和人的自由全面发展。简·奥托·安德森认为，新自由主义的理念使国家权力被削弱。因为新自由主义全球化削弱了国家的权力，所以国家调节危机的能力大大降低。在资本完全自由的情况之下，尤其是在世界范围之内进行合适的征税，很难对资本进行合适的征税。

二、关于共产主义的价值观

马克思的共产主义也就是自由人联合体。作为自由人联合体的共产主义和契约论的共同体是不同的，共产主义的价值观和自由主义的价值观也是不同的。

第一，共产主义价值观对个人解放的规定。王怀超教授认为，自由人联合体和人的自由全面发展是一致的。恩格斯晚年应友人请求用一句话概括社会主义：除了人的自由全面发展这句话外，找不出更合适的语言。韩立新教授认为，马克思的自由人联合体和洛克、卢梭等人所论述的社会契约论式的共同体是截然不同的。因为社会契约的核心在于承认私有财产的合法性和不可侵犯性。马克思在《论犹太人问题》中，批评了这种以私有财产为基础而形成的法的关系、国家的关系，认为这是虚幻的，是虚假的。在这个共同体中，人权就是私人财产权，根本不是人权。共同体也不是共同体，只不过是维护私有财产的关系和利益的一个共同体。马克思认为，近代的市民社会的主题不是人，而是物，是货币，是资本。近代市民社会的共同体就不是人类共同体，而是由交换价值、货币、资本所组成的一个物的共同体。人本来是主体，现在变成资本的客体，一个资本增殖的客观条件。未来的人类共同体，必须改变这个制度，必须废除资本，使人重新成为主体。

第二，共产主义价值观对经济平等的理解。魏小萍研究员认为，在现实的社会主义制度中，回馈正义还有存在的空间。回馈正义意味着差异分配。马克思在《哥达纲领批判》中提出按劳分配仍然是差异分配。针对回馈正义悖论，马克思是用平等正义来加以解决的。马克思解决回馈正义悖论机制的办法是在社会化大生产基础上建立生产资料公有制。周为民教授认为，马克思讲的生产资料共同占有，指的是生产资料在全社会范围内的共同使用，指的是社会化生产。共产主义就是形成真实的集体，每个人作为个人参加集体。当马克思讲到人的解放和自由时，他总是首先在每个人的自由意义上来说明问题的。重新建立个人所有制，这不是恢复小生产的私有制，而是肯定社会化生产基础上来恢复劳动者与生产资料的结合，即在共同占用生产资料的基础上，重新建立劳动者的个人所有制。

第三，共产主义价值观对公共权力之公共性的保障。王怀超教授认为，在马克思看来，自由人联合体中既没有国家，也没有阶级、没有剥削。在那里，联合起来的个人自主地管理自己的社会生活。党的十八届三中全会关于全面深化改革的决定，提出了社会治理现代化，完成了从单向管理到多向治理的转变。治理和管理的区别在于，管理是单向的，是从上到下，是强制性的，治理是多向的，党委领导、政府负责、群众参与、基层自治，它是多向度多层次共同的治理。

第四，共产主义价值观对全球交往的推动。王怀超教授认为，马克思虽然没有直接讲全球治理，但明确提出全世界无产阶级联合起来，这就是合作，就是国际合作。社会主义从本质上说，没有国界，没有民族，从本质上说是一个世界历史进程。社会主义的目的，他讲得很清楚，就是解放全人类，实现人的自由全面发展。社会主义运动是为大多数人谋利益的运动，社会主义事业是大多数人的事业。这些观点对于今天的全球交往是非常重要的。

三、关于构建人类命运共同体的价值观基础

要构建人类命运共同体的价值观，应当以共产主义的价值观为主导，综合吸收自由主义价值观以及伦理性价值观，形成科学合理、层次分明的价值观体系。

第一，人类命运共同体的构建必须吸收传统文化优秀的伦理性价值观。成中英教授认为，马克思主义与儒学的驱动力代表着中国发展的驱动力，也是人类走向生命共同体的驱动力。魏波教授认为，可以从社会主义实践的角度去定义中国复兴。中国本位以及现代化取向，这是理解社会主义文明的两个基本的立足点。中国文明发展的道路在近代遇到了重大挫折。中国的复兴从文明史角度来看，它的基本轨迹应该理

解为自我的演化、否定和变革的过程。从文明视角来看，21世纪中国的复兴必然是文明的复兴，我们在世界格局中重新站在一个新的高地，绝不仅仅是建立在 GDP 基础上的，更重要的是站在新的思想、制度、文化、新的文明探索基础上的，这是中国发展道路的一个基本逻辑。李宗桂教授认为，中华优秀传统文化在今天对于人类命运共同体构建的意义有三个：第一，可以为新的全球治理理论和治理体系以及方法的更新提供一种价值选项；第二，可以为人类命运共同体的构建提供一个精神支撑；第三，可以为整个人类的文化自信提供中华民族历史的资源。

第二，人类命运共同体的构建必须吸收近代自由主义价值观中的合理成分。韩立新教授认为，马克思所说的共产主义共同体，绝不是一个局部的、带有血缘性、民族性的共同体，而是经过资本的文明作用之后，再扬弃资本所建立的共同体。中国的发展应当积极吸取人类文明的有益成果，为现代化建设服务；同时要合理利用资本、发展资本，促进经济社会发展。中国在进行人类命运共同体构建时，可以走出一条自己的道路，但是不能脱离世界历史，应当加强与世界的交往与联系。林毅夫教授认为，中国改革开放之所以能够取得成功，就是因为中国能主动利用比较优势，参与全球竞争，并逐步把比较优势转化为竞争优势。

第三，人类命运共同体的构建必须以马克思主义价值观为基础。韩立新教授认为，马克思把人类历史分成三个阶段：第一阶段是人对人的依赖阶段；第二阶段是人对物的依赖阶段；

第三阶段是人的自由个性阶段。笔者认为，中国所倡议的人类命运共同体，不能以第一个社会形态为基础，也不能以第二个社会形态为基础，而是以第三个社会形态为基础和方向。因而，中国倡议的人类命运共同体所依赖的自由观，其基础不能是古代的自由观，也不能是近代的自由观，而是共产主义的自由观。西方文明的问题在于，在原子论、抽象人性论、抽象契约论的文化观念支配下，西方社会奉行自由放任的经济政策、最小政府的国家制度，最后导致了金融资本对个人、对社会、对国家的自由支配，使金融资本的非生产性积累、剥夺性积累、投机性积累、冒险性积累畅通无阻。在金融资本的放纵性积累下，人类文明正陷入系统性危机。因此，人类命运共同的建构必须回到马克思主义价值观的基础上。

第十四章 《共产党宣言》的空间逻辑与人类命运共同体的构建

——第二届世界马克思主义大会纪念《共产党宣言》专题述评

为纪念《共产党宣言》（以下简称《宣言》）发表170周年、马克思诞辰200周年，2018年5月5日北京大学举办了第二届世界马克思主义大会。来自5大洲30多个国家的120多名国外学者和国内知名学者共1100余人，参加了大会。与会学者对《宣言》的伟大思想意义、实践意义以及对全球化未来发展方向的指引意义进行了充分讨论，学者把《宣言》作为认识资本主义全球化、增强社会主义制度自信、构建人类命运共同体的思想武器来纪念。面对资本主义全球化的危机、面对社会主义中国日益走向全球化舞台的中心，《宣言》的空间逻辑及其对人类命运共同体的构建价值，引起了与会学者的热烈讨论。如果从空间逻辑的角度来看，那么关于《宣言》的讨论，涉及了《宣言》的空间传播、《宣言》中资本的空间逻辑、《宣言》中共产主义的空间逻辑、《宣言》的空间逻辑与人类命运共同体的关系等问题。

一、《共产党宣言》的空间传播

关于《宣言》的空间传播,学者们讨论了《宣言》创作的具体时空情境、在中国的早期传播情况、在中国共产党成立之后的传播情况、向中国传播过程中日本的特殊中介作用以及《宣言》在中国传播的总体性特点等。特别是北京大学马藏研究中心的学者们,对《宣言》在中国的早期传播取得了一系列研究成果。

第一,《宣言》文本创作的具体时空情境。诸多权威专家、电视纪录片、网络传媒都说《宣言》是在白天鹅宾馆一个咖啡馆的专门房间里写的。武汉大学颜鹏飞教授通过在布鲁塞尔、伦敦、比利时、特里尔等地的实地考察,历经长达十年的研究得出结论,认为《宣言》的写作地点不是白天鹅宾馆。为了考证这个情况,颜教授去了布鲁塞尔四次,实地考察了马克思在布鲁塞尔的八个住处,拜访了比利时马克思研究所所长马尼亚,得出结论认为,《宣言》的最终地点只有两处地方:一个是纳缪尔郊区奥尔良路42号,一个是野林宾馆。或者马克思在这两处都写了一部分。在第一个地方写了一部分之后,因这地方人员嘈杂,而当时共产主义者同盟向马克思下了最后催稿通牒,说必须在1月份之前交,否则所给的资料全部收回来。为了赶快完成《宣言》,马克思独自搬到野林宾馆,因而《宣言》的写作地点不是白天鹅宾馆。颜教授还认为,《宣言》不是延续几个月而是在一周之内写成的。马克思和恩格斯参加了1847年11月29日到12月8日在伦敦召开的共产主义者同盟第二次代表大会。12月17日马克思才回到了布鲁塞尔,到1月底只有一个半月的时间。这期间,他在白天鹅宾馆做了至少三场演说,写作《雇佣劳动与资本》《关于自由贸易问题的演说》等著作,中间还被法庭传讯。由此推测,马克思写作《宣言》也就用了一周时间。

第二,《宣言》在中国的早期传播情况。北京大学《马藏》编纂与研究中心主任顾海良教授介绍了马克思的名字和肖像以及《宣言》在中国早期传播的情况。马克思名字最早是在1899年《大同学》的文章连载中传入中国的,第一次提到马克思就是现在用的名字,后来的翻译不一样了,再后来又回到了最初的译法上。马克思的画像第一次传入中国是在1907年。当时中国人选了欧洲60个有影响的欧洲社会科学家、自然科学家、政治家、军事家等,马克思被列入其中,所用照片是马克思1875年拍的,恩格斯在马克思去世以后大量印制、送给亲朋好友的正是这张照片。关于《宣言》在北京大学最早的传播,顾海良教授认为可以追溯到1919年,当时北京大学一位李姓外语系学生翻译了《宣言》的第一章。翻译完第一章以后,胡适先生很不高兴。在能否毕业的压力下,该学生终止了《宣言》后续章节的翻译。华东师范大学陈红娟副教授介绍了《宣言》在中国早期传播的文本形态。目前发现1899—1911年有17篇文章涉及《宣言》,那时的翻译是只言片语式的,有些只是提了一个题目。第一篇译稿刊发在一个教会办的期刊即《万国公报》里,是一个片译。当时,翻译者的信仰五花八门，传教士、改良派、无政府主义者等都有。译者并不关心《宣言》自身的内在逻辑，而对《宣言》的思想进行了各种拆解和组合。《宣言》的早期翻译多是从日本、英国、法国等国转译过来的。在转译过程中，掺杂了其他国家的文化，产生了一些误读。例如日本学者的《社会主义神髓》3个月之内译到中国，阶级概念有三分之一没有被翻译过来。1899—1919年，译文是文言文的，阅读对象主要是知识分子，一般大众难以读懂。

第三，《宣言》在中国共产党成立之后的传播情况。顾海良教授提出：中国共产党成立后的第三个月，就决定出一套共产主义丛书，共五本。这说明中国共产党从成立那时开始，就是一个学习型政党。现在通过各种途径把这五本书找全了，里面有布哈林的论共产主义小册子、俄国共产党的党纲、第三国际的重要文件、俄国的革命史等。中共二大决定出马克思的全书，第一本就是陈望道翻译的《宣言》，此外全书还包括《雇佣劳动与资本》《哥达纲领批判》《法兰西内战》《资本论》《剩余价值理论》《政治经济学批判》等，当时比较准确地选择了马克思的主要著作。陈红娟副教授介绍了中国共产党成立之后《宣言》传播的新特点：译者对《宣言》的理解水平有所提升，译本逐渐完善；共产党领导下翻译的《宣言》凸显了《宣言》中革命性、阶级斗争、暴力推翻政权这方面的内容；《宣言》阅读群体从知识分子扩展到普通民众。

第四，《宣言》向中国传播过程中日本的特殊中介作用。北京大学《马藏》编纂与研究中心博士后李爱军介绍了日文

《社会主义神髓》在推动《宣言》在中国传播中的作用。《社会主义神髓》1903年在日本问世。第一本中译本是1903年11月5日达识译社出版的，译者当时是一个中国留日学生；第二个中文版本是蜀魂重译的；第三个译本是四川人谭其茳译的；第四个译本是1912年由高劳（即杜家全）翻译的，在东方杂志连载。《社会主义神髓》第三章的内容主要根据恩格斯《社会主义从空想到科学的发展》改写的；《社会主义神髓》达识译本是最早将《共产党宣言》书名翻译过来的。《社会主义神髓》四个中译本对当时中国知识分子了解马克思的社会主义学说起到了重大作用，吴玉章、李大钊、陈独秀、周恩来等都受到了它的影响。

第五，《宣言》在中国传播的总体性特点。南京师范大学王刚教授对《宣言》在中国传播的总体性特点进行了概括。一是《宣言》文本翻译的递进性。最早翻译是只言片语，后来到章节，最后再到整个文本的翻译。二是《宣言》内容传播的选择性。不同的学者对传播内容的选择有不同的侧重点，有的学者强调《宣言》中的社会主义和共产主义文献，有的强调共产党人对各种反对派的态度，陈独秀当时更加强调对无产阶级专政理论的介绍。三是传播路径的多样性。五四运动之前，《宣言》文本多来自日本，五四以后欧美途径的多了起来，十月革命以后苏俄成为主要途径。四是多梯次传播。翻译者是第一次梯次，然后国内先进知识分子再到其他接受者，经过多梯次传播而达到最终传播。五是与传统文化嫁接的主观性解读。中国人在翻译《宣言》的时候，往往各取所需，难免打上了中国传统文化的色彩。比如，许多译者把《宣言》和中国传统的大同思想相混同；孙中山对共产主义解读的时候，认为井田之制即均产主义之滥觞。六是边传播、边中国化。中国人传播马克思主义是和改造中国相结合的，是一边传播一边中国化。比如说，李大钊在传播《宣言》的唯物史观的时候，就着重思考如何把唯物史观运用于中国。

二、《共产党宣言》中资本积累的空间逻辑

《宣言》中的空间逻辑包含两个异质主体的空间逻辑，即包含着资本的空间逻辑和共产主义的空间逻辑。两类逻辑的联结和转换，构成《宣言》中空间逻辑的基本内容。《宣言》中资本积累的空间逻辑是全球扩张性的空间逻辑，是自我背反性的空间逻辑，是阶级和国家双重分化的空间逻辑，是具有特定历史阶段性的空间，是未被充分阐述的空间逻辑。针对《宣言》中关于资本积累的空间逻辑特性，学者们展开了富有启发性的讨论。

第一，《宣言》中资本积累的空间逻辑是全球扩张性的空间逻辑。北京大学孙代尧教授认为，《宣言》对资本主义世界市场的形成进行了精准的描述，分析了资本主义工业文明向全球扩展以及世界市场的形成过程，揭示了全球化是一个不以人的意志为转移的客观历史进程。美国纽约城市大学大卫·哈维教授阐发了资本积累的空间维度，认为资本是空间革命的主体，资本作为价值主体的运动本身就具有空间向度。北京大学

人学研究中心主任陈志尚教授认为，全球化正是《宣言》所说的世界生产和交往发展的必然结果。华北电力大学王旭琰博士认为，《宣言》体现了马克思主义的普遍主义的视野。时代要求我们要比具有各国特色的马克思主义更进一步，要回到马克思主义的普遍视野。因为我们现在面临很多全球性的问题，比如难民问题、恐怖主义、气候恶化、网络安全等。科技革命和产业革命为未来世界的想象打开了很多空间，我们需要站在新的技术基础上去勾勒我们未来世界的样貌。

第二，《宣言》中资本积累的空间逻辑是自我背反的空间逻辑。孙代尧教授认为，《宣言》揭示了资本主义现代性的深刻矛盾，《宣言》体现了马克思对资本主义现代性的独特的或者说辩证的批判。资本主义现代化一方面取得了很多的成就，另一方面使得人变得冷酷无情，只有赤裸裸的利益交换；一方面开辟了世界市场，另一方面把没有良心的贸易带到世界各个角落；一方面毁灭了前现代，另一方面也必然导致资本主义自身被毁灭。陈志尚教授认为，资本主义制度不能消除其本质所决定的社会基本矛盾，结果只是将矛盾扩展到全世界，因而深刻揭示了资本主义全球性危机迟早发生的必然规律。全球化是资本主义社会基本矛盾在世界范围内新的展开和集中表现。

第三，《宣言》中资本积累的空间逻辑是阶级和民族国家双重分化的空间逻辑。《宣言》不仅提出了资产阶级和无产阶级的分化，还提出了农业民族对工业民族、东方国家对西方国家的依附，实际上指出了资本积累所具有阶级和民族国家双重分化的空间逻辑特性。埃及经济学家、第三世界论坛主席萨米尔·阿明作为依附论的代表人物，认为资本积累所造成的分裂和对立不仅表现在资本和雇佣劳动上，还进一步集中表现在中心国家和边缘国家的分裂上。土耳其爱国党副主席耶尔德勒姆·科奇认为，自20世纪50年代末开始，马克思和恩格斯就逐步发现英国工人阶级的资产阶级化，同时把注意力越来越投向殖民地。从1860年开始，马克思重新审视了他对于世界革命以及殖民地的看法，这个时候他看到了爱尔兰独立对英国霸权造成的削弱。1873年，资本主义世界爆发全球性经济危机。殖民主义和帝国主义发展起来了，马克思和恩格斯观察了这个过程。列宁和毛泽东对于帝国主义以及马克思革命理论的发展，就是建立在这个过程上的。

第四，《宣言》中资本积累的空间逻辑是一个历史性的空间逻辑。《宣言》运用辩证唯物主义和历史唯物主义的基本原理，对资本主义进行了历史性的批判，提出资本主义并非是永恒的，而是有其历史界限的。资本一方面推动了劳动的社会化，另一方面在劳动社会化面前蜕化为阻碍社会进步的所有制形式，因而必将为新的所有制形式和新的社会形态所取代。《宣言》在辩证唯物主义和历史唯物主义的基础上所确定的资本自身的历史辩证法，为我们分析资本主义在推动全球化过程中的内在矛盾以及历史限度，提供了批判性分析的科学工具。复旦大学陈学明教授认为，《宣言》宣判了资本主义的历史局限性，证明资本主义是有内外矛盾的，这个内外矛盾是资本主义自身所不能克服的。资本主义的灭亡，这是包含在资本主义自身内部的历史必然性。在现实中，资本主义没有按照马克思预料的方式走向灭亡，但是，这不是说马克思关于资本主义必然灭亡的预言失效了，而只是延期实现而已。

第五，《宣言》中资本积累的空间逻辑是一个未完成的空间逻辑。《宣言》中的资本积累逻辑，还是对马克思早期政治经济学研究成果的反映，还没有达到马克思在《资本论》中所达到的那样纯熟和全面，而且资本积累在世界市场上的展开过程，也是一个世界历史进程，在马克思之后，资本主义世界市场和世界历史还在向纵深发展，《宣言》中资本积累的空间逻辑是一个未完成的空间逻辑。陈志尚教授认为，《宣言》没有充分估计到资本主义后来能够通过自我调整延长了寿命；没有预见到全球各地区和各民族国家经济、政治、文化发展的不平衡必将导致世界各国无产阶级革命道路和进程的多样性、曲折性和复杂性。美国韦恩州立大学社会学系副教授大卫·范森范思特认为，马克思时代的全球化和当代的全球化具有不同的性质，不能直接把马克思对全球化的分析搬到今天，因为今天的全球化是一个后殖民主义时代的产物，也是非传统的、非欧洲式的产物。

三、《共产党宣言》中共产主义的空间逻辑

《宣言》中的另一个空间逻辑是和资本不同的另一个主体的空间逻辑，即共产主义的空间逻辑。《宣言》中共产主义的空间逻辑是指向人类解放的空间逻辑，是扬弃资本主义的空间

逻辑，是向未来敞开的空间逻辑，是有待通过落后国家的社会主义运动而被具体化的空间逻辑。就《宣言》中关于共产主义的空间逻辑特性，学者们也都展开了深入的讨论。

第一，《宣言》中共产主义的空间逻辑是指向人类解放的空间逻辑。厦门大学白锡能教授认为，《宣言》的两句话是不能改的：第一句话就是消灭私有制，第二句话是每个人自由全面发展，这是一个问题的两个方面，是《宣言》最重要的东西。北京大学黄宗良教授认为，只有承认无产阶级革命和无产阶级专政，同时也承认马克思、恩格斯所主张的民主、自由、平等、文明、科学，才可以说是比较完全地理解了马克思主义的精神实质。北京大学杨河教授认为，马克思讲清楚了一个过去所有人都没有讲清楚的大道理，即人类的自由解放是否可能，如何可能。人类自由解放的问题不是马克思提出来的问题，在马克思之前这个问题已经存在了，但是没有一个思想家能把这个问题的来龙去脉、根源、可能性讲清楚。

第二，《宣言》中共产主义的空间逻辑是扬弃资本主义的空间逻辑。苏州大学石镇平副教授认为，马克思对社会主义理论有三大贡献：一是科学地论证了社会主义代替资本主义的历史必然性的问题；二是科学地预测了未来共产主义社会的基本特征；三是科学地解释了实现社会主义的过程，实际上就揭示了如何实现社会主义。《共产主义原理》提出十二条措施，《宣言》提出十条措施，这些措施正像《宣言》的序言所说的，随时随地要以当时的历史条件为转移。孙代尧教授认为,《宣言》回答的是马克思那个时代的最大问题,也是在170年后的今天我们仍然面临的问题:如何看待和制服资本主义?人类社会往何处去?共产主义就克服资本主义没法克服的现代性矛盾,提出了另外一种解决的方案,既充分地发展生产力,又能够实现人的解放。陈志尚教授认为,《宣言》的真理性突出体现在其对资本主义的历史地位和作用、资本主义的内在矛盾和发展趋势、无产阶级革命使命等问题的论述上。

第三,《宣言》中共产主义的空间逻辑是向未来敞开的空间逻辑。学者们认为,就其直接性来看,《宣言》中关于共产主义的逻辑是从欧洲发达国家出发的,但是从其潜在性来看,却是向着未来敞开的。《宣言》为共产主义未来道路的多样化的可能性留下了充分的余地。学者们认为,《宣言》中关于共产主义的逻辑就其直接性来看是从欧洲发达国家出发的,但是从其潜在性来看,却是向着未来敞开的,为未来多样化的可能性留下了逻辑空间。土耳其爱国党主席多乌·佩林切克认为,《宣言》中所强调的革命的理论,是从资本主义发达国家的情况引申出来的,是欧洲中心论的。根据马克思的思想,在每一个社会尤其是在亚洲的社会,革命都应该是因地制宜的。在帝国主义时代,革命中心转移到亚洲、非洲和拉丁美洲,那时革命就不仅仅是无产阶级和资产阶级对立的结果,而且还是压迫民族和被压迫民族之间冲突的结果。社会主义革命的实践是从边缘地带开始的,是列宁和毛泽东成功地将理论付诸实践。马克思预见到了帝国主义的阶段，也看到了亚洲时代最早的曙光。英国肯特大学哲学荣休教授肖恩·塞耶斯认为，1848 年《宣言》发表之后，共产主义的幽灵并没有迅速地崛起。但是，《宣言》的思想在后来得到了彰显。到 20 世纪 60 年代的时候，世界三分之一的人口都是生活在受马克思主义影响的国家当中。斯大林去世之后，苏联经过短暂的自由化之后，马克思主义又出现了很长时间的停滞不前，但 20 年后重新崛起。马克思认为，资本主义有自己的生命周期，最终会被其他的体系超越。俄罗斯科学院哲学研究所研究员舍甫琴科认为，西方资本主义已经走过了社会发展的顶点，未来可能还有很长的路要走，并以渐进的方式逐步转化为社会主义。从资本主义到共产主义的这么一个演进的过程，我们看到的是充满了各种辩证法的历史运动，有中国特色的社会主义是中国迄今为止成功的关键所在。孙代尧教授提出《宣言》中重大的思想贡献之一，是提出了社会转型的思想，对于已经和正在经历着两个深刻转型——从农业社会到现代工业社会、从计划经济体制到社会主义市场经济体制——的中国及后发国家的现代化具有重要意义。

第四，《宣言》中共产主义的空间逻辑是有待通过落后国家社会主义而被具体化的空间逻辑。马克思从唯物史观出发，从世界历史的高度上论证了资本的逻辑让位于共产主义逻辑的必然性。但是，关于资本逻辑让位于共产主义逻辑的空间起点，马克思的理论是没有具体化的。历史证明，共产主义在实践上的突破是在帝国主义链条的薄弱环节率先突破，然后通过迂回过渡的道路实现共产主义逻辑对资本主义逻辑的空间替代。白锡能教授比较了《宣言》中的共产主义思想和落后国家社会主义的现实，从资本主义世界体系的内在矛盾对二者之间的差别作了解释。马克思讲的社会主义是要消灭私有制的社会主义，从马克思规定的条件出发，这是正确的。马克思的理论没有错，现实的社会主义跟马克思所说的社会主义条件不同，现实社会主义是在生产力不发达的基础上建立起来的，是初级阶段的社会主义。落后国家社会主义的必然性首先在于穷，穷则思变。另一个更关键的必然性在于资本主义的世界经济体系。资本主义体系建立以后，金融垄断资本出现，其他国家想要走自由资本主义道路，但没有出路。在落后国家要为社会主义创造条件，必须通过国家的力量，需要党的集中统一领导，集中力量办大事，来完成工业化，提高生产力以追赶资本主义。也就是说，落后国家不是等资本主义自己创造完条件，再来革命，而是先革命，然后自己为自己创造条件。黄宗良教授认为，在东方落后国家社会主义首先从理论变为现实，并且经过列宁战时共产主义以及新经济政策的探索，经过斯大林模式的建立、发展和解体，经过中国的曲折探索以及在改革开放中获得成功，这一系列的实践经验使我们对社会主义事业胜利的长期性、复杂性、曲折性的认识更加充分。《共产党宣言》中关于共产主义的思想，经过苏联以及中国化马克思主义的实践，变得更具体、更丰富了。

四、《共产党宣言》的空间逻辑与人类命运共同体的构建

《宣言》揭示了全球化过程中资本积累的逻辑让位于共产主义逻辑的必然性。《宣言》之后,国际共运的发展,又找到了共产主义逻辑取代资本积累逻辑的空间起点和迂回道路。《宣言》及其以后国际共运所揭示的规律,在人类命运共同体的构建和发展中,必然会更自觉地表现出来。人类命运共同体的空间逻辑是社会主义和资本主义并存的空间逻辑,是社会主义和资本主义制度博弈的空间逻辑,是社会主义翻转资本主义的空间逻辑,是社会主义引领全球化新时代的逻辑,是《宣言》空间逻辑的实现样态。

第一,人类命运共同体的空间逻辑是社会主义和资本主义并存的空间逻辑。人类命运共同体不是在资本主义制度的基础上来构建,也没有条件在直接的、单纯的社会主义制度逻辑的基础上来构建。两种制度的并存,这是人类命运共同体构建的一个基本背景。不能把东欧社会主义的失败看作是社会主义自身的失败,不能把中国改革开放的成功看成是自由主义的成功。如果有这两种看法,就否定了社会主义在今天的合法性,就否定了社会主义在人类命运共同体构建中的基本地位,就否定了人类命运共同体构建中两种制度共存的基本事实。陈学明教授认为,20世纪一个重大的历史事件就是十月革命的兴起,苏联社会主义国家及以后一批社会主义国家的建立,到了20世纪后期,这些社会主义国家纷纷退

出历史舞台。特别是苏联解体,是20世纪末叶最大的事件。不能把东欧剧变直接认同为社会主义的失败。中国的成功,证明了马克思主义的成功,证明了社会主义的成功。有一种判断认为,中国的成功是由于放弃了马克思主义,是因为学习了西方的自由主义。这种判断是错误的。中国的成功是因为在中国共产党领导下,我们坚持马克思主义中国化,是当代中国马克思的成功。我们还是走在马克思主义中国化的大道上。杨河教授认为,从马克思所处的时代到当今时代发生了深刻变化,包括两次世界大战对西方现代文明的冲击及随之而来的反思,三次科学技术革命对苏联解体与中国特色社会主义道路形成的影响。当今处于资本主义与社会主义长期共存、相互借鉴、各自发展的世界格局。

第二,人类命运共同体的空间逻辑是社会主义和资本主义制度竞争的空间逻辑。在人类命运共同体的构建中,社会主义和资本主义将长期表现为两种制度之间的竞争。俄罗斯自然科学院院士查格洛夫·格奥尔格认为,中国发展了马克思主义。苏联的新经济政策实际上是资本主义和社会主义的结合。虽然列宁认为新经济政策只是一个暂时的情况,但是中国经验证明,社会主义市场经济不只是一个暂时的过程,而是一个长期的过程。中国走在正确的道路上,中国是一个开创者。陈志尚教授认为,应以《宣言》中关于全球化的二重性质分析作为我们制定正确战略策略、引领人类命运共同体的基础。无论是理论宣传还是实践指导,我们都不能以偏概全,只抓住其中的一个方面、一种性质简单地给予完全肯定或者完全否定。必须从世界客观存在的矛盾的现实，全面具体地分析全球化的两重性，分析给中国带来的机遇和挑战并存的外部条件。通过制定和实施正确的战略策略，最大限度地组织和发挥14亿人的能动性，扬长避短，趋利避害，不仅不受制于人而且后来居上，建成富强、民主、文明、和谐、美丽的社会主义国家，推动人类命运共同体建设。

第三，人类命运共同体的空间逻辑是社会主义翻转资本主义的空间逻辑。在人类命运共同体的构建中，在社会主义和资本主义两种制度的共存和竞争中，社会主义制度将凭借自身的制度优势，逐步把资本主义的主导地位翻转为社会主义的主导地位。多乌·佩林切克认为，今天亚洲变得越来越重要了，中国已经证明了社会主义的成功的模式。苏联解体后，在资本主义后期，在新的时代背景下，中国抓住了机会。习近平主席提出人类命运共同体的概念，中华人民共和国重新唤起了全人类的希望。现在亚洲已经是发展的中心。亚洲的革命应该能够建立起公有权利和共享权利的体系，能够取得相对于帝国主义的持久成功。中国人民大学曾枝盛教授认为，20世纪社会主义的产生既不拘泥于传统但又坚持原则。社会主义初级阶段要利用资本主义来发展社会主义但不能放纵资本主义，21世纪的社会主义利用市场发展经济但不能完全放弃计划调控和监督。

第四，人类命运共同体的空间逻辑是社会主义引领全球化新时代的逻辑。黄宗良教授认为，应以马克思主义指引人类命运共同体的构建。关心人类命运,这是马克思主义题中应有之义。马克思主义的学说,从最高层次来看就是人类的解放问题。全人类发展到今天,在全球化的条件下,面临着一系列全人类必须来一起解决的问题。戈尔巴乔夫的错误在于搞全人类利益高于一切,而民族利益、国家利益是回避不了的。中国共产党人是站在全人类解放的高度来解决全球问题,用人类命运共同体反映我们对世界、对国际社会发展的认识和引导,是符合发展的客观规律的。陈学明教授认为,马克思主义在未来的几十年,将会越来越走向现实,变为中国人民和全人类的一种思想资源、思想武器。马克思主义在中国和世界的传播,是人类对于马克思主义的需要。人类文明发展到今天,还面临很多危机,有很多槛儿要跨过去,包括两极分化越来越严重,包括人跟资源的矛盾越来越严重,包括我们人自身的分裂矛盾越来越严重。人类一定要跨过工业文明,建立一种新的人类文明。如果这种新的人类文明建立不起来,那么人类的希望是很渺茫的。人类的未来要么是共产主义,要么是灭亡,没有第二条、第三条道路。人类向这个方向走,靠什么东西来支撑?唯有马克思主义,所以马克思主义在当代世界的地位是不可替代的。北京大学丰子义教授认为,马克思主义的价值指向和目标就是追求人类解放和人的自由全面的发展。马克思认为,人类文明的进步是一个过程,是逐渐发展起来的。要实现文明进步,离不开各种条件和环境。要推进文明发展,不可能离开世界交往。在全球化的今天,要研究人类文明的发展,马克思的思想资源应该得到重视和挖掘。

　　第五，人类命运共同体的空间逻辑是《宣言》空间逻辑的实现样态。与会学者认为，人类命运共同体倡议就是《宣言》提出的自由联合体实现的一个阶段、环节和样态。武汉大学项久雨教授认为，《宣言》中讲过，未来的人类一定会形成一个自由的联合体，这个自由联合体和习近平总书记讲的人类命运共同体之间有本质联系，但是应该还有差别性。二者之间的关系问题是理论和现实向学界提出的一个重大问题。吉林大学白刚教授认为，从1818年到2018年，两个一百年存在三个马克思。马克思最早在欧洲，后来走向中国，将来要从中国走向世界。从1818年到1917年，第一个一百年中发生了十月革命，马克思在欧洲。第二个一百年，马克思主义传入中国，中国特色社会主义是马克思主义中国化的深入展开。接下来的第三个阶段，马克思将从中国走向世界。陈学明教授指出，习近平总书记在中央纪念马克思诞辰200周年大会上的讲话，是中国共产党公开向全世界宣誓：我们是马克思主义政党，我们忠诚于马克思主义，中国共产党就是《宣言》精神忠诚的传人，中国的成功是马克思主义的成功。教育部高等学校社会科学发展研究中心研究员田心铭教授认为，《宣言》的核心思想规定了共产党人的初心。中国共产党人为中国人民谋幸福，为中华民族谋复兴的初心和使命，是以《宣言》为源头的科学世界观在中国化马克思主义中的表达。不读懂《宣言》，就不懂得中国共产党人的初心，忘记了《宣言》，就是忘记了初心。在中国特色社会主义新时代，高举马克思主义旗帜前进的中国共产党人，必须毫不动摇地坚持《宣言》的科学世界观，坚持集中体现了这一世界观的《宣言》的核心思想。西南大学黄蓉生教授认为，《宣言》明确了共产党人为什么人谋幸福。《宣言》揭示了人类社会走向共产主义的必然趋势，奠定了共产党人坚定理想信念的理论基础，是共产党员理论初心的源头。引领人类命运共同体的构建，也应从《宣言》所规定的共产党人的初心出发。

五、结语

综上所述，第二届世界马克思主义大会的与会学者把《宣言》作为认识资本主义全球化、增强社会主义制度自信、构建人类命运共同体的思想武器来纪念，学者们对《宣言》的伟大思想意义、实践意义以及对全球化未来发展方向的指引意义进行了充分肯定与讨论。

纵观学者们的发言，可以发现如下四个特点：第一，关于《宣言》的空间传播，学者们不仅重视文本的具体传播过程，更重视以文本为载体的思想传播史、接受史以及与革命实践的结合史的研究。《宣言》的传播反映了国际共运的发展，见证了国际共运的艰辛探索和曲折过程。第二，关于《宣言》中资本主义的空间逻辑，学者们抓住"资本积累"这一关键因素，对资本积累的空间特性进行了发掘和发挥。学者们对

《宣言》中资本积累和世界历史理论的讨论，既是对《宣言》思想的发掘，又是对《宣言》思想的丰富。第三，关于《宣言》中共产主义的空间逻辑，学者们强调要把东方社会主义的发展经验补充到对《宣言》的理解中去。《宣言》揭示了资本主义向共产主义转变的这种必然性。但《宣言》没有充分预见到全球各地区和各民族国家经济、政治、文化发展的不平衡必将导致世界各国无产阶级革命道路和进程的多样性、曲折性和复杂性。在东方落后国家，社会主义首先从理论变为现实，并且经过列宁战时共产主义以及新经济政策的探索，经过斯大林模式的建立、发展和衰败，经过中国的曲折探索以及在改革开放中获得成功，这一系列的实践经验使我们对社会主义事业胜利的长期性、复杂性、曲折性的认识更加充分。东方社会主义的经验应该补充到对《宣言》的理解之中去。第四，学者们把《宣言》中资本主义和共产主义的空间逻辑思想运用于人类命运共同体，把《宣言》作为构建人类命运共同体的"宣言"来理解、阐释和阐发。为国际共运尤其是中国特色社会主义所丰富了的《宣言》基本原理，必将在人类命运共同体的构建中再次发挥伟大的指引作用；在当代，《共产党宣言》正是构建人类命运共同体的宣言！

大会对《宣言》的传播与影响、内容和逻辑、价值和意义进行了充分的讨论，但是仍有一些问题值得继续研究：第一，关于《宣言》的空间传播，主要讲的是《宣言》在中国的传播，而对《宣言》在其他国家和地区的传播研究得不够；

第二，关于《宣言》中资本主义全球化思想的讨论，更多的是正面肯定，而对其缺陷和不足讨论不够；第三，关于东方国家社会主义实践，更多的是从对《宣言》一般原理的"特殊"补充的角度来阐释，而对东方社会主义实践的普遍世界历史意义讨论不够；第四，关于《宣言》与人类命运共同体的关系，更多的是一般性原则的确认，还缺少具体性的阐发。我们期待着在后续的世界马克思主义大会中，上述四个不足之处能得到更充分的讨论。

第十五章 晚期金融资本帝国的现代性危机与社会主义对全球现代性的重塑

——第三届世界马克思主义大会外国学者对当下全球变局的观察评析

2021 年 7 月 17—18 日，以"马克思主义与现代化"为主题的第三届世界马克思主义大会在北京大学召开，来自世界五大洲的 60 多位国际学者和 200 多位中国学者与会。英国布里斯托大学特雷尔·卡弗教授、美国加利福尼亚文化研究与教育研究所所长卡尔·拉特纳（Carl Ratner）教授、美国马萨诸塞州立大学大卫·科兹教授、巴西利亚大学哲学系的罗科·拉考特（Rocco Lacorte）教授、哈瓦那大学索托（Luis Felipe Garcia Soto）教授、墨西哥城市自治大学荣修教授海因茨·迪特里希（Heinz Dieterich）、意大利都灵大学哲学和教育系研究员弗朗切斯科·加洛法罗（Francesco Galofaro）先生、法国《经济与政治》杂志编委弗雷德里克·博卡拉（Frederic Boccara）、莫斯科国立大学政治经济系胡比耶夫·凯辛·阿兹列托维奇（Khubiev Kaysyn Azretovich）教授、印度德里大学助理教授萨拉邦德等在大会上作了发言。与会学者对世界百年未有之大变局的内涵、中国社会主义现代化道路的世界历史意义、"一球两制"新格局、社会主义对全球现代性的重塑等问题进行了热烈的讨论。

一、晚期金融资本帝国的现代性危机

与会外国学者就晚期金融资本帝国的现代性危机进行了热烈讨论，讨论涉及全球化的实质，数字化、"碳政治"与金融资本帝国的关系，晚期金融资本帝国的现代性危机等重大问题。

第一，金融资本帝国在法权自由下的经济独裁本质。马克思在对大英帝国和法兰西第二帝国的批判中，都着重指出了金融贵族和土地贵族的支配作用，列宁更是把帝国主义的经济基础归结为金融资本。金融资本是支配资本主义生产关系的总资本，金融资本帝国是支配全球化的主导力量。二战后，在旧殖民主义体系瓦解的基础上，重建了美、日、欧联合的新帝国主义，推动了全球化的大发展。新帝国主义以新自由主义为自身的意识形态。新自由主义把与金融资本相适应的自由秩序称为民主制度，实际上自由主义是反民主的。自由主义把政治、法律意义上的民主和经济意义上的民主分开，这使民主变成了形式上的民主和虚假的民主。金融资本不可能实施经济领域的民主，金融资本在形式自由之下所确立的是垄断和独裁，这不仅表现在直接生产过程，还表现在社会领域、国际关系领域。乌尔比诺大学副教授埃米利亚诺·亚力山德里尼（Emiliano Alessandroni）认为，个人在法律意义上以抽象和有限的方式获得了自由，这实际上是资本主义生产体系中唯一可能的自由。选民的社会地位是不同的，选举权并没有消除社会的不平等。实现民主与资本主义制度是不相融的。法律、政治民主与各种形式的经济和社会民主是分开的，这导致西式民主的无效性。政治、法律意义上的民主不能消除资本主义社会结构的独裁本质。法国共产党全国委员会委员、法国《经济与政治》杂志编委弗雷德里克·博卡拉认为：资本主义的利润逻辑渗透在公共权力、文化机构等所有东西上面。资本主义国家越来越多的国家干预不是为了生产力的发展，而是为了资本的利益。在危机当中出现的国家资本主义干预仍然是把资本的积累作为核心原则。国际组织是金融机构发挥作用的平台，比如像央行、美联储、WTO以及知识产权等国际机构也是资本逻辑所主导的。金融资本所主导的全球化对于真正的社会进步会带来挑战、带来危机、带来战争等。虽然发生了金融危机，但金融资本的力量还是非常强大的。意大利马可·庞德列里（Marco Pondrelli）指出，国际货币基金组织的管理权是由美国主导的，因为美国可以行使否决权，可以提出各种条件，改变其他国家的结构。这些国际组织与其说是国际的，不如说是美国的。

第二，金融资本帝国对网络主权的控制。金融资本帝国下，围绕着网络主权的斗争也日益尖锐。弗雷德里克·博卡拉认为，推动金融全球化和跨国公司的重要因素是信息革命。信息革命是我们这个时代最重要的技术革命。工业革命使工人的双手被机器工具所替代，信息革命使人脑的一部分功能被机器所替代，使信息的复制、传播可以和人的大脑分开而在物质设备中进行。通过机器来分享信息，这种创新是非常深刻的。但是，在资本主义社会中，信息是资本支配的生产要素，它服从于金融资本的利益。意大利都灵大学哲学和教育系研究员弗朗切斯科·加洛法罗先生指出，互联网技术是人类的基础设施，它将距离减少到零，实现人与人之间的零距离沟通。但人类的基础设施经常会改变国家之间的格局和政治关系，例如，石油和天然气管道既联系了遥远的地区、促进了合作，但同时也引发了可怕的冲突。网络空间和数字互联对于政治地理学同样有重大影响。在网络空间，信息是武器。一个拥有网络空间霸权的国家可以被比作一个海军强国、一个海洋强国。2014年，北约同意网络攻击可能导致集体防御条款第五条的启动，根据该条款，对北约任何一个成员的攻击就是对其所有成员的攻击。2016年，北约承认网络空间是一个军事行动领域。2018年，北约成立了网络空间行动中心，旨在将网络主权纳入联盟行动和任务。2019年，北约国防部长分会开幕时，秘书长发起了共同战线，希望对抗中国的5G技术。大型IT公司，比如谷歌和美国军工行业、美国军事有着密切的联系。这些大公司以垄断的方式来运作，他们代表西方政府充当着主权国家的角色。西方网络战的例子，包括美国对俄罗斯干预美国大选的指控。再比如，华为和谷歌之间的商战，还有孟晚舟的被绑架，以及在没有证据的情况下试图将所有可能的网络犯罪都归咎于中国和朝鲜等。

第三，金融资本帝国对"碳政治"的操弄。"碳中和"竟赛不仅仅是一个生态问题，也是一个国际政治问题。墨西哥城市自治大学荣修教授海因茨·迪特里希认为，世界人口在过去这200多年尤其是过去30多年是激增的，现在已经达到了关键的极限点，就是80亿人。并不确定地球是否有足够的空间、能力和资源容纳这么多人。整个地球的资源分配是一个问题，整个地球的资源承载能力更是一个核心的问题。俄罗斯联邦驻博洛尼亚领事馆名誉经济顾问德莫斯特内斯·弗洛罗斯（Demostenes Floros）先生认为，能源转型是由美国主导的。美国排放量占到全球的15%，但其人口只占到世界总人口的5%。从1990年到2015年，全球二氧化碳排放量增加了60%，其中有15%的排放量是由世界上最富有的1%的人口造成的。美国一直反对基于合理原则、具有约束力的协议：最发达的经济体必须减少碳排放，进一步减少二氧化碳排放量。美国是一直反对这种协议的。根据英国最近发布的一份报告，以目前的技术水平，如果人们将能源消耗减少60%，零排放的目标是可以实现的。美国的挑战是双重的：一方面他们创新制造业的产品和流程，细分全球市场，为进口环保指数较低的商品设置技术壁垒，另一方面通过征收进口关税，美国也让外国产品处于不利的地位。对化石能源生产的外国产品征收关税，以环境目标为借口，要求世界其他地区来追求零排放的目标，这可能是一种新冷战的开始。美国认为，如果他们能够成功地加速中国的脱碳进程，美国将会获得更大的优势。如果美国成功地限制了全球化石燃料的使用，将彻底改写地缘政治的平衡。在4月22—23日由白宫组织的全球气候紧急情况在线峰会上，美国总统拜登宣布美国的排放量要减少 55%，到 2050 年实现零排放。在峰会上，美国和欧盟、中国和俄罗斯都表达了不同的立场。欧盟主席米歇尔也透露可能会对有化石燃料的商品增加关税。转折点就是要了解美国和欧盟是否能够按照世界贸易组织的规则在全球范围内征收这项关税。美国总统拜登发起的重建美国工业和基础设施的计划是以零排放为重点的，他的目的就是为了获得对中国的战略优势。当前煤炭占到了中国能源结构的 58%，到 2050 年，中国经济脱碳的成本估计将会达到 15 万亿美元。中国将"碳中和"目标推迟到 2060 年，明确表示不打算接受西方强加的能源转型时间表。

第四，金融资本帝国对暴力的依赖和滥用。英国布里斯托大学特雷尔·卡弗教授认为：《资本论》第一卷最后原始积累部分展示资本主义是如何从掠夺开始的。土著居民被剿灭，以及东部群岛的征服和掠夺，非洲变成殖民地，原始积累的不同要素按不同时期，分布在西班牙、葡萄牙、荷兰、法国、英国的殖民主义中。使用暴力、使用国家权力，加速经济转型的过程；暴力本身就是经济力量。盗卖奴隶制，年轻人被偷、被投进地牢，偷盗者为此接受了训练，土生土长的王子是主要的卖家。马克思从全球和历史的角度对资本主义提出批判，这在当时是独一无二的。马克思的批判往往被误解，讲到马克思对殖民主义的描述，人们通常会认为这只是一些历史性的描述，实际上这对于当代政治，尤其是后殖民主义时代也是有意义的。马可·庞德列里认为，美国在走一条新殖民主义的道路，不断干涉世界其他国家的内部事务，干涉非洲国家的内政。表面上看这些干涉与人权有关，实际上西方这些国家对非洲国家进行经济上的奴役和掠夺，使得非洲国家无法掌握自己的未来。冷战的结束不是意味着历史的终结，而是意味着国际法的终结，显示出一个单极化的世界如何威胁其他国家的安全。在伊拉克和利比亚爆发了战争。入侵伊拉克的借口是伊拉克正在开发大规模杀伤性武器，但是这个借口后来被证实是错误的。尽管当时国际主流机构否认了这个假设，美国依然在没有得到联合国任何授权下发动了伊拉克战争。这场战争造成了成千上万人的遇难、痛苦和普遍的贫困。美国经常以人权为借口发动战争，1999年在南斯拉夫和2011年在利比亚发生的侵略事实，也是基于人权借口。在现实当中，人权往往成为美国干涉其他国家内部事务合法化的一种工具和借口，而这种单方面的干涉对整个世界的安全造成了非常大的危害。近年来出现的中东难民浪潮，已经成为全球关注的问题，在这些难民中，数百万人流离失所，很多儿童因此丧生。导致这些惨剧的原因就是战争冲突和地区的动荡。

第五，晚期金融资本帝国的现代性危机。现代性意味着提高生活水平，提高城市化水平，提高基础设施，实现高效的政府治理，实现更高的教育水平，促进科学和文化的进步。但是，在晚期金融资本帝国中，这些目标越来越难以实现。由于当下西方资本主义因为生产关系的内部矛盾而用逐步崛起的右翼民粹主义和种族主义身份政治来取代自由主义的公民政治，使自由主义的现代性陷入危机。莫斯科罗蒙诺索夫国立大学的格里高利·谢尔盖耶夫（Grigoriy Sergeev）博士指出，随着20

世纪80年代以来新自由主义全球化的展开，发达国家劳动密集型产业大量转移到低工资国家，导致新兴经济体以出口为导向的快速工业化，垄断资本的霸权正在被侵蚀，这导致了保护主义和贸易战高涨，使曾经看起来统一的地缘政治版图分裂和碎片化，世界经济和国际投资持续下滑。马可·庞德列里指出，非裔美国人成为警察暴行的受害者，同时也成为失业、犯罪和贫困的受害者。欧洲正在经历移民潮问题，使得欧洲很多国家出现了仇外的情绪和态度，这些情绪被世界政治当中的一些反动的势力利用，有可能造成更深刻的矛盾。萨尔瓦托·蒂内（Salvatore Tinè）认为，美国霸权加速了世界一体化的进程。在遇到危机的情况下，一方面国际竞争会恶化经济，另一方面民族国家在内部社会、阶级均衡和国际方面的作用大大增强，自由主义有可能转变为民族主义。从经济的角度来看，反动和法西斯主义的蔓延标志着主要资本主义国家的强权政治和民族主义的强力恢复。帝国主义和相关的战争、冲突突显了资本主义不可逾越的历史局限性，现在的欧洲和美国都是这样。比利时工人党研究部的本·范·杜彭（Ben Van Duppen）指出，资本主义和人权的对立，在疫情期间得到鲜明表现。生产足够的疫苗对人是有用的，但是制药行业的利益就成了疫苗生产的障碍。在疫苗研发方面是花纳税人的钱做很多基础的研发，疫苗生产出来却变成大公司牟利的工具。全世界很多公司都愿意生产疫苗，但是被大制药公司限制，导致疫苗不能得到充足的供应和生产。现在疫苗生产数量很不够。到2021年年底的时候，仍然有几十个国家没有足够的疫苗，甚至没有任何的疫苗。在比利时我们看到经济逻辑带来相当高的和疫情相关的致死率，从伤亡角度，比利时排在世界前10位。在比利时，很多医院、疗养院被私有化了。那些做护理工作的人，他们没有得到足够的培训，同时他们没有足够的预防措施，他们也受到了很大伤害。资本主义的政府已经落后了，他们没有足够的氧气机，没有足够的口罩，没有足够的疫苗，在测试方面也落后了，这样一种失败让人们看清楚了资本主义的缺陷和本质。

二、金融资本帝国的危机只有社会主义才能终结

金融资本帝国的危机只有社会主义才能终结，只有金融寡头所支配的、借以投机和寄生的社会化的生产资料转化为社会联合所有，金融资本帝国所造成的一系列危机才能终结。金融资本帝国体系既为社会主义创造了客观条件，也为社会主义创造了主观条件。中心国家工人阶级反抗金融资本帝国的阶级意识在成长，后发国家反抗金融资本帝国的民族、民主运动也在发展，这些运动只有与社会主义结合才能实现自身的使命。

第一，破除金融资本的统治，成为人的现代化的迫切前提。人类在当代所取得的科学技术成就，在世界历史上是前所未有的，但是，这些技术只成就了一部分人的自由，而对更广大的人们来说，则是沉重的镣铐。美国加利福尼亚文化研究与教育研究所所长卡尔·拉特纳教授指出，马克思的现代化要求

我们重新组织私营的生产方式，把它转换成一个社会主义的生产方式和管理方式。现代化不仅仅是科学技术的现代化，比如服务和货物越来越多了，现代化更多的是人类的现代化，比如说社会发展、法治、和平等。俄罗斯联邦功勋科学家，俄罗斯科学院哲学研究所资深研究员舍甫琴科指出，世界各国都为反贫困做出了很多努力，但是贫困影响的范围和程度仍然是令人非常震惊的。在发达国家，贫困、苦难和社会不平等的现象都在不断增长，福利国家在21世纪的命运也看上去越来越不幸。发展中国家正变得越来越贫困，人们被剥夺了生活手段，这意味着人类将别无选择，只能选择资本主义。贫困和不平等一直都是各种各样的激进和革命运动的社会基础。解决不平等和贫困问题，是和马克思主义联系在一起的。马克思指出，哲学的目标就是要实现旧社会的变革，就是形成新社会，就是要把资本主义社会变成社会主义社会，实现从必然王国向自由王国转变，这是一个巨大的历史使命，需要政治、社会、精神三个层面的革命，每个层面都有一系列的问题需要解决。贫困是资本主义不可克服的伴生物；减贫是需要克服的生存门槛，只有解决好了减贫的问题，才能把更高的目标和任务结合起来，才能实现社会主义条件下人的精神转变，有了这样一个目标才能最终克服贫困。法国共产党全国委员会委员、法国《经济与政治》杂志编委弗雷德里克·博卡拉指出，新世界需要一个新的逻辑，即把人和生态的逻辑放在经济和社会，或者资本和市场的逻辑之前。所以必须确保能够通过另外一种方式分享技术，而不是由金融资本来主导。我们现在需要的就是改变这种逻辑，因为在这种逻辑中创新被禁锢了。为此，需要寻找新的全球化。

第二，无产阶级社会主义意识的复苏。比利时工人党研究部的本·范·杜彭指出，疫情使我们看到工人阶级扮演的角色是什么。无论是疫情的危机，还是经济危机，受害者仍然是工人阶级。CEO可以有很多的机会躲起来，避免感染，但是工人阶级每天还需要工作。资本家只需看一些数据，看一些财务报表，但是工人们每天实实在在工作，和疫情打交道，确保社会转动。工人阶级才是真正的英雄，他们是生产阶级。工人阶级对自己的生存状态有了更明确的意识。他们会自问：为什么我要冒着生命的危险去工作？为什么我是这样的处境？疫情增强了人们对资本主义和自由市场的怀疑，增强了工人阶级的社会主义意识。比利时工人党有自己的一些医院组织和机构，在很多地方都提供诊所服务，有一些是免费的，让穷苦的人有更好的医疗条件。有效的医疗体系可以把疫情的伤亡人数降到很低，由国家做比完全交给市场做效果要好。需要为所有的人提供培训和教育，在经济发展的同时关注环境的危机、生态的危机，确保公共交通的可及性，缩小和弥合数字鸿沟，需要免费的宽带接入，以及公共的信息中心，这并不是一种乌托邦式的想象，之所以难以实现，是因为它们影响到了资本主义的既得利益。现在是启发工人阶级的时候，是以社会主义原则启发工人阶级的时候了。社会主义将使人们从不合理的制度下摆脱出来，社会主义为了多数人而不是为了少数人服务。

第三，中心国家工人阶级从上层建筑领域反抗金融资本帝国的必要性。在金融资本帝国的中心国家，经济主义、改良主义影响较大。葛兰西结合俄国革命反思过西方国家的社会主义革命，强调从金融资本帝国的上层建筑尤其是意识形态领域反对金融资本帝国的霸权。巴西利亚大学哲学系的罗科·拉考特教授指出，葛兰西认为上层建筑相当于运动战争当中的战壕。葛兰西从俄国革命、从历史实践中获得灵感，认为哲学必须成为政治的实践；葛兰西实践哲学的核心，是强调与霸权斗争时，文化工具与政治、军事工具并存的必要性。葛兰西说，政治斗争转化成霸权斗争的时代，同时要开发与霸权斗争所需的理论工具和文化工具。葛兰西的实践哲学不应当被认为是脱离了马克思的实践哲学，而是对马克思意识形态和思想的进一步发展。葛兰西所关注的就是哲学转化为政治，进而转化为历史的问题。

第四，后发国家民族、民主运动与社会主义的结合。应该把反帝国主义的斗争与社会主义的斗争结合起来。在新型民主革命的基础上，后发国家成为突破金融资本帝国体系的制度起点。马可·庞德列里指出，应该把反帝国主义的斗争与社会主义的斗争结合起来。反殖民主义的斗争是20世纪的主要内容。反殖民主义的革命并没有结束，而是要继续进行下去，这一过程任重而道远。乌尔比诺大学意大利文学、当代哲学和政治哲学系副教授埃米利亚诺·亚力山德里尼指出，马克思和恩格斯支持爱尔兰和波兰的解放斗争。当拿破仑三世的法国军队在英国和西班牙的支持下，准备入侵墨西哥时，马克思在 1861 年 11 月 23 日的《纽约每日论坛报》上进行了揭露和批判。列宁在仔细分析了垄断和金融资本发展的新地缘政治框架之后，描绘了社会冲突的新轮廓，他强调需要区分殖民主义国家和被殖民国家。列宁强调不能无视民族运动。在葛兰西那里资本主义的虚假民主是其实现自身霸权主义的一部分。抛弃资本主义的制度，民主才会更加现实和不可或缺。安德瑞·卡托纳（Andrea Catone）指出，第二国际没有看到殖民地问题。列宁的时代，世界资本主义的框架已经非常明确了，帝国主义是最为重要的特征。根据列宁对于帝国主义的分析，被压迫的人民也能够解放自己，必须要从帝国主义的统治当中解放自己。从帝国主义的统治当中解放出来，是通向现代化必不可少的步骤。列宁和毛泽东开辟出一条和帝国主义截然不同的通向现代化的道路。

第五，社会主义推动新型现代化的历史使命。只有社会主义才能推动后发国家的现代化，这从俄罗斯的反面经验中也可看得出来。格里高利·谢尔盖耶夫博士认为，20 世纪 90 年代初跨国公司和金融巨头进入俄罗斯经济，导致国内机械制造、飞机制造、微电子等高科技产业迅速退化，机械制造不景气。俄罗斯经济中的机械制造业几乎已经消失了。2017 年 7 月，93% 的俄罗斯制造公司宣布依赖进口机械和设备，因为类似产品在俄罗斯没有制造，或者质量很低。俄罗斯的去工业化极大地改变了俄罗斯与世界不同地区对外贸易结构，能源、化学品和金属生产在国民经济中的份额急剧增加。原材料的出口，尤其是原油和天然气，形成于 70 年代的苏联时期，由于新自由主义改革，原油、石油产品和天然气在俄罗斯出口中的份额，从苏联末期的45%增加到2010年中期的将近72%。在2018年原材料出口中，能源、化工、矿石、粮食占比略低于90%，相反机械和设备在俄罗斯出口中的份额，从1995年的10%下降到2018年的6%。俄罗斯主要是作为原材料供应商和销售市场而参与国际分工，这符合全球垄断资本的利益。俄罗斯跨国企业数量少，即使是在相对繁荣的油气行业，也存在着技术、设备、软件完全依赖国外，研发投入明显不足的根本问题。俄罗斯垄断资本遵循以获取自然租金为基础的、原材料出口导向型经济发展方式。对原材料的寄生性过度消耗，不利于高科技产业的投资，阻碍了俄罗斯挑战西方霸权的努力，虽然俄罗斯仍有工业和军事潜力、仍可在一定程度上影响国际关系。俄罗斯经济迫切需要再工业化，这涉及一系列以高科技产业、科学和教学长期发展为重点的一系列活动。一方面俄罗斯经济应与跨国金融资本脱钩，另一方面应该加强与其他非帝国主义国家的一体化，寻求在没有帝国主义统治和剥削情况下的生产合作。安德瑞·卡托纳认为，帝国主义现代化，其实是一种非现代化。帝国主义现代化建立在别国损失的基础上。现代化的全球化是当代非常重要的问题，它其实是社会主义和资本主义冲突的核心，这也将在未来几十年，在我们这样一个历史时代带来巨大的影响。中国的马克思主义者在提到现代化的时候，非常正确地加上了社会主义现代化，提出了社会主义对政治、经济和文化的现代化规范。社会主义现代化和帝国主义现代化是完全相反的,是对立的。只有社会主义现代化才能让中国实现发展,才能让中国实现复兴。

三、后发国家社会主义现代化道路的制度逻辑

20世纪的社会主义革命实际上发生在经济比较落后的国家,而不是经济发达的先进国家,因而社会主义现代化不得不在社会主义一般原则的基础上探索具体的实现形式。从后发国家率先取得制度突破的社会主义,要把其推动实现现代化的制度潜能发挥出来,需要正确处理与内外资本主义、内外市场的关系,需要对生产性资本加以积极利用、对寄生性资本加以遏制,在公有制为主体的经济制度基础上,通过发挥国家的积极作用和工人阶级先锋队政党的全面领导,才能最终开辟超越金融资本帝国的现代化道路。

第一,对国内资本主义的积极利用。德里大学助理教授萨拉邦德指出,社会主义市场经济包含私营部门。私营企业部门的资本家根据不同生产部门的相对预期回报率,倾向于增加投资回报率较高部门的投资,每个资本家都倾向于在投资和从事金融活动之间做出选择,这取决于两者的预期回报率。在社会主义市场经济当中,国家也会以多种方式鼓励对生产部门的私人投资。社会主义国家可以对金融资产交易征税,从而促进生产性投资。社会主义国家也可以在市场经济中实行逆周期的财政政策。对基础科学和研发的公共投资,很大情况下是促进私营企业加大对相关研发投资的重要因素。社会主义市场经济中

的这些政策在资本主义生产方式占主导地位的国家往往没有办法充分执行。美国加利福尼亚文化研究与教育研究所所长卡尔·拉特纳教授指出,现在,社会主义当中也有资本主义的生产方式,民营企业、私营企业在中国的经济体当中占了很大的比重,中国GDP当中有60%是来自私营企业,90%的出口都是来自中国的私营企业,中国目前的劳动力当中实际上有3/4的人都是在私营企业当中就业的。社会主义社会中的劳动者权利,可以通过让每一个劳动者来计算自己的剩余劳动率,以便在一个机构或生产部门里制定降低剩余劳动率的目标。这将是一个非常有效的方式,可以在劳动者个人以及企业层面展开工作,这样劳动者能对自己的生产活动有更多的控制。如果有这样的一种公开公布、监督剩余劳动剥削率的做法,就会对整个社会带来更大的影响,这就是马克思主义所指引的现代化的重要意义。

第二,对金融资本帝国中心地带的生产力成就加以积极吸收。德里大学助理教授萨拉邦德指出,社会主义市场经济出现的国家是技术上不处于前沿的国家,像20世纪70—90年代那几十年,那些拥有先进技术国家的资本家,一般不会进行任何真正意义上的技术转让。为了获得外国投资,社会主义市场经济国家可以采取多项措施,比如确保相对于资本主义而言更低的工资、更高的劳动生产率、更好的基础设施和更高的产能利用率,等等。哈瓦那大学教授路易斯·费利佩·加西亚·索托教授指出,这个世界是根据殖民扩张的结果和设法控制这一过程的帝国所设定的商业模式而形成的,非西方世界曾经受制于这种征服和外部控制,导致非西方世界的现代化进程走上了一条非线性的道路。20世纪出现了一条通往现代化的有效替换道路,就是社会主义道路。十月革命为设计一种不同的现代性打开了空间,而这种现代性考虑了资本主义发展所带来的巨大问题。尽管苏维埃革命事业是强大的,但它不能从世界市场中孤立出来。孤立不是苏维埃能够接受的可能性,尽管在这个问题上引发了许多理论上的讨论,尽管它必须面对持续的敌意。自18世纪以来,资本主义核心国家一直控制着投资,控制着技术上的输出。资本的流动也代表着资本接受国的更多工业化,因为它得到了最新的生产设备。荷兰在英国投资,以及后来在19世纪高峰期的资本输出当中,在其他国家投资使技术转移到这些国家,尽管这个过程当中充满了不公正的战争和对较弱国家的政治压力。

第三,发挥公有制经济的主导作用。意大利罗马中欧研究中心前主席弗拉迪米罗·贾克奇认为,社会主义作为一种更高的社会形式,到底有哪些关键特征?首先是对生产的有意识的控制,其次是对于土地和生产资料的共同占有。德里大学助理教授萨拉邦德认为,生产资料公有制必须是社会主义经济存在的必要条件,这一点是无可争辩的。在社会主义经济体当中生产资料的公有制是占主导地位的。社会主义市场经济对外国投资机构进行资本管制,同时主要的银行系统是国有的。公有经济的决策兼顾利润和社会利益。社会主义市场经济公共投资比例比较高,这是由于资本管制赋予了政策以较大的自主权。国家根据进口替代、技术升级等因素确定优先的生产部门，在可能的情况之下，对优先生产部门的投资是由公共部门主导的，比如说公共投资、公共采购、交叉补贴和补贴信贷等。国家稳定产能利用率的政策，往往对于技术变革会产生一些积极影响。

第四，真正发挥公共权力在经济社会发展中的积极职能。苏联按照新自由主义的路线图改革，结果瓦解了社会主义的国家结构，而中国在建构社会主义市场经济的过程中，没有陷入新自由主义国家观的陷阱，而是继续发挥公共权力在经济社会发展中的积极职能。大卫·科兹教授指出，1917 年十月革命后，俄国经济非常落后，从 1928—1940 年短短 12 年，苏联迅速实现了现代化，到 20 世纪 70 年代苏联已经达到发达国家的水平。苏联在许多科学技术领域都被认为是世界领先的。经过几十年的快速经济发展，苏联人民的生活水平已经达到了非常舒适的水平。如果苏联和美国在 1950—1975 年国民生产总值的增长率再继续下去，苏联国民生产总值将在 2011 年超过美国。在 20 世纪 60 年代、70 年代，美国精英担心苏联经济在不久的将来超过美国。当时西方有一些相关的教科书承认苏联社会主义带来了更快的经济增长，但是他们也同时认为这是以牺牲个人的选择和消费者的权利为代价的。苏联体制在技术进步方面存在巨大问题，一些企业并没有引进最好的技术，而是采用了相对比较过时的方法和技术，其中有一些行业存在严重的产品质量问题，尤其是消费品。在企业中，同时面临着财务激励的问题、不鼓励尝试可能行不通的新方法。在 1975 年左右，苏联的技术进步已经出现了明显的放缓。苏联计划形式的长期缺陷，本来可以通过苏联的社会主义改革来解决的。然而，在1985年开始的改革进程导致亲资本主义者戈尔巴乔夫夺取政权，从而导致苏维埃国家的解体。中国和苏联，选择了不同改革路径。在马克思主义思想的指导之下，中国取得快速进步，实现了现代化的重大成就，这些都得益于国家的计划以及公共部门的高度投资。国家作为生产资料所有者和经济计划的组织者，中央计划的高投资率，国家对于科技大量投资以及高就业率，能够促进更快的经济发展。莫斯科国立大学政治经济系教授胡比耶夫·凯辛·阿兹列托维奇指出，西方经济学家认为中国奇迹是从计划经济转向市场经济，从社会主义转向资本主义，但是这种想法和事实是不符合的。俄罗斯在20世纪90年代初转向了市场经济，但结果却并不是出现奇迹，而是国家的悲剧。到1998年发生了恶性的通货膨胀，经济崩溃，俄罗斯失去了30年的重要历史发展时期。中国进行了市场改革，但这并不是目标，这是提高改善人民福祉的手段，这种经济目标不是来自资本主义市场的价值观，而是来自社会主义的原则。通过结合市场激励手段和社会主义的价值观，中国实现了经济腾飞。中国社会主义的现代发展需要更有力的解释。中国没有放弃社会主义核心价值观的理论基础，国有资本和国家领导扮演至关重要的角色。

第五，发挥先锋队政党的全面领导。马克思主义如何指导社会主义建设？在资本主义国家，对这个问题几乎没有任何分析。列宁在十月革命后探索了这个问题。2021是中国共产党建党100周年，使用马克思主义作为原则指导社会主义建设也已经有72年的历史了。科学社会主义发展史中得出的一个基本规律，就是坚持共产党在各个领域的领导权。共产党的这种领导权可以通过一套具体的机制发挥作用，这种机制是可以随着环境变化而变化的。海因茨·迪特里希认为，在中国，有中国共产党的领导核心，有马克思主义的指导，再加上中国自身的文化特色，这样才能够为人类创造出更多的希望。中国的经济并不由一些私营企业垄断，不是由几个企业家说了算，中国是一个由先锋共产党领导的国家，共产党照顾的是人们的集体利益。俄罗斯联邦功勋科学家、俄罗斯科学院哲学研究所资深研究员舍甫琴科指出，团结所有的社会力量，实现一个公平的社会，实现社会的复兴，实现从必然王国向自由王国的转化和过渡，都需要建立一个积极的政治主体。中国政治领导层经常和学者、科学家、哲学家讨论精神领域的问题，这能帮助我们理解为什么中国在建设中国特色社会主义方面能取得成功。中国共产党已经对中国社会实现了非常有力的转换和发展，中国刚刚庆祝了中国共产党成立100周年，这不仅仅是中国共产党的一个节日，而且也是所有马克思主义者的节日。莫斯科国立大学政治经济系教授胡比耶夫·凯辛·阿兹列托维奇指出，俄罗斯改革的目的是解决意识形态问题，改革者一再表示，在改革期间他们感兴趣的不是经济的效率和公民的福利，而是破坏计划经济体制以及整个前社会经济体制。这个只有通过对国家的破坏才能实现，他们觉得私有化是共产主义的最后一颗钉子，然而他们对于实现其意识形态目标而做出的牺牲，却保持沉默，他们没有计算这些数百万人的生计，很多的人在这些过程当中付出了痛苦的代价。苏联的计划经济体制后来也被摧毁，这是一个通过牺牲绝大多数人的利益来实现意识形态目标的例子。所有这些都被向高效市场经济过渡的话语所掩盖了。中国的经验与俄罗斯恰好相反。中国共产党的作用已被非常好地证明具有历史意义，中国的经验表明，成功的改革需要团结人民和领导层作为思想支柱，在放弃教条主义的同时，中国人并没有放弃社会主义的意识形态，最深层的基础是为了全体人民的利益，中国没有抛弃他们的经典和领导人。安德瑞·卡托纳认为，中国共产党人有一种远见卓识，他们制定的五年规划，面向未来几十年来做规划，这种规划不是基于资产阶级所考虑的个人利益，是基于一种理性的理念，这种规划考虑到全人民共同的福祉，而全面的发展，能够实现社会的平衡、和谐，能够实现人与自然的和谐，让中国这样的国家能够大步向前。基于理性的规划，这是社会主义现代化的一个最为重要的特征和优势。

四、社会主义对全球现代性的重塑

现代化道路到底是走资本主义还是社会主义道路，是当代世界发展的核心问题。社会主义市场经济所开辟的现代化道路，为广大第三世界国家现代化难题的解决提供道路借鉴，克服金融资本帝国核心国家的社会分裂和对立，制衡金融资本帝国的霸权，参与全球治理，提供新型的现代性理念，正日益重塑着全球的现代性。

第一，社会主义现代化道路解决了广大第三世界国家现代化所面临的难题。舍甫琴科教授认为，苏联学者后来有一个比较大的误判，思想家们主要口号就是回归文明，走上自然发展的道路，而结果却是退回到了资本主义，而且是退回到了在西方都已经早已消失的原始资本主义。让全世界回到一个普世的文明当中，让整个资本主义世界经济成为一个没有外围的核心，这实际上是现代化理论的巨大错觉。印度德里大学助理教授萨拉邦德对中印现代化道路的比较有着深入的研究。他指出，国家能够制定产业政策、生产转型的政策，塑造宏观经济条件。随着社会主义市场经济在技术阶梯上的攀升，国家将能够增加社会的物质基础设施，而更高水平的基础设施建设将能够降低成本、提高回报率、提高劳动生产率，解决营养、教育、健康等问题。如果社会主义市场经济产出在世界市场中占有足够大的份额，并且如果国内生产地点有利于市场准入，那么外国直接投资就会涌入。物质和社会基础设施的增加使得社会主义市场经济的规模随之增加，自主创新的兴起、相关的技术转让、跨国合作研究等也会加速，在这种指引之下我们会逐步克服向社会主义市场经济技术转移的障碍，很多国际公司与国内公司建立合资企业。社会主义市场经济已经超越了基于劳动力套利的早期阶段，工人在这种经济中也享有法律上可执行的权利。

第二，社会主义现代化道路解决了金融资本帝国核心国家所不能解决的那种社会撕裂。莫斯科国立大学政治经济系教授胡比耶夫·凯辛·阿兹列托维奇指出，中国实现了国家发展，改善了人民福祉，维持并且增加了经济的活力，维护了中国的传统价值观，巩固了社会主义的基础。俄罗斯科学院哲学研究所资深研究员舍甫琴科指出，在社会主义条件下，克服社会不平等的具体措施和人类发展的理念连接在一起，才有可能真正消除贫困，而一些西方的精英似乎要破坏克服社会不平等和人类发展理念之间的联系。德里大学助理教授萨拉邦德认为，中国、越南、老挝这样的社会主义市场经济国家不仅仅在经济增长方面表现良好，而且在脱贫和其他社会指标方面也都表现得不错，比如说教育、寿命等。哈瓦那大学教授路易斯·费利佩·加西亚·索托教授指出，2008年全球金融危机之后，西方国家的福利制度以及它的一系列政治影响慢慢走向衰微，凸显了资本主义全球化经济当中的很多弊病，而在共产党的领导下一个非常稳定而繁荣的国家崛起，对于把社会主义说成是经济失败的心态和战略来说，是一个非常严重的意识形态和政治挑战。比利时工人党研究部的本·范·杜彭指出，在抗击疫情的过程中，人们也看到中国所取得的成功。从这次危机当中人们的思维得到转换。人们会看到，在疫情中，只有集体和公共的手段才是最好的手段，包括在生产疫苗方面，也需要依靠公共的手段和集体的手段。

第三，社会主义现代化道路制衡了晚期金融资本帝国的政治反动和冒险。意大利马可·庞德列里指出，正如习近平主席在莫斯科国际关系学院的发言中所讲的，我们不能说身体进入了21世纪，而头脑仍然停留在过去、停留在殖民扩张的旧时代或者停留在冷战时代。弗朗切斯科·加洛法罗先生认为，新殖民主义和反殖民主义力量之间的冲突是理解从1989年到2007年第一次美国全球化与从2014年至今的"一带一路"倡议历史辩证法的重要手段，这是全球范围阶级斗争的反映。海因茨·迪特里希认为，西方帝国主义一直想要打击中国共产党的势力，要打压中国、打压中国共产党，这是非常清楚的。世界体系的分裂越来越严重，想改变这种现状，需要世界强国，中国可能是世界上唯一能够抗衡帝国主义的强国。美共经济委员会主席瓦迪·哈拉比（Wadi'h Halabi）认为，中国取得了丰硕成果，丰富了马克思主义。中国的很多成果是来之不易的，虽然世界共产主义运动在之前很多场合未能支持中国当时的斗争，比如1927年、1949年，国际共产主义运动都未能支持中国共产主义运动。世界工人阶级在最近的几十年遭遇了很多失败，这些失败包括在南非、中东、苏东地区的失败，这些失败导致了反革命，导致了宗教激进主义的崛起。这些失败有两个共同的原因，第一是马克思主义的薄弱，第二是世界共产主义的不团结。而这两个问题都可以解决。加强世界工人运动团结，会纠正这些错误。马克思、恩格斯、列宁、毛主席一直是在这样寻求目标的。共产党人首先要起到领导作用，要采取行动。例如，该怎么样才能防止新的战争？答案就是要依靠世界上广大的工人阶级。团结起来我们才能取得成功。海因茨·迪特里希指出，自从1949年以来，中国共产党经历了朝鲜战争、越南战争等，经历了很多的挑战。在马克思主义的引领下，中国的战略比较优势体现出来了。中国是唯一一个有能力建立起一套道德理论体系的地方，中国提出很好地战略和表述，无论是从科学理论，人口、军事等各个角度，在各个方面进行一个很好的结合，只有这样才能够很好地改变21世纪的文明，才能够真正造福于人民。中国也是唯一一个有自己的指导原则、一个遵循马克思主义指导原则的国家。中国能够实现和平发展，和平地与其他国家共存。从社会主义和资本主义共存的角度来看，实现世界和平共存，也是大家都想要的一个结果，但很多时候并不容易，因为资本主义可能并不会遵循国际的秩序和规则。从全球的政策角度来看，资本主义、帝国主义的存在不会停止对于中国社会主义革命的演变、打压。美国的帝国主义和中国社会主义的体系有一定的对抗性元素在里面，实际上这也是历史的二元论。这种一输一赢或者双输的局面是否能够转化成双赢的局面，如何将这种二元的局面转化成双赢的结果，需要有一些新的科学范式和方式来解决这个问题。

第四，实现了内部现代化的社会主义国家将对改进全球治理机制做出更多贡献。二战后出现的以西方为主导的资本主义秩序，已经无法在21世纪支撑全球的稳定和发展。和西方国家的援助相比，中国的"一带一路"倡议有一个实质性和本质性的区别，即没有任何附加条件。哈瓦那大学教授路易斯·费利佩·加西亚·索托教授指出，到目前为止，追寻新自由主义的道路并没有给第三世界国家留下正常运作的基础设施。"一带一路"在整个世界贸易当中打开21世纪一个新的空间，"一带一路"战略，正将现有世界经济空间转化为不同的整合方式，而且现在我们看到，这种新的一体化对于其他发展中国家，也提出了一个真的议题。中国的"一带一路"和苏联时期的经济互助委员会即经互会相比，有新的特点。经互会内的优惠和信贷政策，使一些新兴国家的经济得以增长。古巴从1972年起，就成为经互会的成员。然而许多东欧成员不得不面对贸易不平衡和因为缺乏工业能力而产生的金融问题。在苏联的盟友圈之外，经互会也缺乏政治意义，不能提供对其他国家现代化的潜在支持，对西方在第三世界的金融霸权，也不能构成任何挑战。因而，很难将经互会视为一个有效的全球竞争者。苏联、东欧社会主义制度的解体，意味着这一经济空间的破裂，意味着世界资本主义市场对这些生产空间的突然占有，这重新开启了现有的、由西方中心国家组织的世界经济秩序对这些国家的整合过程。最初的单极化是东方集团垮台的明显结果，当然也是西方右翼分子的积极追求，但是中国作为一个重要的经济参与者的出现，在中国社会主义道路的改革和内部物质条件发展方面，都取得了很大的成功，对这些主要的霸权主义意图构成了非常大的挑战。意大利马可·庞德列里指出，单极世界已被证实是不合时宜的。国家间关系的基础就是要回归到国际法，要尊重联合国，建立多极系统，要有足够的权力关系来制约美国，像联合国、G20、多边国家合作这样的机制可以发挥作用。现在美国内部也出现了一些声音，认为美国唯一的道路就是开展对话，这就意味着美国作为唯一超级大国的角色将退出世界舞台。中国提出了不同的全球治理方法。在人类命运共同体的理念下，把不同国家和地区团结起来，追求开放、合作、互利的发展，努力创造和平的国际环境。人类命运共同体可以不仅仅帮助建设有中国特色的社会主义，同时可以建设一个多极化的世界，真正推动建设和变革。中国和非洲的合作，与西方国家和非洲的有本质区别，西方国家通过国际性的货币基金组织和世界银行这样的结构调整和相关的计划，本质上是一种帝国主义的地缘政治目标，使得不发达国家依然处于不发达的状态。中国没有要求被援助国家改变他们已有的政治和体制结构。中国与非洲国家的合作当中不受国际货币基金组织和世界银行施加的各种条件限制。亚投行是帮助发展中国家的机构，可以把这些国家从华盛顿共识的体制中解放出来。哈瓦那大学教授玛莎·西莉亚·罗德里格斯·马丁内斯（Martha Celia Rodriguez Martinez）教授指出，中国是当今世界政治舞台上主要的角色之一，中国知道怎样向世界提供基于生产力提高而发展的模式，同时中国提供的政治和经济管理的模式也注重提高人民生活水平和控制投机。中国并不被认为是世界政治大舞台上的主要参与者之一，但是中国的重要性又在与日俱增，主要归功于一系列明智的策略，这些策略在许多欧美国家统治的旧地区不可逆转地建立了中国的影响力。中国目前在国际舞台上有着一定的影响，因为它是南半球国家外国直接投资的主要来源国。中国在非洲、拉丁美洲等地区的影响力也在增加，这对世界上主要的资本主义国家敲响了警钟。

第五，社会主义现代化道路正以自己的道路、制度、理念重塑全球现代性。安德瑞·卡托纳概括了社会主义现代化和资本主义现代化的本质差别，他认为，社会主义现代化最重要的一个原则，就是它要关注于人的发展和人的福祉，而资产阶级的现代化追求的是利润的最大化。社会主义现代化要求社会的全面发展,包括中国经常提到的四个现代化的政策,工业、农业、社会、科技、军事方面的现代化,这些都体现了它的全面性。社会主义现代化有一个普遍性的目标和特征,那就是关涉所有人的全面发展,而帝国主义的现代化,是追求社会某一个部分或者某一部分人的现代化,让剩下其他的人维持在落后的状态。莫斯科国立大学政治经济系教授胡比耶夫·凯辛·阿兹列托维奇认为,中国达到了文明发展的第二个浪潮。这样的发展,都是来源于中国的社会主义本质。中国、埃及、希腊等国家,都对世界文明做出了杰出的贡献,尤其是中国的造纸、印刷术等四大发明,在历史上留下了不可磨灭的印记。但是,有一些文明和国家在历史上留下了印记,之后却消失殆尽,现在处于落后的资本主义,或者是发展中国家的状态,而只有中国真正达到了文明突破的新阶段。乌尔比诺大学人文系副教授斯特凡诺·阿扎拉(Stefano G. Azzarà)指出,自由主义预设了每个人都是以自身利益最大化为目标,并且能够评估自己的盈亏。个体理性实际上只是一种单方向的理性反思,而忘记了人与人之间的关系。自由主义所想象的孤立的个体在现实中并不存在,这种理论不能充分表达人类的理性概念,没有办法理解具体情况的复杂性。个人权利最大化的行为逻辑过于狭隘,最终会导致自我毁灭。个人存在的前提是集体的合作,人需要依赖群体才能生活,所以合作一定要先于冲突,也就是在生存之前要有共存的概念。这样一个合作的世界并不意味着个体以及个体目标、单个群体国家的目标就消失了。就像孔子的"大同"之说，在高度安全的世界里每个人都能受益于互相帮助和互相信任。要以共处作为原则，考虑各种群体的差异、多样性以及可能的冲突，实现和谐共存。引用典故来讲，就是"天地合一"——天下一切可以共存而不是互相伤害。关系合理性遵循的是这样的理念：彼此之间造成的伤害最小化，找到最优的共存环境，使得合作最大化，冲突最小化，提高每个人的利益。个体合理性讲的是竞争，而关系合理性讲的是共存。它的目的是建立一个稳定的、安全的共存空间，促进共同的幸福和福祉。中国古代哲学中的"天下"概念预设了不同存在之间相互依存，从而产生世界的包容性和稳定可信的共存，会考虑到不同民族和文化之间的具体差异，这一理念构成了西方单边普适主义和文化帝国主义的替代方案。